高等职业教育"十四五"规划旅游大类精品教材
专家指导委员会、编委会

专家指导委员会

总顾问　王昆欣

顾　问　文广轩　李　丽　魏　凯　李　欢

编委会

编　委（排名不分先后）

李　俊	陈佳平	李　淼	程杰晟	舒伯阳	王　楠	白　露
杨　琼	许昌斌	陈　怡	朱　晔	李亚男	许　萍	贾玉芳
温　燕	胡扬帆	李玉华	王新平	韩国华	刘正华	赖素贞
曾　咪	焦云宏	庞　馨	聂晓茜	黄　昕	张俊刚	王　虹
刘雁琪	宋斐红	陈　瑶	李智贤	谢　璐	郭　峻	边喜英
丁　洁	李建民	李德美	李海英	张　晶	程　彬	林　东
崔筱力	李晓雯	张清影	黄宇方	李　心	周富广	曾鸿燕
高　媛	李　好	乔海燕	索　虹			

高等职业教育"十四五"规划旅游大类精品教材

总顾问 ◎ 王昆欣

景区运营管理实务

Practical Management of Scenic Areas

主　编 ◎ 舒伯阳　胡宗军
副主编 ◎ 郭海荣　周子淳　刘钰洁

华中科技大学出版社
http://press.hust.edu.cn
中国·武汉

内容提要

《景区运营管理实务》是一本针对景区运营管理的实用指南。本书代入实习生"小白"的身份,以"什么是旅游景区""旅游景区运营管理的目标、要素、内容是什么"等问题为切入点,系统性地介绍了景区运营管理的基础知识。在内容的呈现上,本书不仅详细探讨了景区运营管理的五大体系——产品体系、运管体系、市场体系、保障体系、公共关系,为读者提供了全面的景区运营管理思路,还对景区运营管理的工具进行了详细阐述,包括标准化管理、服务蓝图设计、数字化管理、旅游体验管理等,强调了管理工具在提升景区运营管理水平上的重要性。本书的最后部分聚焦于景区运营管理的实践和未来展望,通过七大案例、五大趋势深度解析景区运营管理中的理论与实践。无论是对于已经投入运营的景区,还是对即将开发的新项目,本书都能提供针对性的指导,帮助景区实现高质量、高效率的运营管理,提升游客消费体验感,促进景区的可持续发展。

图书在版编目(CIP)数据

景区运营管理实务/舒伯阳,胡宗军主编.--武汉:华中科技大学出版社,2024.6.--(高等职业教育"十四五"规划旅游大类精品教材).--ISBN 978-7-5772-0927-2

Ⅰ.F590.6

中国国家版本馆CIP数据核字第2024TM9429号

景区运营管理实务
Jingqu Yunying Guanli Shiwu

舒伯阳　胡宗军　主编

总 策 划:李　欢	
策划编辑:王　乾	
责任编辑:王　乾　阮晓琼	
封面设计:原色设计	
责任校对:李　琴	
责任监印:周治超	

出版发行:华中科技大学出版社(中国·武汉)　　电话:(027)81321913
　　　　　武汉市东湖新技术开发区华工科技园　　邮编:430223

录　　排:孙雅丽
印　　刷:武汉科源印刷设计有限公司
开　　本:787mm×1092mm　1/16
印　　张:13.75
字　　数:300千字
版　　次:2024年6月第1版第1次印刷
定　　价:49.80元

本书若有印装质量问题,请向出版社营销中心调换
全国免费服务热线:400-6679-118　　竭诚为您服务
版权所有　侵权必究

总序

习近平总书记在党的二十大报告中深刻指出,要"统筹职业教育、高等教育、继续教育协同创新,推进职普融通、产教融合、科教融汇,优化职业教育类型定位""实施科教兴国战略,强化现代化建设人才支撑""坚持教育优先发展、科技自立自强、人才引领驱动""开辟发展新领域新赛道,不断塑造发展新动能新优势""坚持以文塑旅、以旅彰文,推进文化和旅游深度融合发展",这为职业教育发展提供了根本指引,也有力地提振了旅游职业教育发展的信念。

2021年,教育部立足增强职业教育适应性,体现职业教育人才培养定位,发布了新版《职业教育专业目录(2021年)》,2022年,又发布了新版《职业教育专业简介》,全面更新了职业面向、拓展了能力要求、优化了课程体系。因此,出版一套以旅游职业教育立德树人为导向、融入党的二十大精神、匹配核心课程和职业能力进阶要求的高水准教材成为我国旅游职业教育和人才培养的迫切需要。

基于此,在全国有关旅游职业院校的大力支持和指导下,教育部直属的全国重点大学出版社——华中科技大学出版社,在党的二十大精神的指引下,主动创新出版理念、改进方式方法,汇聚一大批国内高水平旅游院校的国家教学名师、全国旅游职业教育教学指导委员会委员、全国餐饮职业教育教学指导委员会委员、资深教授及中青年旅游学科带头人,编撰出版"高等职业教育'十四五'规划旅游大类精品教材"。本套教材具有以下特点。

一、全面融入党的二十大精神,落实立德树人根本任务

党的二十大报告中强调:"坚持和加强党的全面领导。"党的领导是我国职业教育最鲜明的特征,是新时代中国特色社会主义教育事业高质量发展的根本保证。因此,本套教材在编写过程中注重提高政治站位,全面贯彻党的教育方针,"润物细无声"地融入中华优秀传统文化和现代化发展新

成就,将正确的政治方向和价值导向作为本套教材的顶层设计并贯彻到具体项目任务和教学资源中,不仅仅注重培养学生的专业素养,更注重引导学生坚定理想信念、厚植爱国情怀、加强品德修养,以期落实"立德树人"这一教育的根本任务。

二、基于新版专业简介和专业标准编写,权威性与时代适应性兼具

教育部2022年发布新版《职业教育专业简介》后,华中科技大学出版社特邀我担任总顾问,同时邀请了全国近百所职业院校知名教授、学科带头人和一线骨干教师,以及旅游行业专家成立编委会,对标新版专业简介,面向专业数字化转型要求,对教材书目进行科学全面的梳理。例如,邀请职业教育国家级专业教学资源库建设单位课程负责人担任主编,编写《景区服务与管理》《中国传统建筑文化》及《旅游商品创意(活页式)》;《旅游概论》《旅游规划实务》等教材为教育部授予的职业教育国家在线精品课程的配套教材;《旅游大数据分析与应用》等教材则获批省级规划教材。经过各位编委的努力,最终形成"高等职业教育'十四五'规划旅游大类精品教材"。

三、完整的配套教学资源,打造立体化互动教材

华中科技大学出版社为本套教材建设了内容全面的线上教材课程资源服务平台:在横向资源配套上,提供全系列教学计划书、教学课件、习题库、案例库、参考答案、教学视频等配套教学资源;在纵向资源开发上,构建了覆盖课程开发、习题管理、学生评论、班级管理等集开发、使用、管理、评价于一体的教学生态链,打造了线上线下、课内课外的新形态立体化互动教材。

本套教材既可以作为职业教育旅游大类相关专业教学用书,也可以作为职业本科旅游类专业教育的参考用书,同时,可以作为工具书供从事旅游类相关工作的企事业单位人员借鉴与参考。

在旅游职业教育发展的新时代,主编出版一套高质量的规划教材是一项重要的教学质量工程,更是一份重要的责任。本套教材在组织策划及编写出版过程中,得到了全国广大院校旅游教育教学专家教授、企业精英,以及华中科技大学出版社的大力支持,在此一并致谢!

衷心希望本套教材能够为全国职业院校的旅游学界、业界和对旅游知识充满渴望的社会大众带来真正的精神和知识营养,为我国旅游教育教材建设贡献力量。也希望并诚挚邀请更多旅游院校的学者加入我们的编者和读者队伍,为进一步促进旅游职业教育发展贡献力量。

王昆欣

世界旅游联盟(WTA)研究院首席研究员

高等职业教育"十四五"规划旅游大类精品教材总顾问

前言

2023年国内旅游市场快速复苏,2024年的国内旅游和国民休闲将转入繁荣发展的新阶段。根据中国旅游研究院预测:2024年国内旅游出游量、国内旅游收入预计将分别超过60亿人次和6万亿元,入出境旅游人次和国际旅游收入将分别超过2.64亿人次、1070亿美元。旅游已经成为城乡居民美好生活的刚性需求,没有任何力量可以阻挡旅游市场的长期繁荣和旅游产业的高质量发展。

中国旅游业发展强劲,已成为世界上最大的国内旅游市场,其中国家A级景区吸纳了近80%的游客消费群体。旅游景区作为旅游活动的核心和空间载体,无疑是旅游供给系统中最重要的组成部分,也是激发旅游者出游的最主要动因。我国旅游业的迅猛发展对旅游景区的教学和科研提出了新的要求。为此,我们组织有关专家根据教育部旅游管理类专业教学指导委员会的专业教学指导标准要求,并结合当前旅游景区开发管理实践的国内外最新成果,编写了这本旅游景区开发与管理的专业教材,供广大旅游专业师生教学和景区从业人员学习使用。

本书作为高职高专旅游管理专业教材,从框架结构到内容选材都进行了探索和创新,尽量体现高职高专教材应有的理论提炼价值和实践指导价值。在本教材的具体编写过程中,我们在确保教材内容的科学性、规范性和完整性的基础上,根据景区管理课程的要求和景区管理中的实际问题,着重注意了对国内外景区管理实例的介绍剖析,目的是使教材具有更强的针对性和实用性,以符合旅游教学和旅游从业人员的实际需要。

全书包括"导论"以及"景区运营管理五大体系""景区运营管理工具""国内外景区实践案例""趋势与展望"四大部分。导论部分简述了景区运营管理的目标、要素与职能、内容和景区发展现状及问题;第一、二、三、四、五章介绍了景区的产品、运管、市场、保障及公共关系五大体系;第六章介绍了旅游景区运营管理中常用的标准化管理、服务蓝图设计、数字化管理及旅游体验管理等相关工具；第七章综述了当前国内外旅游景区在运营管理方面的最新实践案例；第八章介绍了景区产品主题化、体验人性化、设施标准化、服务精细化、管理数字化的五大趋势与展望。本书所选案例充分遵循案例教学的特点和行业需求，涉及旅游景区运营管理的各个方面，较为全面地总结了国内外旅游景区开发与管理方面的经验教训，对于初学者快速上手、了解旅游景区的运营管理精要具有较强的针对性和实用性。

本书的编写是多院校集体协作的成果，本书编撰执笔分工如下。

导论、第一、三、八章由舒伯阳（中南财经政法大学）和郭海荣（中南财经政法大学）编写；第二、四、五、六、七章由周子淳（华中师范大学）、胡宗军（华中科技大学）和刘钰洁（华中科技大学）编写；全书由舒伯阳统稿。

《景区运营管理实务》从旅游管理人才"面向行业，紧扣实践"的教学目的出发，充分贴近当今主流的景区运营管理实践，力求理论精当、简明扼要、深入浅出，强调实用性和操作性相结合。除采用典型案例分析、补充阅读材料等辅助教学形式指导学生学习各章重点、难点内容外，本书还在各章节末尾，设计了案例分析题及思考题，帮助师生展开分析讨论与模拟演练，以便学生有效理解与掌握课程精髓。

这是一个旅游者定义旅游业的时代，文旅融合新场景、主客共享新生活，旅游景区的成功需要离客源更近一些，这也是本书写作秉承的宗旨。

本书的编写参考了国内外学者的研究成果以及管理学科的相关资料，谨在此对相关作者表示感谢。但限于编者知识水平及内容体系的创新性，本教材难免存在疏漏之处，真诚期望同行先知及读者的建议和赐教指正，期待我们共同的努力让景区运营管理的课程教材建设不断臻于完善。

编者
中南财经政法大学晓南湖畔
2024 年 1 月

| 导论 | /001 |

第一部分 景区运营管理五大体系

第一章 景区产品体系 /018

第一节 景区产品构成要素及内容 /021
第二节 景区产品开发与管理 /030
第三节 景区产品组合 /036
第四节 景区产品优化 /039

第二章 景区运管体系 /042

第一节 入园服务管理 /045
第二节 游览服务管理 /052
第三节 游客投诉管理 /059
第四节 财务与人力资源管理 /062

第三章 景区市场体系 /069

第一节 市场调研 /072
第二节 营销策略 /076
第三节 价格管理 /097
第四节 渠道管理 /103

第四章　景区保障体系　　　　　　　　　　　　　　　　　　　　　/111

第一节　工程保障　　　　　　　　　　　　　　　　　　　　　　　/113
第二节　财务保障　　　　　　　　　　　　　　　　　　　　　　　/115
第三节　安全保障　　　　　　　　　　　　　　　　　　　　　　　/119

第五章　景区公共关系　　　　　　　　　　　　　　　　　　　　　/125

第一节　地方政府关系　　　　　　　　　　　　　　　　　　　　　/127
第二节　社区关系　　　　　　　　　　　　　　　　　　　　　　　/129
第三节　商户关系　　　　　　　　　　　　　　　　　　　　　　　/131
第四节　舆情管理　　　　　　　　　　　　　　　　　　　　　　　/133

第二部分　景区运营管理工具

第六章　景区运营管理工具　　　　　　　　　　　　　　　　　　　/140

第一节　景区标准化管理　　　　　　　　　　　　　　　　　　　　/142
第二节　服务蓝图设计　　　　　　　　　　　　　　　　　　　　　/150
第三节　景区数字化管理　　　　　　　　　　　　　　　　　　　　/155
第四节　旅游体验管理　　　　　　　　　　　　　　　　　　　　　/162

第三部分　国内外景区实践案例

第七章　国内外景区运营管理实践　　　　　　　　　　　　　　　　/172

第一节　国外景区运营管理实践案例　　　　　　　　　　　　　　　/173
第二节　中国景区运营管理实践案例　　　　　　　　　　　　　　　/182

第四部分　趋势与展望

第八章　景区运营管理发展的趋势与展望　　　　　　　　　　　　　/196

参考文献　　　　　　　　　　　　　　　　　　　　　　　　　　　/203

导 论

 职场情景

小白是一名旅游管理专业的应届毕业生,通过应聘成功进入景区实习。景区运营管理总经理高平,主要负责景区运营管理的统筹工作。作为小白未来工作的引路人,高经理向小白提出了几个问题:"景区运营管理目标包括哪些?景区的运营管理包含哪些内容?"并让小白在经过一个月的学习和实践后,回答这些问题。带着这些问题,小白正式开始景区运营管理工作之旅。

 章节描述

本章详细介绍了旅游景区的概况,包括旅游景区的相关概念,景区运营管理的目标、要素与职能、内容和景区发展现状及问题。

 学习目标

知识目标:

1.了解旅游景区的基本概念、分类及要素与职能;
2.了解景区运营管理的现状和存在的问题。

能力目标:

1.能对景区运营管理有系统的认知;
2.能对景区运营管理要素进行分析。

素养目标:

1.培养实事求是的态度,深入景区运营管理现场;
2.了解景区运营管理的基本内容,找到科学的工作方法。

思维导图

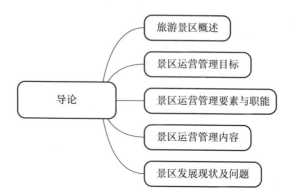

案例引入

唧唧复唧唧,木兰故乡在哪里?

木兰故里——武汉市黄陂区,北枕巍巍大别山,南濒浩浩长江水,辖区面积2261平方公里。截至2022年末黄陂区常住人口124万人,是武汉市版图最大、人口最多、生态最好的新城区。2019年荣获中国有影响力的全域旅游示范区称号。

——木兰传奇,厚重黄陂——

黄陂地处武汉市北郊,是武汉市面积最大、人口最多的新城区。黄陂人文荟萃、山清水秀、风景独好,旅游资源十分丰富。黄陂有着悠久的历史文化,最著名的当属木兰代父从军的传奇故事,还有市井民俗的黄陂泥塑、花鼓戏等,这些构成了黄陂的文化名片,造就了黄陂非同寻常的历史,使黄陂成为令人向往的旅游胜地。

——黄陂与木兰,木兰的故乡在这里——

"唧唧复唧唧,木兰当户织",一首《木兰辞》流传千年,由此创作的文艺作品和影视剧更是让这位替父从军的女英雄名震寰宇。长久以来,就在武汉市的黄陂区,木兰一直是一个真实的存在,这里不仅代代传颂木兰的传说,也传承着忠孝勇节的木兰精神。

黄陂的历史可追溯至汉代,木兰的故事最早也发源在那个时代。南宋地理专家王象之编著的《舆地纪胜》称,"《乐府》所载女子,为男装代父从军者也。每年一月,士女赴庙瞻礼者,络绎于途,谓之朝木兰。庙后有基,宋时建"。黄陂区相关机构在20世纪80年代普查文物时,发现了木兰墓的残碑和遗址,这些发现为确认花木兰的真实存在提供了物证。

木兰虽名不见正史,只有《木兰辞》这一文学形象,但在古代,民歌的研究价值是很高的,作品中的人物故事因为具有真实性而广泛流传,民间传说也是如此。花木兰效忠国家,爱家敬老,有胆有识,无私奉献,木兰文化则突出了忠孝这个最重要、最核心的主题,体现了中华民族凝聚力中最动人心魄的"家国情怀"。花木兰的形象和故事,成为中国传统文化中的一个重要符号,象征着中华民族的优秀品质和道德观念。

——木兰遗迹,景点串起木兰脚步——

在黄陂,为了纪念中国古代女将花木兰,许多地方以"木兰"命名,这些名称的延续已经长达几百年甚至上千年。以下是一些以"木兰"命名的地点和设施:木兰碑楼、木兰坡、木兰溪、木兰殿、木兰庙、木兰坊、木兰县、木兰将军坟等,这些都是木兰曾存在于此的佐证。

最著名的黄陂木兰景群,以木兰文化为主题,融合了自然风光和人文景观,吸引了大量游客前来观光游览。木兰山是木兰的文化之源,也是佛教、道教的活动中心之一;木兰天池相传是木兰的外婆家,也是她成长的地方;木兰草原是木兰骑马射箭、演兵练武的地方,她凯旋时,将这片草原赠给了景仰她的将士,让他们追随她一同来到这里,安居乐业、繁衍生息;木兰云雾山则是木兰将军的归隐之地,她在这里度过了宁静的余生,陪伴她的是华中最大面积的杜鹃花群落。

目前,黄陂区已成为湖北旅游的新高地,资源禀赋十分优越。一是拥有"盘龙殷商""木兰传奇""二程理学"和"首义黎黄陂"四大文化名片。二是拥有武汉独有的水陆公空俱全的交通便捷的区位优势。天河机场让黄陂与世界共拥万里蓝天,武汉港让黄陂与世界共抱万顷碧波,亚洲最大的铁路编组站让黄陂与世界共生万千经脉。三是拥有武汉境内最高的山、最洁净的湖、最大的森林公园、最多样化的动植物种类和集幽、奇、险、秀于一体的自然山水风光。四是拥有国家地质公园、国家森林公园、国家水利风景名胜区、中国历史文化名村及木兰山、木兰天池、木兰草原和木兰云雾山4个景区整体打包创建成功的"黄陂木兰文化生态旅游区"国家5A级旅游景区等多项国家级桂冠,是华中地区最大的城市生态旅游景区群,也是全国4A级景区最密集区域。

思考:木兰景区运营管理的成功经验给你带来哪些思考?

一、旅游景区概述

(一)旅游景区的概念

1. 国外旅游学界对旅游景区的定义

目前,国外旅游学界对旅游景区的定义包括如下几个方面:①旅游景区在地域上不一定有明确的边界;②旅游景区是一个不断发展的概念;③旅游吸引物是旅游景区的核心吸引力;④旅游景区的管理和运作机构是多元化的。

2. 国内旅游业界对旅游景区的定义

旅游景区是旅游活动的核心和空间载体,是旅游系统中最重要的组成部分,也是吸引旅游者出游的最主要的因素。结合我国旅游业的发展实际情况,本书采用《旅游区(点)质量等级的划分与评定》(GB/T 17775—2003)中对旅游景区①的定义:旅游景区是指具有参观游览、休闲度假、康乐健身等功能,具备相应旅游服务设施并提供相应旅游服务的独立管理区。该管理区应有统一的经营管理机构和明确的地域范围。包括风景区、文博院馆、寺庙观堂、旅游度假区、自然保护区、主题公园、森林公园、地质公园、游乐园、动物园、植物园及工业、农业、经贸、科教、军事、体育、文化艺术等各类旅游景区。

3. 景区的特征

针对旅游景区的定义和经营现状特点,可以总结出旅游景区的特征。

(1)旅游景区具有开展旅游活动的特定内容。

这种特定内容即指旅游吸引物,是对旅游资源开发利用的结果,是旅游景区存在的核心要素。无论是自然旅游资源还是人文旅游资源,都必须对旅游者有较强的吸引力,以特定吸引物的文化内涵和活动内容来区别于其他的旅游景区。

(2)旅游景区具有明确的地域空间范围。

这种地域空间范围在实践中常常表现为经营管理的地理界线。只有明确的地域空间范围,旅游者的空间位移才能是明确的、稳定的和可研究的,也才能保证旅游规划设计、开发建设和经营管理的顺利进行。

(3)旅游景区具有满足旅游者需求的综合性服务设施,并提供相应的旅游服务。

仅仅只有特定的吸引物并不能构成旅游景区。例如,人类对太空充满了好奇与神往,有强烈的旅游动机,也已经有几位特殊的赞助者完成了太空之旅。但是由于外太空不完全具备旅游的六要素,充其量只能算作潜在旅游资源。旅游资源、设施服务是构成旅游景区产品的基本要素,也是景区功能的载体。

(4)旅游景区具有专门的经营管理机构。

从旅游经济角度来看,任何一个旅游景区都是一个经济单元。这个经济单元内部有一个管理主体,对景区的资源进行开发保护、经营服务和统一管理。它是旅游景区的经营主体,也是旅游景区产品的供给方。它可能是政府机构、行业主管机构、多部门联合的机构,也可能是独立的法人管理主体。因此,是否具有专门的、日常性的经营管理机构,是旅游景区与旅游资源最明显的区别之一。

---

①2004年批准的第一号修改单将此标准中的"旅游区(点)"修改为"旅游景区",因此全文中涉及此标准的表述均为"旅游景区",标准名称不变。

（二）旅游景区的分类

1. 国外旅游景区的分类

Pearce、Benckendorff和Johnstone对旅游景区的具体分类如表0-1所示。但现实是许多旅游景区总是把自然景点与人造景点相融合，无法分隔开来，尤其是在自然与文化双遗产方面。

表0-1 旅游景区的分类

序号	划分依据	
1	自然（英国苏格兰高地、美国约塞米蒂国家公园）	人造（美国环球影城、美国六旗主题公园）
2	室外	室内
3	遗产型（英格兰教堂）	人造型（澳大利亚股市名人堂）
4	特殊全球事件（奥运会）	地方节庆事件（地方游行展览）
5	高吸引力（澳大利亚大堡礁）	低吸引力（地方娱乐地点）
6	私有（迪士尼主题公园）	公有（加拿大班夫遗产区）
7	内容主题：历史的、音乐的、体育的、军事的、艺术的、动物的	

Leask根据自然或人造、收费或免费、公有或私有、地方市场或区域市场、国内市场或国际市场对旅游景区进行了分类，他的分类框架没有具体列出各种旅游景区的名称，因为他更关注的是旅游景区的属性及其对旅游市场的影响。

2. 国内旅游景区的分类

中国旅游景区协会在团体标准《旅游景区分类》（T/CTAA 0001—2019）中，依据景区规模、核心旅游吸引物、景区功能与产品、景区运营主体及其目标四个维度将旅游景区进行了分类，共计44个基本类别，如表0-2所示。

表0-2 我国的旅游景区分类

分类依据及代码	类别及代码	
依据景区规模进行分类 G	特大型旅游景区 G-1	
	大型旅游景区 G-2	
	中型旅游景区 G-3	
	小型旅游景区 G-4	
依据核心旅游吸引物进行分类 X	综合吸引类景区 X-1	
	自然景观类景区 X-2	山岳型景区 X-2-1
		森林型景区 X-2-2
		湖泊型景区 X-2-3
		河川型景区 X-2-4

续表

分类依据及代码	类别及代码	
依据核心旅游吸引物进行分类 X	自然景观类景区 X-2	海洋型景区 X-2-5
		沙漠型景区 X-2-6
		草原型景区 X-2-7
		温泉型景区 X-2-8
	人文景观类景区 X-3	古迹遗址型景区 X-3-1
		宗教型景区 X-3-2
		非物质文化遗存型景区 X-3-3
		工业型景区 X-3-4
		科普型景区 X-3-5
		纪念地型景区 X-3-6
		文化园型景区 X-3-7
		度假(村)型景区 X-3-8
		小镇型景区 X-3-9
	乡村田园类景区 X-4	村落型景区 X-4-1
		农业景观型景区 X-4-2
		生产地型景区 X-4-3
		民宿型景区 X-4-4
	现代娱乐类景区 X-5	主题公园型景区 X-5-1
		文化演艺型景区 X-5-2
		购物娱乐型景区 X-5-3
		文化场馆型景区 X-5-4
		特色街区型景区 X-5-5
	其他吸引类 X-6	
依据景区功能与产品进行分类 C	综合服务型旅游景区 C-1	
	观光体验型旅游景区 C-2	
	休闲娱乐型旅游景区 C-3	
	度假旅居型旅游景区 C-4	
	康复疗养型旅游景区 C-5	
	会奖节事型旅游景区 C-6	
	研学教育型旅游景区 C-7	

续表

分类依据及代码	类别及代码
依据景区功能与产品进行分类 C	运动体育型旅游景区 C-8
	其他型旅游景区 C-9
依据景区运营主体及其目标进行分类 J	公益性旅游景区 J-1
	准公益性旅游景区 J-2
	商业性旅游景区 J-3

二、景区运营管理目标

（一）宏观目标

从景区运营管理的定义出发，站在市场的角度，可以在宏观层面将景区运营管理的目标概括为导入目标游客、优化旅游体验和提升综合效益三个方面。

1. 导入目标游客

游客是旅游景区的生命线。在竞争激烈的旅游市场中，只有有效地吸引游客（行业俗称引流），旅游景区才能获得较好的经济效益。即使区位条件优良、知名度较高的旅游景区，在经营中也面临着选择目标市场、吸引目标市场游客以及如何平衡淡旺季的问题。对于那些区位条件欠佳、旅游景区产品质量一般、知名度较低的旅游景区而言，如何吸引游客更是其生存的首要问题。

2. 优化旅游体验

旅游景区是一种体验型的产品，其质量优劣取决于游客体验后感受的评价。由于影响游客体验质量的因素较多，既有游客主观因素的影响，诸如游客的期望、兴趣、受教育程度等，又有旅游景区客观因素的影响，诸如旅游景区环境、设施状况、接待服务等，其中许多因素具有较强的不确定性，如天气状况等。如何优化旅游体验是旅游景区管理中最具挑战性的任务之一。

3. 提升综合效益

持续盈利能够为景区提供稳定的资金来源，用于景区的管理、维护、升级和改进，从而提高景区的竞争力和吸引力。然而，景区的可持续发展不仅仅依赖于经济利益，还需要注重环境保护和社会责任。景区在追求盈利的同时，也应该采取措施保护自然资源、文化遗产，促进社会可持续发展。同时，景区应该与利益相关者进行合作，共同推动景区的可持续发展。

上述三个基本目标之间是相互影响、相互作用的。提供高质量的旅游体验是景区吸引游客的关键，充足的客流是景区效益最大化的基本保证，而实现持续发展则是旅游景区的终极目标。

(二)微观目标

1. 设施完好

景区运营管理的首要目标是确保景区内的设施设备保持良好的状态,包括建筑物、道路、照明设备、公共设施等。定期进行设施设备的维修、保养和更新,以保证游客在景区内的安全和舒适。

2. 功能齐全

景区的硬件与软件功能的设置应能满足游客的需求。这包括为游客提供丰富的景点和景观、提供各类游乐设施、提供餐饮和住宿等服务。景区管理者需要不断关注游客的需求和市场的变化,及时调整景区的功能布局,以提供更多元化的体验和服务。

3. 流程顺畅

景区运营需要建立起一套流程完善、各个环节衔接紧密的运营管理体系。从游客的购票、进入、导览、游览到安全管理等各个环节,都需要建立明确的流程,以确保游客在景区内的游览顺畅且无障碍。

4. 制度适配

景区运营管理需要按照相关法律法规和政策要求,建立健全的管理制度。这包括景区管理规章制度、文化遗产保护制度、环境保护制度等。制度的建立和执行需要充分考虑景区的等级、类型和特色,合理适配,以达到景区良好的运营管理效果。

5. 管理规范

景区运营需要建立起一套标准化的管理体系,包括人员管理、财务管理、营销管理等各个方面。这需要合理规划景区的人员编制,提供培训和发展机会,确保管理人员的专业素质和管理水平。

6. 安全高效

景区的安全是运营管理的重中之重。景区需要建立健全的安全管理体系,包括安全设施建设、安全演练、应急预案等。同时,景区运营管理需要高效运转,保证各项工作有条不紊地进行,提高工作效率,满足游客的需求。

7. 服务优良

景区运营管理需要提供优质的服务。景区工作人员需要接受专业培训,提高服务意识和对客服务水平。景区管理者需要注重细节,关注游客的感受,积极倾听游客的意见和建议,不断改进服务质量,提升顾客满意度。

三、景区运营管理要素与职能

(一)管理要素

景区运营管理的要素主要包括人、财、物、时间和信息。通过合理的组织和管理,这些管理要素相互作用,共同影响着景区的游客体验和运营效益。

1. 人

景区的运营需要数量充足、素质合适的人员保障,包括管理人员、导游、安保人员、服务人员等。他们的素质和服务水平直接关系到景区的形象和游客满意度。

2. 财

财务管理包括预算编制、资金管理、成本控制、收入统计等。合理的财务管理可以确保景区的经济运行稳定和可持续发展。

3. 物

物资管理涉及景区所需要的各种设备、设施和资源的采购、维护和管理,包括景区的建筑、道路、景点设施、交通工具等。这些物资必须保持良好的状态,以提供良好的游览体验。

4. 时间

时间管理是景区运营的关键,包括景区的开放时间、活动安排、人流控制等。合理的时间安排可以最大限度地提高景区的利用率,为游客提供更好的服务。

5. 信息

景区运营中的信息管理是景区运营中不可或缺的一环,包括景区的宣传推广、预订系统、客户反馈收集等。有效的信息管理可以吸引更多游客,提高服务质量,并为景区的决策提供依据。

(二)管理职能

景区运营管理是一个涉及众多因素的综合性工作,其职能包括规划、组织、配置、指挥、协调和控制等方面。在实际工作中,这些职能是相互交织和互为依赖的,需要协同运作才能取得良好效果。

1. 规划

景区运营管理的首要职能是规划。通过制定长期和短期规划,明确景区的愿景、目标和发展战略。规划还包括对景区的区位选择、配套设施规划、资源开发等方面进行科学、合理的布局。同时,还需要考虑到景区与周边环境和社区协调发展,实现共赢。

2. 组织

组织是景区运营管理的核心职能。它包括制定组织结构,确定各部门的职责、权限和工作流程,建立有效的沟通渠道和决策机制。同时,还需要招聘和培训合适的员工,建立岗位职责和绩效评估体系,确保组织能够高效运转。

3. 配置

配置是指对景区资源的合理配置和管理,包括人力资源的配置,确保有足够的员工和合适的岗位分工;财务资源的配置,进行预算编制和资金管理,确保景区运行的需要得到满足;物资资源的配置,包括设备、设施、道路、交通工具等的采购、维护和管理。

4. 指挥

景区运营管理需要有良好的指挥和调度,确保各部门顺利运行并协同合作。指挥涉及优化资源利用,调度各部门的工作任务,解决问题和冲突,以及处理突发事件和安全事故。通过有效的指挥,可以提高景区的综合运营效率和服务质量。

5. 协调

景区运营管理需要协调利益相关方之间的关系。这包括景区和政府部门、景区和游客、景区和周边社区等之间的协调。协调的目标是确保各方的需求得到平衡和满足,同时推动景区的可持续发展。

6. 控制

控制是对景区运营管理过程进行监控和评估,确保工作按照规划和目标进行。包括制定绩效评估指标和标准,收集数据和信息并进行分析和研究。通过控制,可以及时发现问题和风险,采取相应的纠正措施,保证景区运营的良好状态。

四、景区运营管理内容

以旅游景区经营过程中的不同阶段和构成要素为对象,形成一系列的专业管理领域,景区运营管理的内容主要包括如下九个部分。

(一)景区战略管理

旅游景区战略管理是指对旅游景区战略进行设计、选择、控制与实施的过程。战略管理的目标是规划旅游景区的长远发展方向、方针和对策,目的是保证旅游景区长期生存和发展,因而是旅游景区管理的重要部分,主要由旅游景区高层管理人员负责完成。

(二)景区设施管理

景区设施管理是指对景区内各种设施的规划、建设、维护和管理工作,包括对景区内硬件设施、软件设施以及相关服务设施的管理和运营。旅游景区通常都建有一定数量的基础设施和游乐设施,这些设施的正常运转是保证旅游景区正常经营的基本条件。旅游景区设施管理主要包括基础设施管理和游乐设施管理。

(三)景区营销管理

景区营销管理是指通过市场调研、产品定位、宣传推广、销售策略等手段,提升景区知名度,拓展客源,增加游客数量和收入。旅游景区市场营销管理是旅游景区整体经营活动的中心环节,主要包括旅游景区市场研究、项目设计、产品定价、销售渠道、市场促销等一系列的工作,是实现旅游景区产品价值、树立旅游景区形象、保证旅游景区持续经营的重要环节。

(四) 景区环境管理

景区环境管理是指对景区内的自然环境和人文环境进行保护和管理，包括对景区生态环境的保护、清洁卫生的维护，以及对文物、历史遗迹等人文景观的保护和修缮。旅游景区是针对特定区域内旅游资源开发而形成的一种产品。显然，良好的旅游景区环境是旅游景区赖以生存、经营和发展的基础，管理好旅游景区的环境是其实现可持续发展的先决条件。

(五) 景区质量管理

景区质量管理是指通过建立质量管理体系，保障景区内各个环节的质量，提升景区的服务水平和游客满意度，包括对景区各项服务的规范化、标准化管理和持续改进。旅游景区是一种体验型产品，也是多种服务产品组合起来的综合性产品。因此，旅游景区质量管理要遵循全面质量管理的原则。

(六) 景区人力资源管理

景区人力资源管理（Human Resource Management，HRM）是指根据旅游景区的人力需求，对人员的招聘、录用、调配、考核、培训、升迁等工作进行管理。为充分挖掘人力资源、调动员工的工作积极性，必须给予员工以物质的和精神的动力。与此项工作有关的管理工作主要是员工工资与奖金、集体福利、员工培训教育与激励等管理工作，这些都是人力资源管理的重要内容。

(七) 景区财务管理

景区财务管理是指对景区的经济活动进行规划、控制和监督，包括预算编制、资金管理、成本控制、收支核算等财务管理工作。如何筹集、分配和使用资金，充分发挥资金的作用，直接影响旅游景区经济效益的高低。旅游景区财务管理的主要内容有：资金筹措、固定资产和流动资金管理、成本费用管理、利润管理等。

(八) 景区安全管理

景区安全管理是指针对旅游景区的安全风险和安全问题制定一系列管理措施和应急预案，以保障游客和景区工作人员的生命安全和财产安全。景区安全管理包括安全制度与规范、安全风险评估和预警、安全培训和教育、安全防范设施、安全监测和巡查、应急预案和救援体系等方面。

(九) 景区信息管理

景区信息管理是指对景区相关信息的收集、整理、存储、利用和传播，包括景区的宣传资料、游客信息、市场数据等的管理和运用。将现代信息技术应用于旅游景区管理，已经成为旅游景区提高管理水平的重要标志，是景区运营管理的重要组成部分。景区信息管理主要包括：信息采集与收集、信息存储与管理、信息处理与分析、信息传播与展示、电子票务与门禁管理、智能导览与定位、营销与推广等方面。

五、景区发展现状及问题

(一)景区发展现状

1. 国家政策推动,地方助力响应

随着旅游业的不断发展和人民生活水平的提高,景区已成为人们休闲娱乐和观光旅游的重要场所。国家政策方面,政府出台了一系列支持旅游业和景区发展的政策措施,旨在激发旅游消费需求,优化旅游服务,促进景区的可持续发展。这些政策包括推动旅游业转型升级、提高景区服务质量、优化旅游基础设施建设等(见表0-3)。

表0-3 国家层面旅游景区发展相关政策

国家层面政策	内容
国务院《关于释放旅游消费潜力推动旅游业高质量发展的若干措施》	·完善预约措施,简化预约程序,尽可能减少采集游客个人信息等 ·完善景区、机场、车站、酒店、购物商店等场所的多语种标识及导览设施 ·加快干线公路与景区公路连接线以及相邻区域景区间公路建设
国家发展和改革委员会《关于恢复和扩大消费的措施》	·全面落实带薪休假制度,鼓励错峰休假、弹性作息,促进假日消费 ·健全旅游基础设施,强化智慧景区建设,提高旅游服务质量 ·鼓励各地制定实施景区门票减免、淡季免费开放等政策
国务院《"十四五"旅游业发展规划》	·建设一批富有文化底蕴的世界级旅游景区和度假区,打造一批文化特色鲜明的国家级旅游休闲城市和街区 ·推进红色旅游、文化遗产旅游、旅游演艺等创新发展 ·推动文化和旅游融合发展
工信部、文旅部《关于加强5G+智慧旅游协同创新发展的通知》	·旅游景区、度假区、休闲街区、夜间消费集聚区等重点旅游场所5G网络覆盖水平不断提升,鼓励有需求的重点旅游场所实现5G网络高质量覆盖 ·打造一批5G+5A级智慧旅游标杆区和5G+智慧旅游样板村镇,培育一批5G+智慧旅游创新企业和创新项目
文旅厅《关于组织开展第一批中国特品级旅游资源名录建设工作的通知》	·通过多种方式对纳入名录的中国特品级旅游资源广泛进行推介,扩大影响力和知名度 ·将高等级旅游景区、度假区等旅游产品建设作为重要依据,促进中国特品级旅游资源向高等级旅游产品转化

地方方面,各地积极响应国家政策,加大对景区发展的支持力度。地方政府加大对景区的投资,加强景区规划建设,提升景区的环境质量和服务水平。同时,地方政府也积极引导和支持景区的经营管理,鼓励景区与周边产业的融合发展,提升景区的综合竞争力和吸引力(见表0-4)。

表 0-4　地方层面旅游景区发展相关政策

地方层面政策	内容
《北京市"十四五"时期文化和旅游发展规划》	·支持世界遗产类5A级景区建成世界级旅游景区 ·推动旅游住宿业多元发展
《广东省"十四五"旅游业发展规划实施方案》	·文化和旅游实现更广范围、更深层次、更高质量的融合发展，建成一批富有文化底蕴的世界级旅游景区和度假区，打造一批文化特色鲜明的省级以上旅游休闲城市和街区 ·推进智慧旅游城市、旅游村镇、旅游街区建设，重点支持5A级旅游景区、国家级旅游度假区等打造智慧旅游示范样板，建设一批数字技术集成应用示范景区景点
《福建省"十四五"文化和旅游改革发展专项规划》	·完善城乡一体、内外联通旅游交通配套设施体系，加快国家3A级以上景区和国家级、省级各类文化游点与机场、动车站、港口码头等交通要道的无缝对接 ·实施景区提升"3个100工程"，到2025年，实现全省各县（市区）国家4A级景区全覆盖，形成"县县有4A、市市有度假区"格局，加快建设我国旅游景区、度假区发展高地等
《河北省文化和旅游发展"十四五"规划》	·旅游产品、旅游服务等全面优化提质，建成一批富有文化底蕴的高等级旅游景区和度假区，打造一批文化特色鲜明的旅游休闲城市和街区，红色旅游、乡村旅游等快速发展 ·积极支持革命老区、民族地区、欠发达地区等特殊类型地区发展，利用特色资源加快旅游产品培育和转型升级
《湖北省旅游业发展"十四五"规划》	·着力构建"一主引领、一江贯通、三区联动、六山支撑、九湖润泽"的旅游发展新格局，积极建设富有文化底蕴的世界级、国家级旅游景区和度假区，以及国家级旅游休闲城市和街区，把湖北省建设成为特色鲜明、功能完善、品质卓越、游客满意的综合旅游目的地

2. 消费市场潜力巨大，品质消费需求凸显

景区额外消费涵盖了旅游商品（文创产业）消费与景区二次消费（二消）。据艾瑞数据《2019中国景区旅游消费研究报告》显示，在游览过程中，旅游者具有明显的旅游消费惯性，95.1%的旅游者有过额外消费的情况，其中，45.7%的旅游者每次到景区都有额外消费，9.4%的旅游者偶尔在景区内消费，仅有4.9%的旅游者未曾额外在景区消费，其主要原因集中于旅游者没有兴趣（38.1%）、产品品质低（26.8%）、产品价格高（24.7%）、供应不足（23.7%）、没有需求（22.7%）等。在旅游景区产生额外消费的旅游者主要花费集中于餐饮类和购物类，额外消费人均消费金额为100—500元的游客占比达74%，其中消费在300—500元的游客较多，占比为38.2%。可见，具有高品质的景区二次消费项目既符合市场需求导向，亦符合新时代旅游新六要素，即商、养、学、闲、情、奇的品质消费需求，成为拉动景区消费，实现景区创收与转型升级的重要环节。2019年国内旅游景区额外消费项目与人均消费金额分布如图0-1所示。

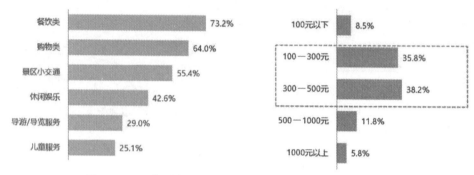

图 0-1 2019年国内旅游景区额外消费项目与人均消费金额分布

（资料来源：艾瑞数据《2019年中国景区旅游消费研究报告》。）

旅游景区作为旅游高质量发展的主要载体，包括国家级风景名胜区、红色旅游景区、文博院馆、寺庙观堂、旅游度假区（村）、自然保护区、名胜古迹、主题公园、森林公园、地质公园、湿地公园、游乐园、动物园、植物园及工业、农业、经贸、科教、军事、体育、文化艺术等各类旅游景区。可见，景区高品质的二次消费项目具有较大市场发展空间与消费潜力。

3. 数字科技发展，为景区二次消费赋能

疫情给旅游业带来了巨大打击，使客流量呈现断崖式下滑，同时也暴露了景区在经营上存在的单一性和表面性问题。在这场危机的推动下，国内景区不得不加快数字化转型的步伐，将数字化和信息化提升至新的水平，这成为了旅游业从"自救"向"发展"转型的关键因素。景区利用数字技术优化游客体验，通过电商平台和直播销售门票、周边商品，并推出套餐产品，并通过线上预约系统在出行限制的情况下提高游客量。这些都是数字技术赋能景区二次消费的具体体现。如北京探险家智旅科技集团开发的智能望远镜在景区投放后的投入产出比高达200%，其开发的共享微交通、VR体验产品、扫码储物柜、纸巾机、导游机、场景自拍仪、共享登山杖等二次消费项目在景区投放均取得良好的经济效益，同时也为游客提供了更加人性化的服务，有力地推动了景区的高质量发展。

（二）景区现存问题

1. 商业合作存在模式困局

景区二消产品销售主要有三种模式：单体收费、整体打包、除吃住项目外整体打包。单体收费指景区与供应商合作，由合作供应商开发管理二消项目，与景区分成；整体打包指合作供应商或景区自助管理二消项目，采用按人头分成模式，分给项目合作商；除吃住项目外整体打包，顾名思义，餐饮住宿专业专项管理，核心目的是给旅游项目做好配套服务。三种销售模式都体现了景区二消品的开发和管理少不了与企业的合作。但是,景区与合作供应商的实践合作存在较为突出的两个共性问题:一是权属问题,二是景区运营效率问题。

一方面,景区类别多样,性质与权属不同,其所有权、经营权与管理权等问题不同程度上困扰着景区的创新发展。另一方面,景区二次消费项目的开发离不开与文旅相关企业的合作,作为以盈利为主要目的的文创企业,首要关注的是利润的可持续性。与单纯以服务为输出形式的合作相比,文旅相关企业更倾向于资本化合作模式,即参与或拥有经营权,这样可以更直接地参与到景区的运营和管理中,从而更好地将自己的创意和产品融入景区的服务和体验中。这种合作模式类似于酒店集团管理,但大多数景区目前的权属与运营属性很难实现文创、二消企业的合作意向。国内旅游景区近年来虽逐步进行转型,由景区管委会发展成立运营管理公司,但实质的企业性质仍多为国有企业,国有企业的运营效率与文创、二消企业的运营机制存在较大差异,导致合作难免会出现摩擦与问题。

2. 尚未形成产业生态链

二消产品是景区创新发展与转型升级的重要途径,但并不意味着景区只要进行二次消费项目开发就能实现高效率高水平创收,二消产品变现的过程需要考虑诸多因素与环节的操作与运营。近年来,景区越来越注重打造文创产品作为二消项目。但是,文创产品面临着开发成本高,盈利能力低的问题。首先,文创本身不能变现,"文创+"可以成为变现的产品或服务。其次,IP变现的问题。IP产业形态与业态形式的开发亦存在风险,文创衍生品停留在粗浅的设计创意层面,很难实现变现。最后,文创产品与二次消费项目的传播非常重要,如"两微一抖"等渠道的传播效应不容小觑。目前诸多文旅企业定位模糊,文创产品的产业链条仍处于初期形成与探索过程中,一定程度上影响企业专业化发展。因此,景区文化创意产品与二次消费项目的变现过程不是单纯的创意设计,产业环节的割裂影响变现,需要在开发、设计、生产、传播、运营与销售等各环节充分对接旅游者需求,才能实现景区的流量变现。

3. "质价不符"与"同质化"

目前多数旅游景区的产品及其体验环境明显滞后于市场发展,不利于二次消费项目的传播与运营发展。一方面,"质价不符"仍普遍存在。国内很多旅游景区不乏基础设施完善、旅游资源条件得天独厚等优势,但有的缺少文化底蕴与内涵。目前旅游商品市场,仍充斥着大量的旅游"纪念品",做工粗糙,品质低、定价高,缺乏资源与文化特色。二消项目的开发需要与场景相结合,旅游者往往在优质的场景体验中会产生购买欲望,但景区内粗加工甚至未加工的产品或项目形态,使旅游者的购买意愿无法实现。另一方面,二消项目"同质化"开发现象普遍,运营成本较高。如国内目前诸多景区都有玻璃桥、索道、滑道等二消项目,其项目类别实质上较为单一。旅游产品多属体验式消费,难以重复消费,即常说的一锤子买卖。景区应充分把握自己的专有属性与独有特色,二消项目要打破这个惯常现象,才能实现景区的可持续创收与流量变现。

4. 复合型专业运营人才匮乏

景区二消产业的发展需要专业人才支撑,目前我国旅游类专业的学科设置与人才培养模式,同文旅企业对人才的需求仍存在较大脱节。例如,在文创产品前端的开发和设计,往往由设计类专业人才代替,在产品后端的渠道运营很难找到具有文旅融合知识背景的复合型专业人才。虽然已有少数高校关注文旅人才的培养,如苏州大学应用技术学院成立周庄文旅学院,开展文旅人才的培养工作。但这样相对漫长的教育改革过程无法满足当下对于文旅人才的迫切需求。在文旅融合的发展趋势下,文旅人才培养是行业发展的重要人力资源储备,是推动文旅深度融合与可持续发展的重要影响因素,人才培育模式的转变及其培养渠道与方式的开发亦是产业发展需要关注与突破的又一难点。

教学互动

请简要回答景区运营管理的宏观目标。

章节小结

本章详细介绍了景区的基本概念、景区运营管理的目标、要素与职能、管理内容以及现状与问题等。通过对该项目的学习,小白对景区运营管理的基础内容有了深入的了解。

项目训练

龙门石窟位于河南省洛阳市,是世界上造像最多、规模最大的石刻艺术宝库,被联合国教科文组织评为"中国石刻艺术的最高峰"。文旅项目呼唤转型升级的今天,龙门石窟景区所在地积极探索文化遗产的全新表达方式,打造了一系列出圈的沉浸式文旅项目。

"无上龙门沉浸式体验馆"位于龙门石窟景区中的龙门古街内,占地仅有1000多平方米。整个体验馆以洛阳和龙门石窟厚重的历史文化为背景,以高科技的机械装置为手段,结合古街建筑形态和环境及场馆建筑条件,场馆中部挑空长度约21米、高度约11米,最大限度地利用原有建筑,以创新性、科技性的表达方式,利用一场炫酷震撼的高科技光影秀,将龙门石窟文化彻底进行"活化",塑造洛阳旅游新地标,打造洛阳文旅新名片。

思考:

1. 龙门石窟景区的运营有哪些可借鉴之处?

2. 结合未来景区运营管理的趋势,谈谈龙门石窟的创新管理体现在哪些方面?

第一部分
景区运营管理五大体系

第一章
景区产品体系

 职场情景

　　了解完景区的一些基本概念和运营管理的入门知识,小白对景区运营管理充满信心。为了更加全面地了解景区产品体系,高经理安排小白到景区实习。这可让小白兴奋不已,于是他周一便早早地到产品部报到。

 章节描述

　　本项目详细介绍了景区产品管理的相关内容,包括景区产品构成要素及内容、景区产品开发与管理、景区产品组合以及产品优化措施等。

 学习目标

知识目标:

1.了解景区产品的构成要素与基本内容;
2.掌握景区核心吸引物、游憩项目等开发管理方法。

能力目标:

1.能对景区产品体系有系统认知;
2.能科学地进行景区产品的开发与管理。

素养目标:

1.秉持可持续发展的产品管理理念;
2.创新是产品开发工作的第一驱动力;
3.掌握科学的工作方法,科学、合理地进行产品开发。

思维导图

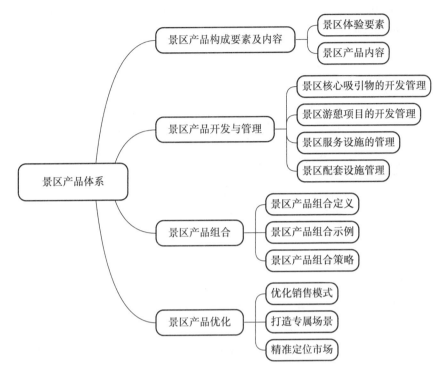

案例引入

大唐不夜城打造"文旅产品爆款"的秘诀

2020年发布的各城市最具人气的夜游产品,TOP1为西安大唐不夜城。2023年,大唐不夜城依旧火爆。五一假期,西安的文旅热度和游客热情持续增长。央视CCTV1《焦点访谈》节目报道了大唐不夜城文旅融合、以沉浸式历史场景为特色的消费方式,从华服兴起到新晋大唐明星"房谋杜断",不断创新文旅"新玩法",打造消费新体验。

——文旅新场景,开启新体验——

大唐不夜城景区不断将浓厚的文化底蕴注入到IP人物中,赋予其饱满的人物形象。将只能从书本中了解到的唐代人物形象,以现代艺术化的形式带到人们眼前,让观众更直观感受唐朝人物的风采和气度,感受中华文化的魅力,获得全方位的精神和文化享受。不夜城塑造的"大唐宇宙",从以唐仕女为原型的不倒翁小姐姐,到找人对诗送馍、传播诗歌艺术的李白,再到以"脱口秀"问答形式、爆梗强势出圈、成为大唐不夜城新晋现象级IP、重现"房谋杜断"这一历史典故的盛唐密盒,让游客能在大唐不夜城沉浸式体验有趣味、有意义、有精神慰藉和美学意味的旅游内容。大唐不夜城、盛唐密盒、游客打卡拍照如图1-1所示。

图1-1　大唐不夜城、盛唐密盒、游客打卡拍照（从左至右）

传统上巳节之际，各类华服踏青主题活动层出不穷，"唐潮"风尚处处可见。浓厚的华服氛围、真实的盛唐建筑风格，使得游客身穿霓裳、轻摇罗扇行走在大唐不夜城的街道上，完全没有违和感，更多的是与"同袍"们擦肩而过的喜悦与自豪。"华服热"让古典与现代再度完美融合，成为西安这座城市独有的特色。年轻一代在这里展现着传统文化自信，同时也为西安的旅游业和文化产业带来了新的活力，实现了西安与华服文化的双向奔赴。

——消费新空间，体验再升级——

大唐不夜城在注重挖掘独特传统唐文化的同时，也在坚持以文化为根基实现创造性转化、创新性发展，通过文旅产业升级和打造文化衍生品，拉长文旅产业链。景区现场不仅有即时观看的唐风演艺，街区上还有老字号餐馆、各类唐潮文创好物店铺、非遗体验店、历史遗迹和景观相结合的博物馆等多元文化体验空间（见图1-2），为游客营造多形态文化感知方式，将传统文化的韵味传承，打造成文旅消费新场景。

图1-2　大唐不夜城特色店铺、潮玩

——产品新营销,景区焕形象——

大唐不夜城(见图1-3)的运营具有独特的"长安风"。借助平台,把握住独有的标签,游客到此一游必然留下印象。火爆全网的不倒翁小姐姐、不倒翁小哥哥、后续开发的奋斗小哥哥、微信公众号的"糖糖"都以"小伙伴"的形象出现,不仅易于辨识还能增强游客的亲切感。2019年1月,抖音发布的《2019抖音数据报告》显示,大唐不夜城是国内播放量排行第一的景点,其中"不倒翁小姐姐"相关视频的播放量超23亿次。抖音上大唐不夜城的火爆,带动了西安整体旅游的发展。2019年春节,西安接待游客1652万人次,旅游收入高达144亿。

图1-3 大唐不夜城宣传资料

创意呈现,特色体验,大唐不夜城未来也将持续挖掘文化资源,丰富文旅融合内涵,将传统文化与年轻化、国潮化场景融合,打造具有文化内涵和地方特色的旅游项目,为游客带来现场感、满足感、价值感的旅游体验。让文化品牌符号与时俱进,让优质的文旅融合产品在新时代下脱颖而出,多元弘扬中国文化。

(资料来源:文旅夜游案例分析《西安大唐不夜城"火爆"的运营诀窍》。)

第一节 景区产品构成要素及内容

一、景区体验要素

(一)传统体验要素

1.食

民以食为天,在体验经济时代,餐饮业态的发展不应仅限于满足消费者的基本温饱需求,而应通过创新和多样化的方式,如主题餐厅、美食广场等,成为展示地方特色文化创意和促进消费者社交的重要平台。餐饮业态的创新路径策划主要围绕用餐场所、食品供给、用餐氛围和用餐服务四个方面展开。

用餐场所方面,旅游项目的开发运营主体结合项目地的资源禀赋和客源市场的用餐偏好,因地制宜地布局主题餐厅、美食广场、小吃街、食品工坊等多样化的餐饮业态。

食品供给方面,应构建特色美食产品体系,食品的样式、菜品的组合和各类吃法应突出地方特有的餐饮风俗和文化,使吃的过程成为体验当地生活方式的有机组成部分。

用餐氛围方面,应为餐厅设计出清晰的主题,室内的装修细节要凸显主题特色,并根据项目需要融合民俗演艺、影视、趣味游戏、餐前秀、虚拟场景等元素,为消费者营造沉浸式的用餐氛围和社交场景。

用餐服务方面,应加强服务人员的素质培训,并充分利用以移动互联为基础的新一代信息技术,为游客提供便利、高效的点餐、呼叫和结账服务。

2. 住

作为游客夜间休息、休整的场所,住宿业态是景区保障游客停留时间的首要基础。住宿环境与住宿服务质量都能够深刻地影响游客对当次旅游活动的体验评价,住宿业态的创新也应围绕这两大方面展开。

住宿环境方面,酒店、民宿、野奢等业态的开发运营主体应关注新时代旅游者的个性化需求,从住宿场所和客房设计两个角度实现创新突破。可以根据旅游项目地的资源禀赋积极探索高山酒店、海洋酒店、森林树屋等创意住宿场所的建造设计方式,也可以通过对地方文化的深入挖掘或创意IP的导入进行主题化、多样化的客房设计。

住宿服务质量方面,相关开发运营主体应密切关注医疗、养生领域的科研成果,引入助眠设备、助眠系统,为游客提供更优质的健康睡眠服务。同时也应充分利用新一代信息技术,简化游客预订、入住和离店的流程,并分析用户的消费偏好,对服务进行持续的改进和升级。

3. 行

便利、安全、舒适的交通体系,是旅游活动能够成行的重要保障。基于"行"要素的业态创新,包括"大交通"和"小交通"两大体系的创新。"大交通"指的是连接目的地与外部空间的线路及交通工具,"小交通"指的是串联旅游景区或景区内部景点的交通系统,其核心目标是打造"快进、快出、慢游"的出行体验。

"大交通"方面,旅游开发主体可以在充分评估项目地地质条件和资源条件的基础上,在公路、水路沿线进行景观设计,布局特色餐饮、游客服务中心等项目,使交通道路成为串联区域旅游资源、具有独特吸引力的服务业态;也可以积极导入游轮、游艇、直升机等集交通和游憩于一体的交通工具,进行游憩方式和现代服务设施的创新,将交通工具自身发展成为一种旅游业态。

"小交通"方面,应重视多样化交通工具和线路的布局,可以应用高新科技布局无人驾驶、空中飞船等未来交通,也可以规划马车、自行车、游船等景区内部慢行交通,还可以植入低空飞行、山地火车等游乐式交通。这些交通工具运用在景区内部,都能够成为"行"的业态创新,其开发的宗旨是要打造动静结合的"行"的节奏,使游客的游览线路具有丰富的体验感。

4. 游

游是旅游活动中的核心要素,包括观景、行进、休憩、游乐等一系列旅游活动。基于游的业态创新,应围绕旅游项目供给和游玩体验方式两个角度进行。

旅游项目供给方面,景区的开发主体应通过对项目地自然、文化、艺术、风俗、历史等资源的深度挖掘和有效整合,打造主题鲜明、形式多元的旅游项目。突破"圈地卖门票"的传统景区售卖模式,因地制宜地打造旅游小镇、度假庄园、主题公园、博物馆、研学基地、创意秀场等多样化的业态形式,丰富目的地的旅游内容。

游玩体验方式方面,旅游项目的开发运营主体应以求新求异的市场需求为导向,通过景观设计提升、科学技术应用、创意文化植入、主客互动设计等手段,打造富于变化的游玩产品和游憩方式,从而延长游客停留时间,刺激更多消费需求。

5. 购

购物是推动景区经济增收的重要业态,精美的旅游商品和特色的购物场所,都能够使景区的吸引力再登上一个新的阶梯。目前,我国大多数景区尚未形成旅游购物的核心吸引力,针对"购"这一要素的业态创新,主要可以通过商品创新、购物场所创新和购物方式创新三种途径。

商品创新方面,通过品牌故事塑造、高科技技术植入、商品创意化生产包装等手段,着力突破旅游商品和纪念品创意不足和文化诠释不足的问题,为游客提供多样化、实用化、情感化的购物商品。

购物场所创新方面,景区应根据客源市场需求,因地制宜地通过建筑设计、室内装饰设计、购物场景创新等手段布局特色产品专营店、休闲商街、主题购物中心等多种购物业态,为游客提供多样化的选择。

购物方式创新方面,针对购物信息不对称、流程烦琐、定价不规范等问题,打通线上线下一体化的购物渠道,通过无人超市、线上VR购物商城等业态的布局,为游客提供便利、愉悦的购物体验。

6. 娱

丰富生动的娱乐内容,是景区塑造核心吸引力、增强市场竞争力、延长游客停留时间、刺激旅游消费的重要推动元素。旅游娱乐要素框架下的业态创新,应从娱乐内容和体验方式两个方向展开。

娱乐内容方面,景区运营主体可根据景区定位和旅游项目的实际类型,依据景区主题布局剧场演出、大型演艺等文化体验类业态,水乐园、室外游乐场、室内游乐园等游乐休闲类业态和黑暗乘骑、飞翔影院、灾难仿生、密室闯关、丛林探险、VR体验等探奇体验类娱乐业态。

体验方式方面,综合运用文化植入、科技创新、互动体验项目设计、主题场景设计、虚拟场景设计、夜间造景等手段,增强游客娱乐体验中的新奇感、参与性、趣味性和沉浸感。此外,应注重提供个性化、情感化的娱乐服务,使游客能够在身体、心理的舒适区域中享受充满乐趣的娱乐体验。

(二)新体验要素

1. 商

商指商务活动,包括商务旅游、会议会展、奖励旅游等旅游新需求、新要素。将商务活动与旅游活动相结合,通过在旅游景区进行商务活动,或在商务出差时兼顾旅游的方式,人们能够在商务行程中享受到美丽的风景和休闲的时光。这种体验将商务和旅游两个元素融合在一起,既满足了商务目的,又能够增添旅游的乐趣,主要包括以下几个方面的内容。

(1)商务会议和活动。在旅游景区设立商务会议场所,让参与者能够在美丽的环境中进行商务会议、研讨或其他商务活动。这样既可以提高参与者的工作效率,又能够让他们在商务之余欣赏到美景。

(2)旅游观光。在商务出差期间,为参与者安排一些旅游观光活动,让他们有机会参观当地著名的旅游景点,了解当地的历史、文化和风景。这样可以让商务出差更具丰富性和趣味性。

(3)交流与联谊。在商务旅游期间,组织交流和联谊活动,使参与者有机会与其他商务伙伴或同行进行交流、分享经验,增进彼此之间的合作和友谊。

(4)休闲和娱乐。在商务活动结束后,安排一些休闲和娱乐活动,如SPA、按摩、泡温泉、游泳等,让参与者可以放松身心,舒缓工作压力。

2. 养

养指养生旅游,包括养生、养老、养心、体育健身等健康旅游新需求、新要素。旅游原本就是一件身心愉悦的活动,当养生邂逅旅游,健康旅游应运而生,成为不少人青睐的旅游新模式。其中,中医养生旅游的发展最为强劲。景区疗愈体验是一种通过在自然环境中进行活动,以促进身心健康和精神放松的旅行体验。这种体验注重人与自然的连接,以自然景观、宁静环境和身心健康活动为基础,旨在帮助人们减轻压力、恢复精力并提高幸福感。例如利用自然环境中的元素进行疗愈,如森林浴、海洋疗法、温泉疗法等,这些自然疗法可以促进身体的自然恢复和养护,提升身体免疫力和改善健康水平;参与各种与自然相关的互动活动,如园艺、动物观察、生态保护活动等;选择健康饮食,如有机食物、当地特色菜肴等,健康饮食有助于维持身体健康,增加能量和满足感。

3. 学

学指研学旅游,它的内容既不是单纯的旅游也不是纯粹的学习,而是介于游与学之间,贯穿了语言学习和参观游览,包括修学旅游、科考、培训、拓展训练、摄影、采风、各种夏令营冬令营等活动。我国的研学旅游早已走出国门,目的地遍及亚洲、欧洲、美洲和大洋洲,内容从最初的校园游览、观摩课堂发展到目前的全真插班、家庭寄宿、社会调查、充当志愿者等多种体验。

不只是家长和孩子关注研学,近年来不少职场人士也选择用研学方式给自己充电。目前,国内已有旅游机构提供成人研学产品,涵盖户外自然教育、瑜伽养生、酒庄品酒、咖啡种植园之旅、农耕文化研学等领域,职场人士通过短期技能类课程,可以获得技能提升、各类证书、职场提升等收获。

4. 闲

闲指休闲度假,包括乡村休闲、都市休闲、度假等各类休闲旅游新产品和新要素,是未来旅游发展的方向和主体。随着国内外游客旅行经验的不断丰富,他们对旅游目的地的选择也日趋多元化。传统的旅游景区已不再是最受青睐的选择,越来越多的游客开始探索本地居民的休闲空间和消费场景,将这些"另类"的旅游景区作为旅行的目的地。与此同时,也有不少游客偏好前往风景如画的度假胜地,与家人一同享受宁静而温馨的假期时光。这种宁静并不等同于单调,因为无论是老人还是儿童,每一位同行的家庭成员都有着不同的休闲、美食、文化娱乐和购物需求。观光、休闲与度假正在融合成为景区和度假区未来发展的主线。这种趋势反映了游客对个性化和多样化旅游体验的追求,同时也催生了旅游景区产品体系的变革。

例如贵阳花溪十里河滩旅游度假区以精彩纷呈的活动掀起休闲度假"新潮流",景区将历史文化、自然、环境、人文等完美融合,打造观光、度假、潮玩一站式体验和自然、人文、潮流交融的新玩法。景区还会不定期举行各类精彩的主题活动,如沉浸式剧本演绎、书画展、摄影展、非遗作品展、名人访谈、阅行花溪、律动花溪、端午游园会等,不断开发别具一格的休闲度假产品。

5. 情

情指情感旅游,包括婚庆、婚恋、纪念日旅游、宗教朝拜等各类精神和情感的旅游新业态、新要素。景区情感旅游产品是指以情感为核心设计的旅游产品,旨在通过独特的体验和活动,让游客在旅行中获得情感上的满足和感动。这类产品通常通过创造亲密的互动,提供愉悦的体验和塑造独特的记忆来吸引游客。亲子旅游产品是景区情感旅游产品中最火爆的一种。亲子旅游产品主要针对家庭,能够加深亲子关系、增进亲子之间的互动和情感,培养孩子的兴趣和能力,强调传统家庭价值观,如亲情、孝道、友爱等,家庭成员能够在旅行中加深情感联系。当今社会,随着工作和生活节奏的加快,许多家庭面临时间分配的挑战,这种现象导致亲子关系变得日益重要,因此亲子旅游产品市场需求巨大。

例如,深耕"原创IP+主题乐园"的方特,2019年将主题游乐与"熊出没"原创IP相结合,在亲子季期间打造了众多形式新颖的主题活动,入园人数和收入均较去年同期实现大幅增长。方特主题乐园还在"原创IP+主题项目+主题乐园"方面持续发力,在多地加速推进"熊出没"主题乐园等文旅项目的建设,致力于为亲子游客构建多层次、多元化文旅娱乐产品线。

6. 奇

以探奇为目的的旅游新产品、新要素,包括探索、探险、探秘、游乐、新奇体验等,近年在我国也发展迅速。一些资深驴友已经不满足于常规的景点和舒适的休闲,徒步、登山、骑游等深度体验类的旅行方式渐受青睐。这些新方式令游客更加亲近自然,亲近人文,获取身心的放松与提升,更具个性和深度。同时作为一种体育健身的方式,能有效地增强旅游者的体魄,锻炼旅游者的意志。

目前市场上此类产品颇为丰富,例如国内的徽杭古道、唐诗之路、漠河找北、寻秘贵州等,国外的巴厘岛梯田火山人文徒步、法国勃朗峰大环线高山徒步以及美国西部国家公园大峡谷徒步等均受到游客青睐。

二、景区产品内容

(一)核心产品

景区作为旅游业的重要组成部分,其核心产品包括景区主引流项目和景区主标签。景区主引流项目是指吸引游客前来参观游玩的重要项目,而景区主标签则是景区的核心特色和卖点,用于吸引游客关注和选择该景区。

1. 景区主引流项目

景区主引流项目通常是指在吸引游客到访时起到关键作用的项目,它们是景区发展的重点和核心。这些项目通常是景区内的著名景点、特色表演、主题游乐设施等,具有较高的知名度。例如武汉的"知音号"实景演艺,作为国内沉浸式表演的热门产品,人们在"知音号"上的"沉浸"实则是对武汉的"沉浸"。游客在与剧中人物的互动中不知不觉了解到武汉的历史、文化和故事,一座城市的形象直接展现在游客眼前。看完一部剧,就爱上一座城;登上一条船,就游遍了三镇。

2. 景区主标签

景区主标签是指景区的核心特色和卖点,也是游客选择和记忆该景区的重要标志。通过打造独特的主标签,景区可以在激烈的市场竞争中脱颖而出。景区的主标签可以是自然风景,如美丽的山水景观、壮丽的瀑布、迷人的海滩等;也可以是人文景观,如古老的建筑、历史遗迹、民族风情等;还可以是主题活动,如音乐节、文化节、农产品展销会等。如四川黄龙风景名胜区以规模宏大、结构奇巧、色彩丰艳的地表钙华景观为主景,罕见的岩溶地貌蜚声中外,堪称人间仙境;安徽宏村景区有保存完整的明清古建筑103幢,民国建筑34幢。独具特色的古民居散发着浓郁的传统文化,日出而作,日落而息,怡然自乐的宏村人在这里过着恍如隔世的田园生活;欢乐谷集团牢牢抓住暑期文旅消费与夜间经济热潮,不断发力新产品、新业态、新供给,以"这是我们的舞台"为主题的欢乐谷电音狂欢季,汇集当下中国备受瞩目、引领潮流的音乐人、乐队同场演艺,以惊喜的音乐阵容和精彩的音乐现场体验,为文旅消费营造新场景。景区的主标签不仅仅是吸引游客的手段,更是塑造景区品牌形象和提升游客满意度的重要因素。

景区需要根据游客需求和市场竞争情况,选择适合的引流项目和打造独特的主标签,以吸引游客的注意力和兴趣,提升其满意度和回头率。

(二)游憩项目

景区游憩项目是指在旅游景区内为游客提供休闲娱乐、文化体验和健康活动等服务的设施和项目。常见的景区游憩项目包括游乐设施、演艺表演、文化展览、运动健身、自然探索等,通过提供多元化的娱乐体验,为游客创造愉悦的旅游记忆。根据不同的特点和功能可以分为以下几类。

1. 观光类

观光类旅游项目是最常见的一类,主要是为游客提供参观景点、观赏名胜风景的机会,包括参观著名景点、历史古迹、建筑物、风景名胜区等。游客通过参观名胜古迹、欣赏自然风光,了解当地的历史、文化和风土人情,从而增长见识、提升文化素养。如国家级风景名胜区——安徽黄山风景区,以奇松、怪石、云海、温泉、冬雪"五绝"著称于世,与长江、长城、黄河同为中华壮丽山河和灿烂文化的杰出代表,被誉为"人间仙境""天下第一奇山"。风景区内群峰竞秀,怪石林立,有千米以上高峰88座,"莲花""光明顶""天都"三大主峰的海拔均逾1800米。明代大旅行家徐霞客曾两次登临黄山,赞叹道:"薄海内外,无如徽之黄山,登黄山天下无山,观止矣!"后人据此概括为"五岳归来不看山,黄山归来不看岳"。

2. 休闲体验类

休闲体验类旅游项目为游客提供放松身心、享受休闲时光的机会,包括开展温泉、SPA、按摩、夜间娱乐、购物等休闲活动。游客可以在度假村、温泉酒店或城市商圈中获得多种休闲体验,放松身心。如国家级旅游度假区——南京汤山温泉旅游度假区,温泉体验片区和健康疗养片区是汤山温泉体验的核心区,依托温泉资源优势发展温泉体验、健康疗养、休闲度假、演艺娱乐等温泉休闲产业、健康养生产业、文化创意产业。汇集国内外知名温泉酒店品牌及温泉养生类项目,并结合"汤""山""泉"的特色资源,打造两处特色体验公园——矿坑公园和金乌温泉公园。

3. 文化体验类

文化体验类旅游项目为游客提供了解当地文化、艺术和传统的机会,包括参观博物馆、艺术展览,观看民俗表演、传统工艺制作等。游客可以通过参观文化遗址、参与传统活动,亲身体验当地的文化魅力。如位于江苏省无锡市的鸿山国家考古遗址公园,首次完整地揭示了春秋战国时期越国贵族墓葬在同一墓地的埋葬规律,并将墓葬分为小型、中型、大型和特大型,代表了越国贵族的四个等级。同时,该地区现保存着百余座大小土墩,分布于伯渎河、九曲河"两河流域"大约7公里的范围之内。由众多贵族墓葬构成的越国贵族墓地在长江下游的太湖流域属首次发现。

4. 运动健身类

运动健身类旅游项目为游客提供锻炼身体、放松心情的机会,包括滑雪、登山、潜水、高尔夫等各种户外运动。游客可以在自然环境中挑战自己的体能极限,享受运动带来的快乐和充实感。如国家级滑雪旅游度假地——河北涞源滑雪旅游度假地,涞源县借冬奥机遇,依托国家5A级景区白石山、涞源七山滑雪场大力发展冰雪产业。七山滑雪场位于国家跳台滑雪训练科研基地脚下,共有16条高山雪道,其中2600米的高山初级道满足初学者的需求;最大坡度超过70%的极限雪道,让极限滑雪爱好者释放能量;还有超级U形道和超级滑雪公园等场地充分满足人们的冰雪娱乐需求。

5. 自然探索类

自然探索类旅游项目为游客提供探索自然奇观、保护环境的机会,包括探险旅行、生态观察、野生动物保护等活动。游客可以参加探险活动,亲身体验大自然的奇妙之处,同时也增强自身环保意识。如青海三江源国家级自然保护区,依托素有"中华水塔""亚洲水塔"之称的三江源而建。三江源是长江、黄河、澜沧江的发源地,地处青藏高原腹地,是我国重要的生态安全屏障和高原生物种质资源库,具有重大的保护价值。因此,在三江源国家公园生态与文化体验为核心的生态旅游活动中,游客不仅仅是旁观者、听众和体验者,更是中国国家公园生态旅游模式的缔造者。他们通过与当地牧民社区的深入交流,实现相互学习与影响,共同探索并实现着未来国家公园游憩活动的创新方式。

6. 生活体验类

生活体验类旅游项目为游客提供体验当地生活方式和文化特色的机会,包括进行传统工艺制作、种植体验等活动。游客可以亲手参与农田劳作,制作传统手工艺品,感受不同地区的生活方式和传统文化。如北京唯一一个位于景区内的实践营地——南宫农耕文化体验园,园区通过提升改造,融入生态农业、文化体验等现代理念,不断改造种植环境。南宫农耕文化体验园于2022年正式挂牌,成为集休闲、观光、采摘、农耕体验、农作物科普教育为一体的农业观光基地。

7. 主题活动类

主题活动类旅游项目是根据不同的兴趣爱好和需求,为游客提供特定的主题活动,包括摄影旅游、美食之旅、艺术游览等。游客可以根据自己的偏好选择参与不同的主题活动,满足自己特定的兴趣和需求。如《江南百景图》+豫园灯会,以上海老城厢为基底,将《江南百景图》中的元素融入豫园之中,重新建构了独属于上海的江南风情。2021年6月,豫园商城联合《江南百景图》再次进行深度合作,合力打造了"豫里江南·百景游园"首届沉浸式夏日江南市集,集沉浸式剧情体验、互动机关、游园解密、国风巡游等特色于一体,通过场景空间联动,跨越时间长河界限,联通古代文化脉息,将江南百景图线上游戏场景高度还原到豫园商城的空间里,打造"IP+实景游戏"体验。

8. 度假康养类

度假康养类旅游项目为游客提供休闲度假和身心康养的机会,包括度假村、温泉度假、瑜伽冥想等。游客可以选择安静祥和的度假村,享受舒适宜人的环境和康复养生的服务,提升身心健康。如四川七里坪森林康养旅游度假区,依山就势,生态环境极佳,同时还有顶级传统文化资源加持。既有峨眉山的厚重文脉,也有极其优异的环境和气候景观资源,再加上后期系统化的产业设施的营造,形成了"医、养、游、居、文、农、林"七位一体的综合型康养旅游度假项目。

（三）服务设施

景区的服务设施是为了提供便利和舒适的旅游体验而设置的各种设施。常见的景区服务设施包括以下几个方面。

1. 游客中心

游客中心是景区的服务中心,提供游客问询、导览、购票等服务。游客可以在游客中心获取景区的相关信息,如地图、导览手册等,以便更好地了解和规划游览路线。

2. 停车场

景区的停车场是为了方便游客停放私家车、旅游大巴等交通工具而设置的。按照景区可能接待的每日最大游客量合理规划和设计的停车场可以有效解决游客停车难的问题,提升游客的出行体验。

3. 旅游厕所

景区的旅游厕所是为了方便游客解决如上厕所等基本生活需求而设置的。一方面,景区的旅游厕所应该干净、整洁、卫生,为游客提供良好的使用环境；另一方面,旅游厕所的设置也需要合理规划(在游客步行15分钟能够抵达的半径内),使游客在不同区域都能方便地找到厕所设施。

4. 步游道

景区的步游道是为了方便游客步行欣赏景区风光而设置的路径。步游道应该设置在景区的重要景点和景观位置,供游客步行游览和拍照。步游道的设计应该有合理的导览标识和指示,路面为具有一定弹性自然砂土、木栈道或柏油刷黑,为游客提供便捷和较为舒适的交通体验。

5. 休息庭廊

景区的休息廊亭是为提供游客喝水和休息的区域。在景区规划和布局中设置适量的休息廊亭,可以为游客提供一个能够遮阳、避雨、停留的舒适休息场所,缓解游览疲劳。

（四）配套设施

景区的配套设施是指为了满足景区运营和游客需求而配置的各种基础设施。包括如下内容。

1. 水

景区的给排水系统是为了解决景区内污水和雨水排放而建设的一套系统,包括污水收集、处理和排放系统,以及雨水收集和排放系统。景区给排水系统的建设可以提高景区的环境质量,减少污染物排放,实现资源的有效利用,促进景区的可持续发展。

2. 电

景区的供电系统包括电力输配电网络、变电站和配电设备等。供电系统需要稳定可靠,能够满足景区内照明、景点设备、广播音响等设施的用电需求。

3. 管

景区的管道系统主要包括排水系统、污水处理系统和天然气管道等。排水系统用于集中排放景区内产生的污水和雨水,确保景区干净整洁;污水处理系统通过处理和净化废水,保护环境和水资源;天然气管道用于供应燃气设备,如餐厅、宾馆等。

4. 网

景区的通信网络系统主要包括宽带网络和无线网络。宽带网络用于景区管理和办公,提供高速网络连接;无线网络则是为游客提供上网服务,使游客能够在景区内随时随地使用网络消费服务项目、与亲友互动、进行定位导航等。

5. 路

景区的道路系统是连接景区内各个景点和设施的重要设施,它包括主干道、次干道、步行街道、观光车道等。良好的道路系统能够为游客提供便捷的交通环境,方便游客进行观光和游览。

第二节 景区产品开发与管理

一、景区核心吸引物的开发管理

景区核心吸引物的开发是景区发展及旅游产业发展的重要环节,它涉及景区规划、资源整合、创新设计等多个方面。

(一)景区规划

1. 特色定位

根据地理环境、人文历史等资料分析,明确景区的特色定位,确定核心吸引物的发展方向。如四川九寨沟风景区,以其多彩的湖泊、瀑布和秀丽的山水景观,定位为自然风光景区。清澈的湖水和多样的植被为九寨沟的特色,吸引着自然爱好者和摄影爱好者前往。

2. 可行性研究

通过市场调研、经济评估、环境评估等评估核心吸引物开发的可行性,并制定合理的发展策略。例如广东白水寨景区的成功之处在于认真调查市场,找准区域市场空隙,对景区游客进行问卷调查,结果表明该景区缺乏吃、住等餐饮设施。因此,景区立足广州市民及大众旅游市场,围绕温泉、吃住进行多元产品打造和组合,使游客量从2006年的不到10万人,到2022年的300万人,成为一个都市周边市场火爆的休闲观光景区。

3. 空间布局

空间布局包括核心吸引物的位置、布局、配套设施等,保证景区的整体合理性和可持续发展。景区空间布局需要秉着美观的原则去设计,同时要充分考虑游客的感受,具有一定的亲和性及关怀性,注重实用性、功能性,使设计的建筑、景观等和环境构成一幅美丽的图画,为游客提供美妙的旅游体验。

(二)资源整合

1. 资源评估

对景区内的自然资源、人文资源进行评估和筛选,确定适合作为核心吸引物的资源。一个旅游景区,如果没有吸引力,就谈不上发展,桂林的漓江峰丛地貌、九寨沟的奇幻水景等独特的大自然景观,就是这些景区的吸引力。没有吸引力,不打造核心吸引物,就不能形成旅游的基础,所以做旅游首先要形成吸引力和打造核心吸引物。吸引力形成的关键在于其精准的定位,这要求对资源、文化和市场等要有深度的认知,能主导整个游憩过程。

2. 资源整合

根据资源评估结果和景区发展目标,制定资源整合的策略和规划。考虑资源的互补性和协同效应,确定资源整合的方式和形式,如设计主题活动、整合设施设备、提供多样化的服务等。例如乌镇景区整合建筑文化、水乡文化、民俗文化等,展示了中国江南水乡的传统建筑、运河及当地生活方式。乌镇以其独特的水乡风情、丰富的古建筑和悠久的历史文化为特色,吸引着对传统文化感兴趣的游客。

3. 合作开发

旅游景区与当地政府、旅行社、企业等合作,共同开发核心吸引物,加强资源共享和互补,提高经营效益。例如北京山海文旅集团采用"运营+投资+承担风险"的合作经营模式,依托自有的猴开心旅行社优势,调动大批景区管理的专业人才,并加强对景区线路提升规划、运营和后期的管理,形成旅游景区全产业链的模式,整合上下游资源,完成对景区的全方位升级改造。

（三）落地设计

1. 创新设计

通过创新的设计理念和技术手段，打造独特的核心吸引物，能够为游客带来独特的体验和感受。可以考虑运用现代技术、艺术表现等方式进行设计，突出景区的特色和亮点。如迪士尼乐园通过主题化包装、故事叙述，不断创新建立多种卡通IP与游客之间的情感互动，形成了独特的主题公园品牌。

2. 用户体验

从游客的角度出发，注重用户体验，提供便利的游览服务、人性化的游客设施、丰富的活动内容等，打造满足游客需求的核心吸引物。体验经济时代，产品即场景，体验即营销。可以通过全景沉浸式体验空间讲好主题故事，提升游客的五感（尊重感、高贵感、安全感、舒适感、愉悦感）、六觉（视觉、听觉、触觉、嗅觉、味觉、知觉），延长消费时间，丰富消费场景和内容。比如，当前场景化商业街区渐成市场新宠，湖南长沙的文和友等新型业态，以其独特的怀旧风情和新奇的体验，成功唤起了游客的共鸣，提供了身临其境的代入感，深受广大游客的喜爱。

二、景区游憩项目的开发管理

（一）景区游憩项目的开发

景区游憩项目的开发通常需要进行以下几个步骤。

1. 市场调研和需求分析

了解目标游客群体的需求和喜好，以及市场上已有的类似项目，进行市场调研并进行需求分析，确定项目的发展方向和特色。

2. 整体规划和设计

制定项目的整体规划和设计方案，包括项目的主题、区域划分、设施布局、功能设置等。同时，还需考虑景区的自然环境和文化特色，确保项目与整体风格相互融合。

3. 设备和设施采购

根据项目规划和设计方案，进行设备和设施的采购。例如，游乐设备、表演舞台、展览展示设备等，确保设备和设施的质量和性能符合要求。

4. 建设和布局

根据设计方案进行建设和布局，包括场地平整、道路建设、设施安装等。同时，还需考虑相关的安全和环保要求，确保项目的可持续发展。

5. 内容和活动策划

制定项目的内容和活动策划方案，例如演艺表演、文化展览、运动比赛等，以吸引游客并提供丰富多样的体验。

(二)景区游憩项目的管理

景区游憩项目的管理是确保项目运营顺利进行和提供优质服务的关键。以下是景区游憩项目管理的几个关键方面。

1. 运营计划和预算管理

制定详细的运营计划和预算,包括项目的日常运营、维护保养、人员配备、营销推广等方面的预期目标和资源投入。

2. 人员管理

组建合适的团队,包括管理人员、运营人员、服务人员等。培训和管理团队成员,确保他们具备专业知识和良好的服务态度。

3. 安全管理

建立健全的安全管理制度,包括安全规章制度、紧急事件应急预案、安全设施设备的检查和维护等。定期进行安全演练和培训,提高员工的安全意识和应急处理能力。

4. 游客服务

关注游客需求,提供高质量的服务。建立客户服务中心,及时解答游客咨询和投诉,改善服务不足,并通过定期的游客满意度调查进行改进。

5. 维护管理

定期检查和维护项目设施和设备,确保其正常运行和安全性。对设施设备进行保养和维修,保持其良好的使用状态。

三、景区服务设施的管理

(一)安全管理

设施安全运行是旅游景区服务设施管理的基本要求,其要点包括以下方面。

1. 设施的维护、保养、检测

景区需要定期进行设施的维护、保养和检测工作,确保设施的正常运转和安全性。定期检查服务设施的物理结构和机械设备,维修损坏或老化的设施,防止设施出现安全隐患。定期对服务设施进行专业的检测和评估,以确保其符合安全标准和法规要求,包括对建筑、电气、水处理等设施进行检测,评估其使用安全性,并做出相应的改进和修复。

2. 人员持证上岗

锅炉、压力容器、电梯、起重机械、客运索道、大型游乐设施的维修人员及其相关管理人员,应当按照国家有关规定经特种设备安全监督管理部门考核合格,取得国家统一格式的特种作业人员证书,方可从事相应的作业或者管理工作。

3. 建立健全设施安全管理体系

旅游景区的服务设施运行成本大，维护费高，安全问题很容易被忽视。旅游景区必须搭建自上而下的设施安全管理体系，明确分工，责任到人，并直接与员工的绩效考核挂钩，做到"安全无盲区，责任有人担"，确保旅游景区服务设施的安全运行。

（二）人员管理

1. 岗位管理

基础设施、景观设施、表演设备上的人员配置要求定岗配备。操作人员与维修人员是双重岗位，既是设施的操作人员，也是旅游景区的服务人员，必须使其认识到其角色的职责和重要性。

2. 技能培训

针对不同的设施，需要对操作人员进行相应的技能培训，让操作人员熟悉设施的性能、运行规程和操作规程，确保设施的正常运行。

除了岗位管理和技能培训外，景区在人员管理中秉持着"以人为本"的思想也是十分重要的。通过有针对性地开展人性化管理，可以激发员工的工作积极性，使之以饱满的精神状态投入工作之中。

（三）台账管理

旅游景区内的各种设施设备必须进行详尽的台账管理，其要点包括：在设备安装调试并正常投入使用后，要建立规范的设备档案；设施设备的各种技术资料，包括设备的说明书和图纸以及设备维护的检修周期、内容和要求等都要存档保管，以备日后维修时查阅；对于设备运行中的维护、检修内容等也要详细记录，作为设备管理的基础性技术资料。

（四）应急管理

旅游景区的设施设备要做好应急管理，任何设施设备都有可能出现故障，危及游客安全。由于旅游景区服务的特殊性，为了不影响正常运营，许多设备要求尽量缩短故障停机时间，这样就需要准备充足的备品备件，以备维修时更换，确保设施设备得到及时、有效的维修。同时，旅游景区要制定完善的应急预案，在突发事件发生时能第一时间启动应急方案，以应对突发事件所带来的影响。

四、景区配套设施管理

景区配套设施管理是景区管理中非常重要的一项工作，包括水、电、网络和道路的管理。具体包括以下内容。

（一）水

1. 水资源保护

景区应制定水资源保护方案,合理利用和管理水资源,避免过度抽取和污染,保持水质清洁和可持续利用。

2. 水供应设施建设与运营

确保景区内的水供应设施完善、安全可靠,并对水源进行监测和检测,及时解决供水中的问题。

3. 水质检测与处理

建立水质监测系统,定期对景区内的水质进行检测和评估,并采取合理的水质处理措施,确保游客的用水安全。

（二）电

1. 电力设备维护与管理

建立电力设备巡检、保养和维修机制,及时消除电力设备故障,确保电力供应的可靠性和安全性。

2. 能耗管理

合理规划景区电力供应网络,优化线路布局,控制能耗,提高电力利用率,并推广使用节能设备和技术。

3. 危险源隐患排查

定期检查景区内的电力设施,排查存在的电气安全隐患,采取相应措施进行整改,确保电力安全使用。

（三）网

1. 网络基础设施建设

建立合理的网络布局,覆盖景区内的各个区域,包括无线网络、宽带网络等,提供稳定的网络信号。

2. 网络安全管理

加强网络安全管理,建立防火墙、入侵检测系统等安全防护措施,保护游客的个人信息和数据安全。

3. 网络服务运营与维护

设立网络服务运维团队,定期检查、维护网络设备,保障网络服务的正常运行,及时解决网络故障。

（四）道路

1. 道路的规划和建设

制定科学合理的道路规划方案，考虑到景区内的交通流量、道路宽度、坡度等因素，提供便捷、安全的道路交通条件。

2. 道路维护和修复

定期检查、维修景区内的道路，保证道路平整、无障碍，消除路面上的安全隐患。

3. 交通管理与疏导

制定合理的交通管理措施，包括交通标识、交通警示牌的设置，安排交通警力进行交通疏导，保证交通畅通和游客的交通安全。

第三节　景区产品组合

一、景区产品组合定义

景区产品组合是指通过对不同规格、不同档次和不同类型的旅游产品进行科学的整合，使旅游产品的结构更趋合理，更能适应市场的需求。从景区自身角度来看，大型旅游景区内部的旅游产品是组合的对象，小型单一型旅游景区则不存在产品组合问题。

二、景区产品组合示例

1. 观光类+运动健身类

这种类型的景区产品组合结合了观光和体育运动的元素，为游客提供了丰富多样的活动选择。例如武汉东湖生态风景区举办了以"健康生活，骑游东湖"为主题的全民健身活动，通过骑行倡导健康的生活方式，营造人与自然的和谐氛围，带给了游客全新的健康生活体验。

2. 观光类+自然探索类

这种类型的景区产品组合将观光和自然体验相结合，让游客可以亲身感受大自然的美好，了解大自然与人类互动的方式。例如武汉木兰花乡田园综合体，以美丽乡村葛家湾的湖泊花溪、乡野村落、花林田园等资源为依托，着力打造"四季花乡""人文花乡""休闲花乡"等乡村特色旅游品牌，为游客提供采摘绿色有机蔬菜等农事活动体验。

3. 观光类+主题活动类

这种类型的景区产品组合是将观光体验与主题活动相结合，让游客在感受美景的同时,还能获得有趣且富有教育价值的参观和学习体验。游客可以通过参观科学馆、动植物园、博物馆等场所,进行游乐项目、科学实验和文化工艺制作等活动。例如武汉东湖海洋世界推出海洋主题研学活动,游客在乐园里不仅能感受到亚马逊原始雨林的神秘莫测、海底景观的深邃迷离、海洋生物的斑斓夺目外,还能了解海洋知识,增强海洋保护的意识。东湖海洋世界已成为游客休闲旅游的好去处,成为游客了解海洋、走近海洋、热爱海洋、保护海洋的窗口与课堂。

4. 文化体验类+休闲体验类

这种类型的景区产品组合旨在让游客在欣赏文化景观的同时享受放松和休闲的时光。例如成都的全景沉浸式汉文化主题餐秀——蜀赋宴,以蜀地汉文化为创作背景,全程围绕汉、唐、宋三朝的乐舞风貌展开,并溯源中国传统宴饮礼仪,借力川菜文化的历史脉络与融合发展,打造全景沉浸式的汉文化主题餐秀体验场景。

5. 文化体验类+观光类

这种类型的景区产品组合注重文化遗产的传承和展示,同时也为游客提供了观光游览的机会。游客在参观历史古迹、文化遗址、文化村落等景点时,可以通过导游或解说系统地了解相关历史和文化知识。例如八七会议会址纪念馆设有触摸视频、幻影成像、多媒体互动墙面等高科技展示手段,多种呈现方式提升观众参观体验,帮助游客了解红色革命历史。

案例
Anli

"实景穿越剧游"新体验:青岛啤酒博物馆《觉醒的酿造师》匠心上线

剧本杀的收入规模已超过100亿,已成为新时代新消费的主流文化娱乐需求。年轻人喜爱的剧本杀正在为文化和旅游业的发展打开一扇新的大门。2022年5月21日,IPMAKER造物家、青岛啤酒博物馆和携程旅游颠覆原有参观路线,以动感时尚为出发点,推出以剧本杀和密室为形式的沉浸式实景穿越剧游《觉醒的酿酒师》,将原本被动参观的博物馆变成了一部主动探秘的谍战大片。

——博物馆实景空间,体验"醉"真——

剧游场地辐射整个青岛啤酒博物馆,保存完好的糖化车间、神秘的酿造实验室、历史悠久的啤酒发酵池,一处处真实车间变为民国谍战片场,搭配定制民国风道具,身处其中即是穿越。除了博物馆原有展区,剧游场地A馆3楼全新开发定制,真实再现民国时期办公场景,获取线索、搜证解密、解锁重要信息全在这里。全新改造的B馆地下酒窖还原并恢复了酒窖的功能,玩家可以在此验证配方,自调专属鸡尾酒,一边游玩一边推理解密。

——沉浸式剧游，打造文化创意新体验——

作为国家一级博物馆，青啤博物馆以科技赋能，创意加持，沉浸式体验导入，始终打造城市文化和时尚消费的聚集地，不断给消费者带来创新体验。青岛首家博物馆实景穿越剧游《觉醒的酿酒师》，创新性融合年轻人最爱的剧本杀＋密室逃脱＋参观打卡，以民国末期的真实历史为故事背景，将博物馆变成谍战解密现场，开启全新的博物馆沉浸式文化体验，独特的创意在全国范围内也是首屈一指。青岛啤酒博物馆还有天上来酒、啤酒隧道、4D影院、光影秘境等丰富多彩的互动体验项目，尤其是在"体验啤酒魅力"展区，全息投影、动感单车、醉酒小屋、AR互动等科技创意带来的惊喜，令人叫绝。

时至今日，承袭青岛啤酒的基因，青岛啤酒博物馆的品牌延伸力已经不在馆内。青啤博物馆联动仙居崂山主题民宿、时光海岸精酿啤酒花园等业态，共同集合成一支颇具青岛气质的文旅战队，活跃在青岛的多个辖域。"探索新方向、新模式、新方案"，青岛啤酒博物馆正不断更新消费者对于美好生活的方式的体验，拓展中国工业旅游新边界。

（资料来源：凤凰网《"觉醒的酿造师"剧游　青岛啤酒博物馆沉浸式剧游品牌塑造与传播案例荣获2023"长城奖—文旅好品牌"景区及博物馆品牌优秀案例》。）

三、景区产品组合策略

一个合理的景区产品组合可以吸引更多的游客，提高景区的知名度和竞争力，从而实现景区经济效益和社会效益的提升。本节将从多个方面介绍景区产品组合的策略。

（一）差异化定位策略

景区产品组合的首要策略是差异化定位。景区需要在同质化的竞争环境中脱颖而出，通过差异化的产品吸引游客。因此，景区应该明确自己的独特卖点和核心竞争力，通过开发具有独特特色和鲜明个性的产品来吸引游客。差异化的产品可以包括人文景点、自然景观、特色活动和文化体验等，在满足游客需求的同时提供独特的游览体验。如西安的三个景区虽然同样主打大唐文化，但侧重点有所不同：大唐不夜城彰显的是大国威仪；大唐芙蓉园显露的是皇家气象；长安十二时辰则演绎了烟火长安。

（二）产品多样化策略

景区产品组合的策略还包括产品多样化。景区应该结合目标市场的需求和游客的兴趣爱好，开发多样化的产品。多样化的产品可以满足不同游客的需求，包括不同年龄段、不同消费能力和不同兴趣爱好的游客。如有"纳黄山桂林之美，融匡庐南岳之秀"美称的湖南张家界，汇集了峰林峡谷、原始森林等丰富资源。在旅游产品的打造上,景区更是涵盖了休闲度假产品、乡村旅游产品、红色旅游产品、极限运动产品、旅游演艺产品等丰富种类,成为展示美丽中国的重要窗口。

多样化的产品可以包括不同类型的景点、不同主题的活动和不同形式的体验项目等。景区可以根据目标市场和自身资源特点,通过创新和改进现有产品,提供更加丰富多样的游览和体验项目。

(三)产品互补性策略

景区产品组合的策略还包括产品互补性。产品互补性是指不同产品之间的相互补充和协调,使整个产品组合更加完整和协调。景区可以通过在产品组合中组合一些相对独立但互为补充的产品,以满足游客的不同需求和兴趣。如黑龙江雪乡景区在产品销售上,与黑龙江森工森林食品集团深入合作,建立森林旅游产品展销中心,集中展示推广黑龙江森工森林食品和"森"标产品。同时,雪乡与"中国冰雪"品牌方合作,借助双方品牌契合度和产品互补性,推出联名款系列产品,进一步提升中国雪乡品牌知名度和影响力。

产品互补性的策略可以包括景点之间的衔接和连接、不同类型的活动和表演的安排等。例如,一些主题景点可以与相应的表演活动相结合,如历史文化表演、传统手工艺品展示等,以提高游客的体验和满意度。

(四)产品专业化策略

景区产品组合的专业化策略包括优化产品分类,针对特定市场群体,与专业机构合作,提高产品质量和服务水平等。专业化策略将提高景区产品的品牌形象和市场竞争力,满足不同客户需求,增加产品吸引力。如莫干山·裸心谷生态度假村,莫干山作为一个民宿聚集地,以城郊微度假服务于城市居民。裸心谷坐落在莫干山山谷,不仅满足城市居民对城郊微度假的迫切需求,更是填补了商务度假的市场空白。通过精准的定位,度假村成功吸引到大量目标客户,取得良好的市场口碑。其产品打造均围绕着高端度假产品展开,无论是民宿设计还是设施配置,核心都是为人们提供清新乐活、绿色精彩的度假体验。

第四节 景区产品优化

一、优化销售模式

近年来在景区二消产业发展实践与成功经验的基础上,为厘清产业发展内在逻辑与关联,业界探索性地提出景区文创二次消费产业实践的新模式,即O2O(Online To Offline,离线商务)模式。景区文创二消O2O新模式主要由最外层、中间层和核心层三个层面构成(见图1-4),是一种通过线上智慧营销带动线下,线上与线下互相促进转化的二消文创项目的经营与销售的发展模式。如长白山景区通过线上"长白山礼物"销售平台与线下"长白山礼物"购物店两条路径为长白山旅游文创搭建新渠道。

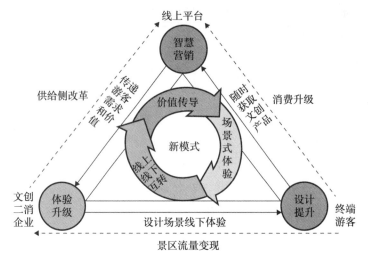

图1-4　景区文化创意与二次消费产业实践O2O新模式

除了创新产品销售模式,还要创新景区产品的开发思维。景区产品的开发需以"旅游+"为发展理念,"旅游+文化"是时代赋予文旅融合的内在产业联结,是产品开发最为重要的特征属性。此外,"文化+旅游+"的多元形态产品均可发展成为景区的终极产品,通过对"文旅+"产品的智慧运营,将线下产品推广到线上。景区产品的销售与运营要充分利用现代移动互联的创新成果,包括移动互联平台、移动支付、云端管理等技术手段,贯穿景区二消项目的开发、设计、生产、销售与运营等各环节,推动景区产品的智慧型创新发展。例如平遥古城的情境体验剧《又见平遥》是以山西历史文化、晋商特色、民族特色、山西人、事、物为表演主题,通过情景实演电影形式展现山西和平遥古城厚重深邃的历史文化;"无上龙门沉浸式体验馆"以洛阳和龙门石窟厚重的历史文化为背景,以高科技的机械装置为手段,结合古街建筑形态和环境及场馆建筑条件,以创新性、科技性的表达方式,利用一场炫酷震撼的高科技光影秀,将龙门石窟文化彻底进行"活化",塑造洛阳旅游新地标,打造洛阳文旅新名片。

二、打造专属场景

景区产品的开发要采取"定制化"模式,做到"一区一议"。景区产品开发的关键是对IP及其衍生品的深度挖掘与场景的融合打造,真正做到创新创意。IP的挖掘与场景的打造是景区产品的开发基础,是能否生产出点燃游客热情、引爆景区人气的必备产品的基础环节。IP的挖掘具有专属性与特殊性,产品的打造亦具有相似特点,需特别注意避免同质产品开发。主要挖掘IP自身特有属性、资源特点与文化内涵,充分分析市场需求主体的主要吸引因素,以可持续开发的视角考虑产品的迭代与创新研发。如"超级任天堂世界"——马里奥主题乐园,采用绿色管道形式让游客进入园区,令游客产生一种从现实世界穿越到游戏世界的错觉,从管道进入能直达碧琪公主的城堡,在城堡大厅游客不仅可以听到"马里奥游戏"中的背景乐,还能看到充满马里奥元素的绘画。

三、精准定位市场

通过数据科学助力,分析消费市场,把握旅游者需求的核心与源头,充分认识旅游者需求具有相对隐性的特点(往往是量的累积到质的呈现过程,对其容易后知后觉)。因此,相对直观的数据助力对景区产品的研发具有重要价值。实时数据监测同样有助于景区了解市场供给状态,掌握新兴产品与业态的发展状态与趋势,有利于景区精准定位市场,打造景区自身发展的可行性方案。同时要坚持实行动态与常态的大数据助力支持,及时掌握市场动态咨询,为产品与项目的创新迭代提供信息保障,实现科学发展的规划与运营。例如黄山风景区利用大数据分析,发现景区的基础建设与服务、交通便利程度、产品市场推广情况等尚有不足,亟须改善和提升。

教学互动
Jiaoxue Hudong

景区产品的优化措施有哪些?请简要回答。

章节小结

本章详细介绍了景区产品构成要素及内容、景区产品开发与管理、景区产品组合以及景区产品优化。通过对该项目的学习,小白对景区产品运营管理的相关知识有了深入的了解。

项目训练

2021年5月,受大风天气影响,吉林省延边某景区内的高空玻璃栈道突发险情,栈道上的玻璃发生掉落,一度有人员被困。

思考:

1.结合本章所学内容,请谈谈景区设施管理的核心是什么。

2.结合案例联系实际,谈谈目前该景区在景区设施管理方面存在的问题及优化措施。

课后习题

第二章 景区运管体系

 职场情景

运管体系是景区接待工作的核心,对于提升游客体验、提高游客满意度与回头率发挥着重要作用。为了让小白充分学习景区的运营与管理工作内容,高经理安排小白到游客中心实习一周。

 章节描述

本章节详细介绍了景区运管体系的相关内容,包括景区入园服务管理、游览服务管理、游客投诉管理、财务与人力资源管理的相关内容。

 学习目标

知识目标:

1. 了解景区运营管理体系的逻辑框架;
2. 了解景区运营服务与管理的基本内容。

能力目标:

1. 能对景区运管体系有系统的认知;
2. 能够科学地进行景区运营与管理。

素养目标:

1. 培养实事求是的工作态度,深入景区运营管理一线现场;
2. 提高景区运管的专业能力,找到科学唯物主义的工作方法。

第二章　景区运管体系

思维导图

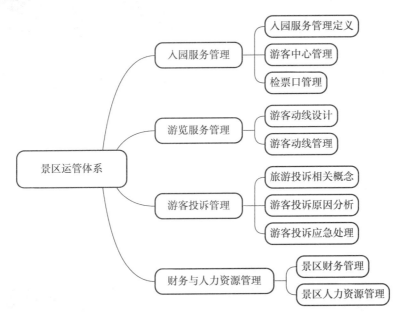

案例引入

树山游客中心提供全方位优质服务

苏州树山游客中心致力于将信息咨询、旅游接待、医疗救助、物品寄存、观光接驳、文化展示等服务功能有机结合在一起,形成一个小型综合体,使游客中心成为游客的活动中心,满足游客多种需求,多次被评为"苏州市年度优秀旅游咨询服务机构"。

——信息咨询——

游客中心进门便是服务台,游客来到这里,可以询问工作人员有关树山民宿、农家乐、美景、下午茶等详细旅游资讯,以及游玩过程中的注意事项。除了咨询信息,还可以在服务台购买景区讲解服务,会有专业的景区讲解人员带领游客沉浸式感受树山村的自然风光、人文景观和历史文化底蕴,服务台成为景区与游客之间的重要桥梁与纽带,赢得了一众游客的赞许。

——休憩娱乐——

游客中心内部设有影视厅,除了影视放映、开会洽谈,影视厅还常用来举办活动,例如4月在此举办的"非遗绒花手作活动"。此外,进来歇脚的游客还可以享受到免费提供的饮用水、Wi-Fi、休息设施、特殊人群服务设施等,以及移动电源、雨伞、医用拐杖、手杖等物品的租赁服务,还有专门的寄存室,让游客能够轻轻松松地去欣赏树山美景。图2-1展示了影视厅与手作活动。

图 2-1　影视厅与手作活动

——旅游厕所——

按照旅游厕所标准要求,树山游客中心完善卫生清洁制度,其配备的旅游厕所达到 3A 级标准,整体干净整洁、设备齐全。多个厕所能满足残障人士需求,同时设有独立的家庭卫生间,还配备儿童专用的小型抽水马桶,深受小朋友喜爱。图 2-2 展示了寄存室与旅游厕所。

图 2-2　寄存室与旅游厕所

——医务室与调解室——

树山游客中心设有独立的医务室,主要为游客提供基础简单的医疗救护,打造一个有保障的游览环境。树山游客中心还设立了调解室,能够专业、快速化解涉及旅游方面的矛盾纠纷,为游客提供更加便捷的纠纷化解体验,为树山旅游发展提供法治保障。

——游客服务——

游客中心门口的周末节假日树山环线观光车,可谓游树山的最佳选择,从游客中心出发,途经村内多处标志性地点。当你的旅行伙伴中有老人、小孩不方便走太多路时,周末节假日环线观光车必然是最佳选择。

——商品服务——

出门旅游,选购既有文化价值又有纪念意义的文化创意产品,一定是不可缺少的环节。帆布包、短袖、保温杯、摆饰……游客中心的宣传品展示区摆满了琳琅满目的文创产品;还有农特产售卖区,可以购买"树山三宝"之一的云泉茶,闻之清香四溢,品之回味无穷。

除了旅游商品之外,游客中心还设有九连环展示馆。九连环展示馆墙壁上的文字向游客展示着九连环的千年记忆,九连环作为中国特有的古典益智玩具,被列入苏州市非物质文化遗产项目名录。展柜中的200余件作品,设计巧妙,具有极强的趣味性,能够锻炼人的逻辑思维能力,蕴含着中华民族的大智慧与大思想,是中国文化中的一颗璀璨明珠。图2-3展示了文创产品与九连环展示馆。

图2-3　文创产品与九连环展示馆

第一节　入园服务管理

一、入园服务管理定义

（一）概念

景区入园服务管理的目的是做好游客入园的接待服务,给游客建立好第一印象。旅游景区的入园服务是指景区入口处的对客服务过程,因此景区入口要保持人流的通畅性、有序性,尤其是在旅游旺季,更要尽力避免游客长时间排队等候入园的情况发生。

（二）功能

景区的入园接待服务包括:票务、咨询服务、投诉与应急、安全与医疗、导游服务、残障服务及有关商品、宣传、营销等服务。这些功能均可通过景区游客中心来实现。

二、游客中心管理

(一)票务管理

1. 票务系统

景区票务系统是景区门票、车票及其他作为消费权凭证的管理系统,其中以门票最具代表性。门票有两种形式:纸质门票和电子门票(见图2-4)。

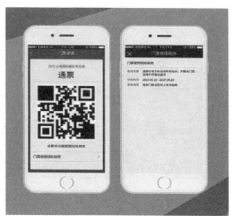

图2-4　景区纸质门票、电子门票示例图
(图片来源:熊猫办公(左);站酷(右)。)

在信息化应用日益成熟的今天,门票的电子化管理已经成为一种趋势,尤其是智慧化景区的建设更是推进了门票电子化进程。网络购票、多渠道在线支付(支付宝、微信、银联)、多渠道检(验)票方式(二维码、人脸识别、身份证)等手段的应用,在极大方便了旅游者的同时,也提高了旅游景区的运营管理水平,尤其在景区容量管理、快速通关、节约人力等方面效果显著。目前,我国一些景区还在用传统门票系统,一些景区两种系统并行,一些景区必须网络预约买票再换纸质门票进入,一些景区已经完全实现门票电子化管理。另外,电子票务系统也是在传统门票系统基本流程的基础之上形成的。因此,本节还是以阐释传统门票系统的基本流程为主。虽然门票管理工作相对比较单调,但职责重大,一旦发生差错,对景区、员工和旅游者都会产生消极影响。票务服务的工作程序包括:售票前准备、售票、检票和交款统计。

2. 出票流程

电子票务系统能够实现轻松便捷购票,为游客提供多种购票方式(窗口购票、微信购票、官网购票、OTA购票、小程序购票等)。游客可以自主选择线上或者线下等多种购票方式,通过刷二代身份证、电子二维码等多种方式进入景区,无需出具纸质门票,降低人力成本。传统人工出票流程如图2-5所示(已完全实现门票电子化管理的景区无需此流程)。

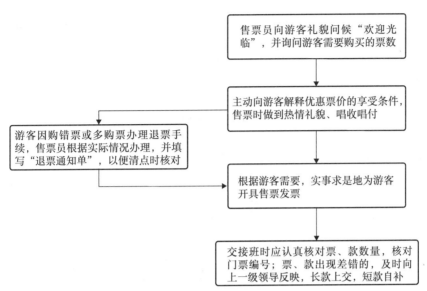

图 2-5　传统人工出票流程示意图

3. 票务核销流程

票务核销，也称作检票服务，主要工作内容是组织游客有序进入景区。检票服务一方面关系到景区经济效益的真正实现，另一方面也关系到景区良好秩序的维护。目前，大多数景区已经采用电子门票系统，这就使得景区入口处的验票员工不用一一检查游客的门票，但是景区仍需要安排员工在入口处服务，以备不时之需。人工验票流程如图 2-6 所示。

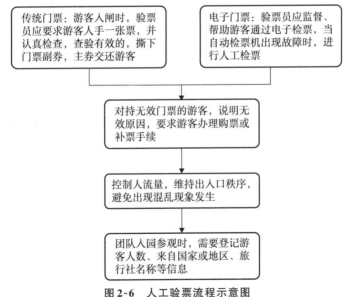

图 2-6　人工验票流程示意图

（二）咨询服务

旅游景区通常将问询服务的功能放在游客中心来完成，包括景区及旅游资源介绍、景区形象展示、区域交通信息、游程信息、天气询问、住宿咨询、旅行社服务情况问询及注意事项提醒。咨询服务流程示意图如图2-7所示。

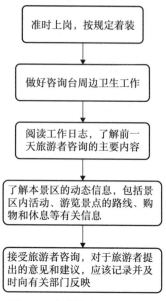

图 2-7 咨询服务流程示意图

（三）投诉与应急

游客中心负责全景区游客投诉的受理。游客中心的面对不同形式的投诉处理流程如表2-1所示。

表 2-1 不同形式的投诉处理流程

投诉形式	处理流程
现场投诉	接到投诉后,立即联系相关部门负责人到现场,耐心向游客解释,消除误解。事后需做好对投诉游客的回访及向部门上报工作,做好投诉事件的记录汇总
电话投诉	接听及时,耐心听取游客投诉内容与要求,做好记录,及时向相关部门负责人转达,并立即到现场进行调查,作出处理意见。其处理规范与现场投诉相同
函件投诉	接到客人书面投诉,及时阅读投诉内容,和客人联系,掌握客人要求,并由游客中心牵头,和投诉涉及的相关部门负责人对投诉事件进行调查核实,提出处理意见,尽快将处理意见回复客人
网络投诉	由专人定期上网浏览,发现投诉问题后,及时由游客中心牵头和投诉涉及的相关部门负责人对投诉事件进行调查核实,提出处理意见,将处理意见尽快回复客人

所有现场投诉,应尽量在游客离开景区前解决,已经离开景区的游客投诉72小时内解决,做到处理及时。投诉事件处理完毕后由游客中心将处理结果报给部门负责人,并做好游客投诉记录,建立游客投诉处理档案。针对游客投诉要分析原因,找出倾向性问题,及时提出改进措施,不断提高景区服务质量。

(四)安全与医疗

对于旅游安全要素,游客中心应从完善设施标识、医疗救护配套和健全机构制度等方面入手。首先要配备警务室、天网监控系统、灭火器和消防栓以及安全警告标识,并定期检查,确保消防、防盗、救护等设备齐全、完好、有效。

其次设置符合标准的医务室,为游客进行一般性突发疾病的诊治和救护。医务室位置合理,标志明显,应备有常用救护器材,能保障突发事故中伤病员的急救工作。营业时间医护人员必须坚守岗位,认真负责,坚持诊疗常规,严防发生医疗事故。一旦发生意外伤害事故,医护人员应立即赶往事故现场,对伤病员进行紧急抢救。

最后应建立紧急救援机制,设有突发事件处理预案。在问题发生时有人负责及时处理。有关人员业务熟练,与有关方面联系畅通。应急处理能力强,事故处理及时、妥当,安全事故档案记录准确、齐全。

(五)导游解说服务

1. 导游解说服务概述

在游客中心还可以聘请导游提供解说服务。导游解说服务是通过导游人员的引导、讲解等服务性工作,帮助游客认识景区、加深对景区的了解及增强游客的旅游体验。优质的导游解说服务能增加游客的游览兴趣,有效地提高游客的满意度,也是传播文化的重要渠道。传统景区导游解说工作由景区导游员承担。在当今信息化背景下,游客也可使用智能移动终端等设备,通过扫描二维码、登录小程序等方式获得景区相关数字资源,在线观看或收听讲解内容。

2. 传统解说服务流程

景区导游员的服务范围相对较小,仅限于景区之内,服务流程相对较简单,主要包括服务准备、接待服务、送别服务三个方面(见表2-2)。

表2-2 传统解说服务流程

服务流程	具体内容
服务准备	熟悉接待计划:在接待前,导游员首先要了解所接待游客(旅游团)的基本情况,弄清旅游团的人数,以及团员身份、职业、学历、要求等
	知识的准备:根据游客的特征和要求,准备好合适的导游词和解说方式;掌握必备的环保知识、生态知识和安全知识;熟悉景区的有关管理条例
	物资的准备:准备好导游器材和游览工具;携带好导游图册、宣传资料和纪念品等;佩戴好导游胸卡
接待服务	致欢迎词:首先对游客的光临表示欢迎,然后向游客进行自我介绍,讲明旅游安排,最后表达工作愿望,希望游客能配合自己的工作并玩得开心
	导游解说:内容包括景区基本概况、景观特征、环境特征、景观的价值、主要吸引物、主要的活动项目及安排、参观游览的有关规定和注意事项,游客的安全提示,以及游客需要掌握的环保知识等
送别服务	致欢送词:内容包括对游客在参观游览过程中的合作表示感谢,征询游客对导游解说、景区建设与保护等方面的意见和建议,向游客表示祝福,欢迎游客再度光临

续表

服务流程	具体内容
送别服务	赠送纪念品：景区应设计一些有特色并方便携带的纪念品或宣传资料，赠予游客以作留念
	握手告别：景区导游员将游客送上交通工具，握手道别，等交通工具离开后，方可返回

3. 数字化导游服务

数字导游是通过与旅游管理部门、旅游景区合作，将旅游景区信息以图、文、声、像四位一体的形式数字化，形成旅游大数据中心。数字导游可以对景点、路线进行生动解说，对城市交通进行系统介绍，对特色美食、舒适酒店、精品购物进行推荐。

与人工导游相比，数字导游的优势首先在于价格亲民。游客可在游客中心租赁电子导游讲解器，有些景区APP或者小程序也提供语音讲解功能，灵活便携、使用成本低。其次，数字导游可以让游客在参观游览的过程中通过自行操作控制，选择性地聆听解说内容，具有极大的灵活性，游客可以完全按照个人的意愿进行自由游览。

（六）残障服务

游客中心应配有相应的残障设施，为残障人士打造无障碍旅游环境与服务。例如入口处应设有无障碍通道，方便障碍人士自由进出；内部设置国际通用的残疾人残障专用标识，除卫生间外，行进通道和其他地方也需要设置标识；公厕设置第三卫生间和残疾人专用厕位、专用洗手台，解决残障人士"如厕难"问题；提供残疾人休息空间。在便民物品租借处提供轮椅、拐杖等残障人士服务产品等。

（七）商品服务

随着时代的发展，游客中心不仅从过去单一的功能型建筑体发展成为与当地主题文化、景观风貌相结合的场景化体验地，还承担着景区商品售卖、宣传营销的功能。景区旅游纪念品的展示和售卖主要包括地方特产以及景区文创产品。例如，甘肃省嘉峪关河西走廊游客集散中心主要分为文旅商品展示区（地方特产区、文创产品区）、换乘服务区、票务销售区、旅行社综合服务区等。文旅商品展示区是特色旅游商品展示窗口，用于展示嘉峪关市的特色旅游商品、特色伴手礼、文创产品等。当地特色产品入驻景区游客中心，实现了本地旅游产品的资源整合，有利于开展各景区产品间的强强联合，共同推介地域文旅特色和品牌农特产，同时加强了对外宣传交流，充分展示地方特色资源，促进农文旅产业融合发展。

（八）影视宣传服务

游客中心还可利用影视厅进行影视宣传，重点播放景区宣传片、文化科普视频、演艺产品宣传以及景区活动等最新资讯，同时提供休憩服务。此外，近年来影视助力文旅的跨界融合现象屡见不鲜，不少年轻人正从影视剧中寻找景区的答案。借助影视IP

赋能,文旅融合正成为众多城市吸引游客的新方式。2017年,《三生三世十里桃花》影视剧的热播让云南省普者黑景区广为人知。剧中白浅姑姑居住的世外桃源"青丘"让粉丝心驰神往,使得"青丘"的现实版——云南丘北普者黑一跃成为游客争相前往的旅游胜地。为实现影视作品与旅游景区双向赋能,影视产业的各个环节与旅游消费的各个环节应更加紧密地融合,从游客中心开始强化游客体验。游客中心可对影视厅进行升级,利用高科技技术增强实景娱乐的声画体验,增强沉浸式体验感,使游客更好地融入故事,实现场景重现。

(九)游客服务

游客中心为游客传递景区信息,是景区树立和展示形象、营销宣传的综合媒介。景区活动的营销宣传除了传统的宣传品投放(如宣传册、明信片、纪念品等),还主要面向旅行社进行营销。首先是计调(OPERATOR,简称OP),计划与调度的结合称谓,是旅行社内部专职为旅行团、散客的运行走向安排接待计划,统计与之相关的信息,并承担与接待相关的旅游服务采购和有关业务调度工作的一种职位类别。游客中心做好计调工作,积极与线下旅行社、OTA等平台对接,有助于推广景区产品,为旅游团队接待工作的顺利开展打下坚实基础。其次是团队接待服务,游客中心做好团队接待服务有利于提升景区与相关旅行社的形象,实现双赢,达到同业推广、渠道促销的目的。

三、检票口管理

入园检票核销工作关系到景区经济效益能否真正实现,另外它也承担着维持景区良好秩序的重要职责。随着现代科学技术的发展,越来越多的景区使用电子门票系统,但仍少不了工作人员提供相应的服务。核销服务要求工作人员做到以下几点,如表2-3所示。

表2-3 核销服务流程要点

核销服务流程	要点
核销服务前	保持整洁的仪容仪表和良好的精神面貌,同时做好入园闸口周围的卫生,备好导游图等开园准备工作
核销服务中	站在检票位,面带微笑,用标准的普通话热情礼貌地回答游客询问,掌握基本的英语对话,并熟悉《门票价格及优惠办法》和景区内景点名称
核销服务中	游客入闸时应人手一票,工作人员认真检查。如设有自动检票机,工作人员应监督、帮助游客通过电子检票;当自动检票机出现故障时,进行人工检票,不得出现漏票、逃票、无票等放人现象
核销服务中	控制人流量,维持出入口秩序,避免出现混乱现象发生。对闹事滋事者,应及时礼貌制止、耐心说服;如无法控制的立即报告安保主管。切忌在众多游客面前争执,应引到一边进行处理
核销服务中	熟悉旅行团导游、领队带团入园的检查方法及相应的免票规定。另外对残疾人和老人以及孕期妇女和婴幼儿等提供相应的协助

第二节　游览服务管理

案例引入

清明上河园：特色服务　宾至如归

清明上河园（见图2-8）自1998年开园迎宾至今已走过二十多个年头，随着清园的成长，景区自身的软硬件设施和配套服务也在持续不断地完善。清明上河园始终秉承"以人为本，游客至上，追求卓越，开拓创新"的核心价值观，处处践行"把快乐带给游客，把委屈留给自己"的经营理念，开园多年来游客量持续攀升。清明上河园在自身管理工作中，紧扣质量管理要求，锐意探索，走出了一条具有鲜明特色的服务之路。

图2-8　清明上河园

——交通服务——

清明上河园位于开封市核心地带，周边交通快捷便利。随着高铁的通车，每天多达近百个车次停靠开封北站，可以直达古都开封，下车后转坐公交车、出租车即可到达景区。

城铁方面：新郑机场→宋城路（每天2个车次），郑州东→宋城路（每天10个车次），下车转坐公交车、出租车即可。

公交方面：开封市内乘坐公交车1路、15路、20路、30路直达清明上河园迎宾门；38路、39路、49路、51路经金耀门经过清明上河园端门。

清明上河园景区虽位于开封市老城区内，景区内却设置了三处停车场。迎宾门前地下/地上停车场、丹凤门（端门）停车场。丹凤门（端门）停车场采用智能停车系统，迎宾门前地上/地下停车场采用的是堪称国内首屈一指的"智慧景区停车系统"，完全实现便利化、自动化、生态化，为游客开启一键停车服务。

——智慧旅游——

2017年9月，清明上河园牵手腾讯公司，打造了全国首个云生态智慧景区。如今通过一部手机游清园、一个平台看汴梁、一个活动回宋朝的线上线下智能打通,清明上河园实现了"游客+""服务+""活动+"等几大层面的智能升级,微信购票、语音导览、电子地图等功能得到了广泛应用。清明上河园还开创了全国首个沉浸式智慧旅游,它也是清明上河园的重要标签之一,不仅为游客带来了根本上的便利和快捷,还增强了游客的体验和互动,打造了专属于清明上河园的特色服务类型。

——游客中心——

游客服务中心位于迎宾门南侧,免费提供轮椅、婴儿车租用、充电宝租用、客房预订、行李寄存、广播寻人、失物招领、信息咨询、游客投诉、导游讲解等服务,另设有茶水饮料供游客选购。同时设有人性化的游客休息区,游客可以在游客服务中心歇脚,缓解旅途的疲劳。

——安全医疗服务——

医疗室位于金水门"赵太丞家"景点处,当游客发生突发事件和紧急状况时,可以及时与清明上河园的医务室取得联系,医务室会随时为游客提供救治服务。园内设有保安部,巡逻范围覆盖整个景区,可随时为游客提供帮助和服务。景区智慧系统全方位无死角实时监控,安保人员划分区域重点巡逻,规范船只、马车等交通工具合理运营,有效保证游客的安全,防范安全事故的发生。

——卫生与旅游厕所——

清明上河园旨在为给游客带来一个干净整洁的游园环境,留下好的印象。每天清晨,保洁人员会对整个景区来一轮大清洁,确保每一天都是"崭新"的一天。

景区累计投资数百万元对景区内10个厕所进行了升级改造,紧紧围绕"以人为本、干净舒心、特色突出、彰显文化"这四个基本准则,在热门演出周边设立大型卫生间供游客使用,增加女用厕位,美化内部环境,建立卫生间管理制度,从根源上解决了游客如厕难的问题,也成为了景区服务标准化的新亮点。

除此之外,还有演出、餐饮、住宿、深度体验服务等,全方位构建旅游接待服务体系。

(资料来源:李姗《清明上河园20年:十大特色服务 宾至如归 无所不至》。)

一、游客动线设计

(一)游客动线的界定

"动线"一词最早出现在建筑设计中,指人在空间中的行为路径或行走路线,是一条将各功能子系统联系的虚拟线,它把人的活动串联起来,使空间的格局满足人的需要,并决定了主体对空间功能使用的方向和次序。

在旅游规划中,用于联系地上人们的活动与所使用的土地间的路径则被称为"旅游动线"。旅游动线是通过对景区环境诱导与功能安排,有意识地对游客的行为进行科学的组织和引导,使空间组织与活动相协调,把空间连续排列与时间的先后顺序有机地统一起来,使景区各个子项目的功能得到充分发挥,以满足游客游览需要的线路。

(二)游客动线的作用

首先,作为引导系统,旅游动线是引导环境认知、组织流动行为以及强化场所体验的途径与手段,景区环境要素需要借助动线展开逻辑、传达意象、强化主题,使景区空间便于游客理解。

其次,作为联系系统,动线是连接旅游项目单元、衔接景区交通、激发公共配套的纽带,项目功能要素需要借助动线产生关联、吸纳客流、分化等级,以保证项目功能和谐共生。

最后,作为轴线系统,旅游动线是协调景区环境,整合景区内道路秩序与建筑格局的基线。景区内的形态要素需要借助动线划分段落、组成序列、生成结构,以保证景区空间形态完整。

(三)旅游动线设计模式

目前,我国旅游规划中动线设计主流方式有O形、U形、S形和网状等四种空间组织模式。

1. O形动线

O形动线即环绕回游型,如图2-9所示,多用于如上海迪士尼乐园、珠海长隆度假区等乐园型项目,其特点是方向性强、业态体验率高。一般在此类设计中,项目中心位置就是核心IP,景点的设置会随着主体故事线串联起来,各类体验内容分别设置在游线两侧,游客可以沿着动线用最少的时间体验项目所有业态;比较适合正方形的地块,能最大化地利用土地资源。

图2-9　O形动线

2. U形动线

U形动线(见图2-10)多用于如浙江乌镇、陕西袁家村、四川宽窄巷子等古街区、古村落型项目,其特点是文化氛围强、动线长,能够引导游客沿袭历史建筑形成人流动线,营造沉浸式的体验氛围。

图2-10 U形动线

3. S形动线

S形动线(见图2-11)为单向浏览线,多用于如博物馆、体验馆等大型独立项目。典型案例就是重庆洪崖洞,特点是游客单向游览,让游客顺着内容指引,体验项目所有产品,不走回头路。

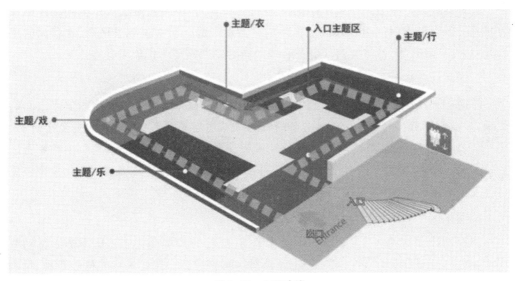

图2-11 S形动线

4. 网状动线

网状动线即星线型,如图2-12所示,多用于如顺德长鹿农庄、广州长隆等主题较多、业态丰富的大型项目,其特点是每个主题片区都有特定的游览动线,而游客每次可能只玩到其中的个别区域,这样可以增加项目内容的神秘感,让游客"流连忘返",吸引游客第二次、第三次回头消费。

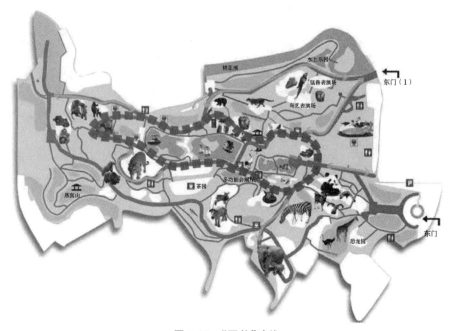

图2-12 "网状"动线

(四)旅游动线设计要点

旅游动线设计重点是突出景区时间序列性和空间节奏感,使景观在空间维度铺开的同时又得以沿着时间纵深延展。优良的旅游动线能让游客进到景区后,在移动时感到舒服,没有障碍物,不易迷路。一条合理的游客动线需要考虑以下几点。

1. 动线的长度设计

任何一种动线设计,都要在设计中综合考虑景点与路线长度以及空间节点之间的关系,让游客不知疲倦,保持新奇兴奋的状态。旅游游览过程,有时短则一个小时,长则一天,原则上一般游览过程每十五分钟应该让游客有一个兴奋点,半个小时要有一个较大的兴奋点,一小时一定要有休息区并配有相应的消费品、服务站,由此整个游览过程才会丰富有趣,游客在游线上才能一直保持较活跃的情绪。

2. 动线的节奏设计

旅游动线要张弛有度,动线设计要有张扬、舒缓的节奏变化感。优秀的游览动线应能让人感到步移景异,目不暇接,期待看到后面的景点。通过景点的精心布局,特别设计几个"关节点",让"故事"和"情节"刺激游客,使其不断地处于兴奋状态。因此动线设计必须充分考虑旅游者心理和身体状况,使游客保持张弛有度、劳逸结合、快慢相宜的弹性节奏。

3. 动线的意境设计

动线设计要有丰富的层次感。旅游本身就是一种特殊的精神体验过程,所以动线设计可围绕主题故事展开,沿路沿线设计营造一些情调、一些氛围,如角色扮演、情景假想等,以有趣甚至另类的方式诱导人们对环境的体察、感知,激发人们对主题意境的认同和热情。另外可通过一些特殊设计手法,如从多重角度欣赏同一景物的方式和视角,来满足游客好奇心理和体验需求,这类设计往往能打破固定呆板的游览模式,让动线的布局与景之间有一层空间意境的多维度关系,从而达到移步换景的视觉效果。

4. 动线的交通设计

动线交通规划,要从大宏观看各区域,然后通过内部交通线实现各个区域的联系,不走回头路,不看重复景,这样才能突出主题,突显游玩趣味和沉浸体验。在游客进入景区的几条线路上,应标明每一条线路的长度、坡度、植被、旅游项目和通道系统(包括道路状况、载送方式),供游客自助旅游时选择;在适合自驾车的游憩线路,要预留停车位置和指引标识,并尽量把车流动线与人流动线分开,不做交叉设计;在做环道设计时,尽量做到主环道可以闭环游览;出入口的动线设计如购票、咨询、闸机口等都应该以游客的移动为准;如有夜游项目,则需考虑灯光规划,通过光影、色彩、声音和互动影像,如开发时光隧道,光影秀场,灯光雕塑,激光秀等景点,以灯为指引,便于游客在夜间寻找方向。

二、游客动线管理

(一)游客动线管理要点

1. 安全

景区入口与停车动线应尽量避免影响城市交通,还需考虑消防动线及游客疏散动线。此外,在规划设计阶段,还要结合运营需求,从运营角度考虑后勤动线。可将动线分为主要和次要等级,不同等级的道路设计宽度不同。主要道路既是游玩的主要动线,又可以兼顾消防通道的功能,必要时可做后勤通道,同时又有一定引导作用;次要动线主要起到方便快捷、分散客流的作用。

2. 卫生

景区动线沿线的卫生状况也直接影响着游客的游览质量以及游客对景区的整体印象。良好的卫生环境会给旅游者提供美的享受,增加旅游者的游览乐趣。主要包括游客乘坐的交通工具(游览车、游船、索道、缆车、休息座椅等)、游步道等方面的卫生管理;游客动线所连接的广场、游客中心、卫生间、厅堂、商场等各种服务场所周围环境的卫生管理;旅游景区的一线从业人员,包括导游、销售员、保安以及各级管理人员的身体健康状况、仪表仪容、着装以及个人卫生等各个方面的卫生管理。

3. 交通工具

动线的管理还要考虑当地游客的交通习惯,市政的公共交通、私家车、人行系统三大方面的占比,这些要素将直接影响乐园外部规划的组织流线。舒适的停车划分和到达动线组织,可以直观地提升游客对乐园体验的预期和满意度。例如,停车需求始终要根据景区成熟期的最大承载量去规划和预留,以及做好现存空间不足的补救预案,比如建设立体停车场、征用周边地块等。

4. 休憩点

休憩点是在整个景区游览的过程中,在特定的、能够欣赏到指定景观的位置所设立的休息空间,具有观景与休憩两方面的功能。这个空间通过提供给人们歇脚休息的场所,达到使人恢复体力和精神的目的。通常,观景休憩点会与建筑相结合,具备遮阳避雨、商业服务等功能。

观景休憩点又分为两个类型:一类是纯粹的为人们恢复体力准备的休息点,如长椅、坐凳;另一类是以观景为目的的休闲区域,如半私密空间的休息点、高处或中心等位置的观景塔。

(二)游客交通流引导

1. 交通引导

旅游景区交通可以分为旅游景区外部交通、旅游景区内部交通及两者的衔接。用科学的规划,指导景区道路交通设施建设,改善景区交通环境。同时,要体现与环境协调、永续利用的原则,促进景区交通与城市交通和谐发展。景区交通提升优化要做到如下几点。

(1)优化与枢纽节点的便捷联系。完善与机场、港口、火车站、长途客运站之间的快速通道,满足不同交通方式的游客便捷地进出景区。培育城市远距离、高端旅游客流市场。

(2)完善城市旅游干线交通设施。完善干线道路交通基础设施,实现中心城区各主要景区间便捷的联系,保障旅游景区的快速可达性。

(3)建设旅游公交巴士专线。建立市区、机场、铁路站等与旅游集散中心以及重要景区之间直达的公交专线,减少小汽车作为出入方式的比重,优化游客出入景区的交通结构。

(4)注重慢行交通系统,创造舒适、优美的游览环境。慢行系统通常是景区内部最主要的交通方式,包括步行、自行车方式等,也是游览景点、放松休闲的主要方式。因此,慢行交通系统的构建既要能够便捷地联系各个景点,同时要考虑慢行空间的美感,并在慢行系统中考虑游客的休憩设施。

(5)完善景区道路交通网络,增强景区道路的景观性与舒适性。内外交通衔接紧密,减少游览时走回头路。充分考虑改善沿途的景观视觉质量、增强景区道路的景观性与舒适性。

(6)景区停车泊位适度供给。适度供给景区内部的停车泊位,减少景区停车与内部交通的相互干扰。鼓励自驾游的旅客将车辆停放在换乘中心,换乘旅游巴士前往旅游景点。

(7)建立集旅游换乘、公交枢纽、旅游信息服务等于一体的旅游集散中心。制定措施引导抵达景区集散中心的乘客换乘公共交通,缓解私人小汽车交通方式对景区环境的冲击。

2.客流引导

(1)调控景区环境容量。

旅游景区可以通过提高旅游供给力或通过调整旅游供给的内部结构实现游客的空间分流,对局部超载的景点对其实现内部分流,或扩大其旅游环境容量。如若旅游环境容量无法得到扩大,则采取与旅游整体性超载同样的空间分流措施。比如通过限制进入时间、停留时间,控制旅游团人数、日接待量,或综合运用集中措施的方式限定游客数量和预停留时间,以解决景区因客流过于集中而导致过度拥挤从而产生的旅游资源损耗和安全隐患。

调控景区环境容量的首要条件就是能够准确地确定景区最科学的环境容量。环境容量是指在可接受的环境质量和游客体验的情况下,一个旅游地所能容纳的最大游客数量。可以根据旅游地域的空间规模,包括景点旅游容量、景区旅游容量、区域旅游容量等来确定景区的环境容量。

(2)节点管理。

旅游景区的出入口、停车场、热门景点和游道的交汇处等都是容易形成人流汇聚的重要节点。特别是在旅游旺季的高峰期,这些节点会出现游客排队、等待的现象,会承受游客超负荷的压力,对资源环境、接待设施产生较大的影响,更是各种安全事故产生的隐患区域。旅游景区应对景区的重点区域、重点地段实行重点管理。

第三节　游客投诉管理

投诉处理服务案例

某景区经过重新规划和建设,在景区内的小溪上新建了一座竹制的小桥,小桥古朴而别致,作为一道亮丽的风景线,吸引了众多的游客驻足拍照留念。一天,一位游客来到景区的投诉处理中心投诉,事情经过是:他在景区内刚建的这座小桥上经过时,被一颗凸在外面的竹楔子绊倒,牛仔裤被刮破,手掌和腿上被划破,游客要求景区对此负责。

服务人员在了解到此种情况后，立马向这位游客道歉，并带他到景区的医疗服务中心去检查。同时，管理人员派专人去竹桥检查。医务人员对游客做了简单的检查后，确定伤情确实如游客所说。同时竹桥那边传来检查报告，小桥比较独特，吸引了很多游客拍照、经过，超出了竹桥的承载量，使得竹桥楔子凸起。而且整个竹桥有些松动，如果没有及时发现，竹桥会在超过承载量后松动断裂，产生更加严重的后果。

景区的管理人员听了这一汇报后，立马决定赔偿游客的损失，并对其进行物质补偿，同时吩咐工作人员对小桥进行封闭修缮，改建以后对上桥的游客人数加以控制。投诉的游客对这次事件的处理结果非常满意，此举也获得了其他游客的好评。

在竹桥事件发生后，管理中心决定对景区内的其他设施加以检查。查出隐患两起，并及时消除了隐患。从此该景区积极鼓励游客进行投诉，并认真地对待游客的每一个投诉，因为管理人员知道游客会帮助他们发现他们无法发现的一些问题，及时解决这些问题能避免事态进一步发展。

一、旅游投诉相关概念

2010年5月国家旅游局颁布的《旅游投诉处理办法》规定，旅游投诉是旅游者认为旅游经营者损害其合法权益，请求旅游行政管理部门、旅游质量监督管理机构或者旅游执法机构，对双方发生的民事争议进行处理的行为。

有学者认为，旅游投诉可以划分为隐性投诉和显性投诉。通常所说的旅游投诉即是显性投诉，即旅游者以口头或者书面的形式，对损害其合法权益的相关服务单位或个人，向有关旅游行政管理或者旅游质监部门或者旅游投诉平台提出投诉意见，请求介入处理的行为。而隐性投诉则指旅游者不向相关管理部门提出投诉，而是选择以下两种方式：①旅游者自身不再前往该目的地进行旅游活动，并且将旅游过程不愉快的经历分享给身边的亲朋好友，以防他们重蹈覆辙；②旅游者通过网络的方式，将自己旅游过程中遇到的某个旅游企业或者个人的行为在各大旅游论坛、旅游攻略平台以及旅游APP等进行传播，这种方式传播速度快，会对企业或个人造成较大影响。

二、游客投诉原因分析

旅游景区投诉是指游客因为对景区的产品质量问题、服务态度不满等各方面的原因，向景区或上级行政管理部门反映情况，检举问题，并要求得到相应的补偿的一种手段。投诉处理需要了解游客投诉原因、投诉心理，熟悉受理投诉的步骤，这样才能妥善处理好投诉事件。在应对客户投诉中，难免会有小部分客户性格偏激，容易激动失控，处理不好较易引发高情绪冲突，甚至导致企业的公关危机，令企业焦头烂额。表2-4和表2-5分别对游客投诉的客观和主观原因进行了分析。

表2-4　游客投诉客观原因分析

原因	内容
游客投诉客观原因	对景区虚假宣传的投诉和抱怨：某些旅游景区为招揽游客，夸大或发布不真实的旅游信息，误导消费者，但实际情况却与广告宣传的相差甚远；甚至还有的景区发布门票的优惠信息，但是不标明包含项目及条件等，使得游客产生额外消费。这些类似情形五花八门，都会导致游客的不满
	对景区服务产品的投诉和抱怨：旅游景区经营链条中的许多环节存在不规范经营的问题，例如景区的高价门票，景区娱乐项目的数量或质量缩水、名不副实，景区提供的餐饮质量问题等
	对景区硬件及环境的投诉和抱怨：如卫生设施差，厕所有异味；景区服务设施陈旧落后；发生安全事故、意外事故，治安状况差；商贩强行兜售商品；交通混乱等问题
	对景区服务人员的投诉和抱怨：有的旅游景区服务人员缺乏服务的基本素质，处事方法简单，沟通技巧差，缺乏责任心与事业感，知识面窄，不能正确理解客人的需求，索要小费等

表2-5　游客投诉主观原因分析

原因	内容
游客投诉主观原因	游客求尊重、公平、补偿的心理：游客在整个旅游过程中，求尊重的心理需求十分明显，他们的目的就是找回尊严。他们希望别人判定他们的投诉是对的，是有道理的，希望景区管理人员重视他们的意见。提出服务态度投诉的游客，希望有关人员向他们表示歉意并且立即采取相应的处理措施
	游客对景区的期望值越来越高：随着人民生活水平的提高，游客越来越见多识广，他们期望所面对的人具有专业知识并受过充分训练，甚至期望景区工作人员能保持最大的耐心为他们提供专业的服务。但是旅游景区的服务质量却没有同步提高，使得游客的满意度下降，导致投诉
	游客的理性意识需进一步加强：游客消费心理不成熟，一方面表现为出游之前追求低价，客观助长了削价竞争之风；另一方面表现为纠纷出现时，缺乏理性维权意识，诉求过高，经常发生游客维权过度事件，扩大了景区经济损失

三、游客投诉应急处理

（一）游客投诉处理原则

表2-6列举了游客投诉处理原则。

表2-6　游客投诉处理原则

原则	内容
保持冷静	游客投诉大多是因为感觉遭受不公平待遇，多数是情绪激动，甚至是口不择言的。这个时候投诉受理人员一定要保持冷静，注意说话的方式和礼仪礼貌，给客人申诉或解释的机会，不要和客人顶撞、争辩

续表

原则	内容
迅速处理	处理投诉的反应要快,效率要高。在第一时间与客人沟通,有些客人的投诉只不过是为了所谓的"一口气",如果及时处理,有些事情也就大事化小、小事化了了;在最快的时间里进行弥补、改正,防患于未然,将主动权掌握在景区部门手中
待人真诚	对待投诉的游客要诚信、坦率。对任何投诉,受理人员都应感谢游客,同时要注意自己的言行举止,显示对游客的尊重。即使是游客无理取闹,自己说话的口气、语调也要礼让三分。而且要发自内心地表达自己的诚意,要"换位思考"去体谅和理解游客的心情与处境,要满怀诚意地解决问题

(二)游客投诉处理流程

游客投诉处理流程如图2-13所示。

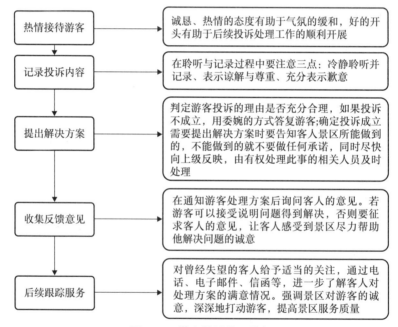

图 2-13　游客投诉处理流程

第四节　财务与人力资源管理

一、景区财务管理

(一)景区财务管理的基本概念

在绝大多数景区中,财务管理都是旅游景区企业战略的核心。景区财务管理一般是指资金的筹集、运用、回收、分配等方面的工作,即资金的循环和流转,是根据资金运动的规律,按照国家的有关政策、法令、规章制度,利用货币形式对景区的财务活动进行计划、组织、指挥、监督、调节的一项综合性的管理工作。景区财务管理主要包括资金管理、资产管理、利润分配管理、财务分析等内容。

(二)景区财务部的组织结构

财务部由财务经理主管,包含会计、出纳、票务稽核、采购、库管和收银主管等岗位,如图2-14所示。

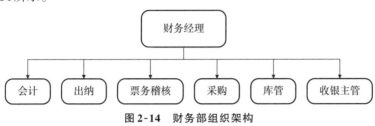

图2-14 财务部组织架构

(三)景区财务管理的主要内容

1. 资金管理

(1)筹资管理。筹资渠道是指资金的来源方向与通道。筹资是为了投资需求,景区资金构成主要有两种,即自有资金和借入资金。自有资金主要包括资本金、资本公积金和留存收益,借入资金主要有长期负债(长期借款、长期债券、融资租赁)和短期负债(应付货款、商业承兑汇票、短期借款、票据贴现、抵押担保借款等)。景区筹资管理的主要内容是资金筹措和对筹集资金的管理,资金筹措重点考虑的是筹资方式的选择。景区在选择筹措方式时主要是根据资金成本来进行筹资决策。

(2)投资管理。景区投资是指景区在开发建设活动和经营过程中投入一定数量的资金,并期望在今后获得经济回报的活动。投资管理的主要任务是对投资项目进行财务评估和投资风险管理。景区投资具有复杂、敏感,投入金额大、投入时间长、沉没成本大等特点。按照不同的范围、性质和角度,景区投资可进行不同的分类:实物投资和金融投资;短期投资和长期投资;直接投资和间接投资;建设性投资、更新性投资、追加性投资和稳定性投资等。

2. 资产管理

资产是旅游景区拥有或控制的能以货币计量的经济资源。景区资产可分为固定资产、流动资产和无形资产(见表2-7)。

表2-7 景区资产类型

类型	内容
固定资产	景区固定资产是指使用期限较长,单位价值在规定标准以上,并且在使用过程中保持原有物质形态的资产。使用价值在一年以上的房屋、建筑物、机器设备、运输设备、工具器具等应作为固定资产;不属于生产经营主要设备的物品单位价值在2000元以上,并且使用期限超过两年的也作为固定资产

续表

类型	内容
流动资产	景区企业流动资产是指可在一年内或者超过一年的一个营业周期内变化或者运用的资产,包括现金、银行存款、应收款项、预付款项、可变现的有价证券、存货等。景区中的流动资产按其生产经营过程中所执行的职能,可以分为生产性流动资产和流通性流动资产两大类
无形资产	无形资产包括专利权、商标权、著作权、土地使用权、非专利技术、商誉等。无形资产以取得时的成本计价。旅游景区的无形资产主要是商誉,它的计价应该由法定的机构评估确定

3. 利润分配管理

旅游企业通过筹资与投资,经过有效运作,收支相抵产生盈余,即为旅游企业利润。从根本上说,利润最终属于投资者(股东),但是实践中一定时期的利润必须在投资者和旅游企业之间分配,即产生利润分配问题。利润分配政策是否适当,对旅游企业的发展和股东利益会产生影响。一般而言,当期利润分配向股东倾斜,能满足股东的当期利益,但旅游企业盈利减少又可能影响旅游企业的发展,进而影响股东的长期利益,尤其是当旅游企业处于急需资金的成长阶段时,派发大量现金红利还可能影响旅游企业财务的稳定性和安全性。反之,如果不向股东分配利润或少分配利润,旅游企业可获得经营发展所需资金,但可能会损害股东的即期利益,股东不满意所产生的市场行为可能会损害旅游企业的声誉,不利于旅游企业的发展。因此,旅游企业利润分配既要考虑股东利益,又要考虑旅游企业发展的需求,在分配给股东的利润和留存收益之间进行权衡,选择适当的利润分配政策。

4. 财务分析

旅游景区财务分析是以景区财务报告为基础,运用专门的方法,对景区的经营活动的过程和结果进行分析研究,从而揭示生产经营中的利弊得失,评价企业财务状况和经营成果的活动。财务分析是以景区的财务核算资料(主要为财务报告)为主要依据的。通过财务分析可以对景区的经营管理水平进行客观评价,并预测未来发展趋势,为进一步提高内部财务管理工作、制定科学正确的经营决策、提供各种重要的财务信息打下基础。

二、景区人力资源管理

(一)景区人力资源的概述

人力资源是一个国家或地区范围内的人口总体所具有的劳动能力的总和,是包含在人体内的,体现在劳动者身上的,并以劳动者数量和质量表示的资源或资本,其总量表现为人口资源的平均数量和平均质量的乘积。人力资源是景区发展中最活跃的能动要素,是景区增长中最重要的经济资源之一。各个景区等级、范围、特色各不相同,对人才的需求大同小异。旅游景区人力资源管理具有需求量大、素质要求高、层次丰富、季节性强等特点。

（二）景区人力资源招聘

1.景区工作分析

当前，人力资源成为企业竞争的核心资源。景区在招聘员工之前，需要知道景区需要什么样的人，景区哪些岗位缺人，需要招聘哪些岗位，招聘这些人来从事什么工作岗位，对从事这些工作的人有什么要求。这些都要求招聘者对于景区的岗位有系统的认识，这依赖于景区工作分析和工作设计。工作分析是开展工作招聘与录用的前提。

2.景区招聘

（1）景区招聘的基本概念。

景区招聘是指景区为特定工作岗位寻找合适条件的候选人的过程，是在景区总体发展战略规划的前提下，根据人力资源规划所确定的人员需求，制订相应的填补职位空缺的计划，采用多种科学的方法和渠道，广泛吸引具备相应资格的人员向组织应聘，从中选出景区需要的人员并予以录用的过程。

景区经常会遇到职位空缺的情况，需要通过招聘吸引符合条件的人才来补充缺口。招聘是景区及时地吸引足够多的符合资格的应聘者申请景区中一个工作岗位的过程。招聘本质上是吸收并选拔、录用景区所需要人才的过程。招聘方式可分为内部招聘和外部招聘两种。

（2）景区招聘的基本程序。

一个完整的景区招聘流程主要包括招聘需求分析、制订招聘计划、招聘实施、招聘选拔、录用以及招聘评价，景区招聘的基本程序如图2-15所示。

图2-15　景区招聘的基本程序

（三）景区人力资源培训

1.入职培训的目的

（1）帮助员工熟悉岗位职责和景区管理的规章制度。

（2）帮助员工熟悉岗位的工作流程和与工作岗位相关的操作流程，使员工明确自身工作职责，尽快掌握与工作相关的基本知识与技能。

（3）帮助员工了解公司所能提供的相关工作情况及景区对员工的期待、单位的薪酬制度及福利制度。

（4）帮助员工了解景区文化、景区发展规划、旅游发展状况等内容，同时为新员工提供讨论的平台，让新员工感受到单位对其到来的欢迎，让新员工有归属感。

（5）通过入职培训为新员工提供熟悉环境、认识他人的机会，增强同事之间的联系，有利于帮助员工快速融入集体。

2. 入职培训的内容

（1）景区文化。景区与其他企业不同，其文化是核心卖点之一。作为景区员工，应该深入了解其文化内涵，以增强企业认同感。

（2）景区发展现状、战略及理念。该阶段培训有利于加强员工对景区的深入了解。

（3）景区的组织构建。讲解景区的工作流程和部门职责，能够帮助新员工快速明确自身在企业中的位置，讲解的内容具体包括景区的规章制度、人事福利制度、岗位知识和部门职责等内容。

3. 员工服务礼仪素质培训

员工的服务素质对景区发展至关重要，直接与游客满意度相关。尤其是直接面向游客的员工，需经过标准化、系统化的职业技能培训。

（四）景区员工绩效考评

1. 景区绩效考评概述

绩效考评管理是企业依据一定的考评标准、考评方法和考评程序，在一定的考评期限内，对员工的工作结果和工作行为进行调查、分析、综合评价，以改善员工绩效的管理行为。旅游企业的员工绩效包括员工的工作行为和工作结果两部分，是员工履行工作职能、完成工作目标期间所表现出来的工作业绩、工作态度等。旅游企业绩效考评体系一般包括绩效考评制度、绩效考评指标和绩效评价组织。

2. 景区绩效考核内容

旅游企业绩效考评的具体内容取决于其绩效考评的目的和管理能力。此外，考评的内容还与员工的职位层次有关：管理型人才的工作有很强的灵活性和艺术性，其绩效考评多侧重于工作结果；基层工作人员职权有限，其绩效考评多侧重于工作行为和工作过程。为了保证绩效考评的全面性和客观性，绩效考评内容一般包括员工的工作业绩、工作能力、工作态度、工作潜力等。旅游企业员工绩效考评表如表2-8所示。

表2-8 旅游企业员工绩效考评表

姓名	×××	部门	客户部	岗位	导游
类别	序号	绩效考评项目	指标权重	评价得分	备注
工作业绩(50%)	1	任务完成度	30%		
	2	及时交、接团次数	30%		

续表

类别	序号	绩效考评项目	指标权重	评价得分	备注
工作业绩(50%)	3	导购销售率	20%		
	4	顾客满意率	10%		
	5	顾客投诉率	10%		
工作能力(35%)	1	相关知识储备	10%		
	2	语言讲解能力	20%		
	3	交通服务能力	20%		
	4	合理性建议能力	5%		
	5	工作流程执行度	5%		
	6	应急处理能力	10%		
	7	职业操守	10%		
	8	体力状况	20%		
工作态度(15%)	1	出勤率	25%		
	2	工作主动性	25%		
	3	责任心	25%		
	4	工作流程执行率	25%		

3. 景区绩效考核的程序与方法

旅游企业员工绩效考评的程序包括确定绩效考评目标与对象、制定绩效考评规划、实施绩效考评、绩效考评结果反馈、绩效考评的应用与开发五个流程。

常用的绩效考核方法有：目标管理法、关键绩效指标法（Key Performance Indicator，KPI考核法）、平衡计分卡、360°反馈考核法、目标与关键成果法、序列比较法、相对比较法、等级评定法等，其中关键绩效指标法在实施绩效管理的企业中最为常见。KPI是对业绩产生关键性影响的指标。KPI考核法，就是把企业战略目标分解为具体目标，提取可量化的关键性指标。关键性指标对事不对人，针对符合企业发展利益的重点、关键绩效行为进行考评，使考评集中于对企业整体业绩影响最大的因素。考评的时间跨度较大，可以贯穿于绩效考评的始终，有助于把握员工绩效行为与企业绩效目标之间的差距，便于人力资源管理部门根据绩效考评结果制定具体的激励措施和下一步的培训方案，有利于推动企业发展战略的实现。但是这种方法的设计和实施费时费力，也很难用于员工之间绩效的相互比较。

教学互动

高峰期景区客流控制的流程有哪些？请简要回答。

章节小结

通过对该章节的学习，小白对景区运管体系的相关内容有了深刻的了解，并与高经理交流了景区游客服务与内部管理的体会。

项目训练

十一黄金周期间，某景区为了吸引游客搞了很多娱乐表演活动。一天，景区员工小王接到了一位游客打来的投诉电话，双方的对话内容如下。

游客（激动并愤怒地）：你们景区的服务太差了，有哪些活动都不事先告诉我们！我回到家里才听朋友说有表演活动，这次去你们景区好亏！退钱！

景区员工小王：我们在入口处设有一块广告牌，上面有活动项目和时间，您没有看到吗？

游客（嗓门儿更大了）：我怎么知道？你们又没有跟我们说，我们大老远赶过来，花那么多钱买门票进去，结果只看到别人后脑勺，其他啥也没看到！

景区员工小王：那您当初怎么不问问呢？我们一天要接待几万名游客，总不可能一个个说吧！

游客（更加愤怒地）：你们就这个服务态度，我一定要去投诉你们！

（资料来源：颜长卿《景区游客投诉处理方法案例 | 你们景区的娱乐表演活动怎么不告诉我们？》。）

思考：

1.结合本章所学内容，请你思考上述案例中小王犯了哪些错误？

2.结合案例联系实际谈谈景区游客投诉产生的原因，以及如何正确处理游客投诉。

第三章
景区市场体系

 职场情景

景区市场管理是景区产品开发的重要准备工作,对于准确把握游客需求,提高游客的满意度发挥着重要作用。为了让小白充分学习景区市场管理的相关内容,高经理安排小白到市场部实习两周。两周之后,高经理让小白结合自己的实习经历谈谈市场管理的体会。

 章节描述

本项目详细介绍了景区市场体系的相关内容,包括景区市场定位、营销策略、价格管理和渠道管理等。

 学习目标

知识目标:

1.了解景区的产品定价策略和OTA渠道管理的方法;
2.掌握景区市场细分、目标市场定位和营销策划的方法。

能力目标:

1.能够对景区目标市场定位、目标市场选择以及目标市场营销有系统的认知;
2.能够结合景区实际,对景区营销策略、价格策略、渠道策略进行科学选择。

素养目标:

1.在工作中实事求是,掌握游客的兴趣点;
2.提高游客服务意识,掌握科学的工作方法;
3.掌握目标市场定位的方法,理论联系实际。

思维导图

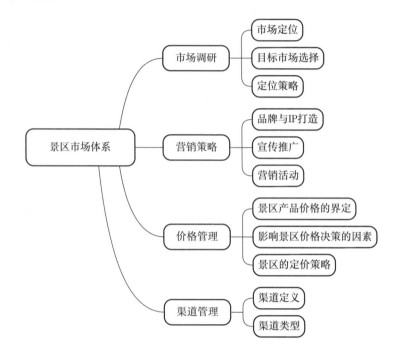

案例引入

旅游景区与OTA之间的博弈

互联网在我国的快速成长促进了旅游业的发展，尤其是促进了OTA（Online Travel Agency，线上旅游代理平台）的发展，以携程、途牛、美团等为代表的OTA已成为旅游服务供应链上的重要组成部分。目前，景区门票的销售渠道主要有景区的直销渠道和OTA的代理销售渠道，形成了"景区+OTA"双渠道供应链模式。由于线上门票便宜且购买便捷，越来越多的游客倾向于通过OTA购票。OTA作为帮助景区提高门票销量的引擎而存在，但是占据强大平台优势的OTA，以日渐强势的定价规则以及过高的佣金比例在无形中给景区造成了不小的压力。可以说，相较于同为旅游供应商的酒店行业及航空产业，景区与OTA之间的博弈才刚刚开始。主要OTA平台如图3-1所示。

如今说起外出游玩，相信很多游客都会提前进行线上购票。对于游客来说，一是节约了到现场寻找售票点、排队买票的时间，二是票券在手也多了一份出行前的安心，能够提前做更详细的行程安排。对景区的运营方来说，线上预售门票也可节约更多的人力成本，对售票区进行管理。这样看来似乎线上预售门票可以实现游客与景区的双赢。

图3-1 主要OTA平台

——谁才是预售票的受益者——

然而,如果要达到景区、游客与线上门票销售平台(OTA)间的共赢,似乎就没有那么容易。出于利己心理,景区和OTA的决策行为均会从自身利益最大化出发,因此会导致整个供应链的利益下降。线上每出售一张景区门票,OTA都会收取相应的佣金。OTA倾向于通过提供折扣价格来吸引更多游客购买门票,而不是直接以全价销售;而对于景区来说,OTA在旅游旺季时以优惠的票价吸引游客致使正价门票的销售率降低,导致整体收益受损,无法获得预期的收益,这是景区运营方不愿意看到的。

——淡旺季游客人数差异显著的景区更容易陷入销售危机——

主题公园以及水族馆往往在淡旺季时游客人数差异显著,有的景区甚至一年中有一半以上被划分为淡季,淡季为200天左右的也并非少数。也因此,这些景区对于旺季收入的依赖性极强。他们的商业模式往往是"以旺养淡",即在旺季通过高收益来支撑淡季的运营,因为旺季的收入对他们来说至关重要,是维持整个年度业务稳定性的主要资金来源。然而,哪怕是旺季,景区都无法预测究竟会有多少游客光顾,这样的不确定导致了不安,也是景区对于OTA产生依赖的原因。如果景区能够掌握一套科学而完善的游客人数预测方法,就可以从一定程度上消除由于游客人数不确定而产生的不安,减少对在线旅游(OTA)依赖门票促销的情况,实现更加稳定和可持续的运营。然而现实情况是,景区所谓的营销只是与OTA建立合作,除此之外,几乎没有自己的营销策略和销售渠道,过于单一的营销模式使得景区逐步陷入更为被动的局面。

——什么才是衡量销售业绩的指标——

"在保证门票正价率(正价是指游客需要支付的标准门票价格,没有享受到任何特殊优惠条件的情况下的价格)的基础上吸引目标数量的游客光顾"是景区营销部门真正的考核标准。

旅游淡季适合实行门票促销。一些固定运营成本较高的主题乐园以及水族馆等,在淡季时哪怕多一名游客前来光顾并产生消费也是欢迎的。在这种时候想要拉动更多的游客前来游玩,除了价格合适外,营销手段也非常重要。如果使用了各种营销手段还是没有达到预期的收益,那么一些景区就会启用"免票政策"。对于OTA来说,门票折扣促销要好过免票,因为"免票政策"使得门票的销售额直接归零。也因此,OTA由于无法获得佣金,一般不会参与免费门票的线上销售。

景区即使是实行"免票政策",也应该了解入园游客的基本属性(比如年龄、与谁同行等信息),以便更精确地预测游客人数,科学地制定营销策略。此时,如果有OTA的参与,那么这类信息的掌握会更有效率。景区可以考虑与OTA进行分时合作。

——如何与OTA建立高效合作——

对景区而言,首先,要明确"门票的正价销售率与游客人数"都是重要的销售指标。其次,景区要根据市场需求量的变动,及时更新OTA线上门票数量和旅游产品数量以及销售的旅游信息。基于旅游资源的最佳承载量和旅游产业的可持续发展,景区可接待游客数量在短期内是相对固定的。因此,景区要合理安排OTA线上渠道的门票数量和旅游产品数量,灵活安排线上的销售需求,做到不过度依赖OTA,与OTA建立分时合作机制,在淡季,有效利用OTA的线上资源及数据收集功能。最后,景区在拥有一套完善的营销机制的同时,要通过运营端口积极留住通过直销渠道方式前来游玩的游客,也要留住通过OTA间接销售渠道方式前来游玩的游客,同时注重间接销售渠道客源转化为直销渠道客源的转化率,确保景区的游客市场占有率。

(资料来源:君之卿佐《旅游景区如何在与OTA的相爱相杀中获益》。)

第一节 市场调研

一、市场定位

(一)市场特征

一是了解景区可能进入的市场的规模。通过统计实际游客数量和收入情况,了解景区所处市场的规模和潜力。二是预测景区进入的市场的增长率。通过分析历史数据和未来预测,评估景区市场的增长趋势和潜在机会。三是分析景区游客来源地。根据游客调查和数据分析,确定不同地区的游客来源比例,为市场推广和产品定位提供依据。四是判断景区的季节性特征。分析不同季节景区的游客流量变化,帮助制定营销策略和资源调配方案。

（二）消费特征

一是调研景区游客消费水平。了解游客在景区的平均消费水平，包括门票、餐饮、住宿、购物等。二是分析景区游客的消费结构。分析游客在不同消费项目上的比例和偏好，以及消费金额的分布情况，为提供差异化的产品和服务提供基础。三是判断游客的消费动机。研究游客选择该景区的主要原因和需求，帮助景区制定相应的宣传和推广策略。四是合理规划景区的营销渠道。了解游客获取景区信息和进行预订的渠道，从而制订科学合理的营销计划，为提高市场占有率和改善销售效果提供指导。

（三）交通区位

一是分析景区所处的地理位置。分析景区地理位置的优势和劣势，对周边交通设施的情况进行评估，为景区的定位和推广提供参考。二是合理规划景区的交通方式。了解游客选择前往景区的交通方式和比例，为提供差异化的交通服务和交通策略提供依据。三是评估景区交通进入的便利程度，评估景区周边的公路、铁路、航空等交通设施的便利程度，为游客的到达和离开提供方便。四是考虑景区的交通拥堵度。考察景区周边的交通拥堵情况，为游客流量调控和交通疏导提供参考。

（四）人员结构

一是分析景区工作人员数量。分析景区规模大小、游客流量以及景区所提供的服务种类和质量，以确定合理的工作人员数量。其中包括景区管理层、导游、保安、客服、维修人员等不同职位的工作人员。二是分析景区职位构成。研究景区中不同职位的比例和构成，包括管理职位、技术职位、服务职位等。这有助于确定人员配置是否合理以及是否需要进一步调整。三是分析景区的人力资源状况。分析景区工作人员的教育背景、专业技能和经验水平，以评估人员的整体素质和能力。这有助于确定培训需求以及招聘策略。四是制定合理的工作分工和流程。分析景区工作人员的具体工作职责、工作流程和协作方式，以评估工作效率和管理体系的完善程度。

（五）中介机构

一是了解景区中介机构类型。分析景区中存在的不同类型的中介机构，包括旅行社、在线旅游平台、导游服务等，以及他们在景区市场中的地位和作用。二是考虑中介机构的服务内容。研究中介机构所提供的具体服务，包括旅游行程安排、票务预订、导游讲解等，以及服务的质量和价格。三是研究中介机构与景区的合作方式。分析中介机构与景区之间的合作方式和模式，包括合同关系、合作项目以及双方的权责分工等。四是分析中介机构对景区的影响。评估中介机构对景区业务发展的影响，包括客流量、市场推广、服务质量等方面的影响。

（六）政策环境

一是分析景区所处地区的政策支持。分析相关政策对景区市场的影响，包括旅游政策、环保政策、文化保护政策等方面，以了解政策环境对景区市场的引导作用。二是分析景区可持续发展相关问题。研究景区市场的可持续发展问题，包括生态环境保护、文化遗产保护、社会责任等方面，以促进景区市场的健康发展。

二、目标市场选择

景区目标市场的选择是指对景区所在区域内不同商圈的分析和评估，以确定最有潜力和适合的目标市场。以下是对景区目标市场的选择的分析内容。

（一）核心商圈

核心商圈是指景区周边距离最近、最具吸引力和最活跃的商圈。选择核心商圈作为景区的目标市场，可以获得以下优势：一是游客流量大。核心商圈通常是游客集中的区域，具有较大的游客流量。这为景区带来了更多的潜在客户和市场机会；二是市场机会多。虽然核心商圈的竞争较大，但这也意味着有更多的商机和旅游资源。景区可以通过提供独特的体验和差异化的服务来吸引游客；三是市场定位更明确。核心商圈一般有明确的市场定位和特点，景区可以根据核心商圈的特点进行定位，更好地满足目标客户的需求。

（二）外围商圈

外围商圈是指离核心商圈较远，但仍在景区周边的商圈。选择外围商圈作为景区的目标市场，可以获得以下优势：一是潜在客户多样性。外围商圈通常具有不同类型的商业设施和服务，吸引着不同需求和兴趣的游客，景区可以根据外围商圈的特点，定位不同的目标客户群体；二是价格竞争较小。相比核心商圈，外围商圈的租金和成本较低，景区可以通过合理的定价策略吸引更多的游客；三是潜在市场增长空间大。外围商圈通常是新兴的发展区域，具有较大的市场增长潜力，景区可以利用这一潜力来扩大市场份额。

（三）边际商圈

边际商圈是指离核心商圈和外围商圈较远的商圈。选择边际商圈作为景区的目标市场，可以获得以下优势：一是低竞争压力。边际商圈的竞争相对较小，景区更容易建立起竞争优势，并吸引边际商圈的游客；二是市场开拓潜力。边际商圈通常是尚未充分开发的区域，对旅游资源的需求较大，景区可以利用这一机会来开拓新市场；三是地域优势的利用。边际商圈可能具有独特的地理、自然或文化资源，景区可以利用这些优势来吸引游客。

景区在选择目标市场时，需要综合考虑商圈的游客流量、竞争状况、市场定位和发展潜力等因素。此外，市场调研和分析也是评估目标市场的重要手段。具体的选择取决于景区的定位、资源优势和市场策略。景区目标市场的特点如表3-1所示。

表 3-1　景区目标市场的特点

市场	定义	优势
核心商圈	景区周边距离最近、最具吸引力和最活跃的商圈	游客流量大 市场机会多 市场定位更明确
外围商圈	离核心商圈较远，但仍在景区周边的商圈	潜在客户多样性 价格竞争较小 潜在市场增长空间大
边际商圈	离核心商圈和外围商圈较远的商圈	低竞争压力 市场开拓潜力大 地域优势

三、定位策略

定位策略是指将景区与其他竞争对手进行区分和差异化，为目标市场提供独特的产品和服务，以获取市场竞争优势。在定位策略中，应明确景区的核心竞争力和独特卖点。景区可以通过以下几种方式进行定位。

（一）主流消费群定位

主流消费群体是指在市场上占主导地位，对景区产品和服务感兴趣的消费者群体。定位主流消费群体可以让景区更加精准地满足消费者的需求，为消费者提供高品质的产品和服务，进而增强市场竞争力。关于主流消费群体的选择可以考虑以下因素：年龄段、收入水平、兴趣爱好、文化背景等。例如武汉东湖海洋世界定位为亲近大自然的亲子乐园，因此它的主流群体是亲子游客，景区的产品开发与设计均为围绕亲子旅游产品展开。

（二）价值定位

价值定位是指景区在市场上所体现的价值和独特性。通过明确景区的核心价值和优势，可以吸引到与之相匹配的目标客户，并营造出独特的品牌形象和竞争优势。景区的价值定位可能包括：自然风光、独特地理环境、丰富的文化遗产、卓越的服务质量等。确定价值定位时，需要综合考虑景区的资源特点和市场需求。例如上海迪士尼乐园的门票价格很高，就是出于它能给游客带来高于门票价格的价值，因此游客才会买单。

（三）价格定位

价格定位是指在市场中确定景区产品和服务的价格水平。合理的价格可以根据景区的品牌形象、目标客户的消费能力和市场竞争状况来决定。景区可以采取高端定位、中端定位或经济实惠定位等不同的价格策略，以满足不同层次客户的需求。同时，还可以结合市场调研和竞争分析，制定差异化的价格策略来提升景区的竞争力。例如不同景区在淡旺季会实行门票价格分级管理；景区推出包含不同产品的套票等，都是价格定位策略的具体表现。

（四）主题定位

主题定位是指景区在市场上的标签和特色类型。景区通过独特的主题和特色来吸引目标客户群体，并在市场中形成独特的地位。主题定位可以基于自然环境、历史文化、特色活动等多种因素。例如，民俗文化主题、生态旅游主题、冒险探险主题等。通过主题定位，景区可以打造出独特的品牌形象，并吸引目标客户的关注和参与。例如武汉的木兰系景区以木兰文化为主标签，打造了木兰草原、木兰水乡、木兰云雾山等一系列拓展产品，深化游客对木兰文化的体验，同时实现了景区的捆绑营销。

在进行定位策略时，还应考虑市场竞争的情况。根据与其他景区的竞争程度，选择差异化定位或全面市场覆盖的定位策略。

第二节　营 销 策 略

一、品牌与IP打造

（一）品牌打造

1. 差异化品牌定位

品牌应该是独一无二的，打造景区品牌需要对景区的文化和资源进行高度提炼，选择一个具有景区特色的标签进行品牌塑造。

（1）进行市场调研。

市场调研是打造景区品牌关键的第一步，一切的后期决策均依赖于市场调研。通过深度的市场调研了解不同的地区的社会风貌——当地历史文化、民俗、旅游资源特性，目标客源地市场消费能力、消费习惯、需求特点等，再对市场调研进行客观的分析，给景区品牌的塑造搜集大量的基础资料。

（2）确定景区品牌定位。

产品是品牌的核心之一，塑造品牌的目的就是更好地对旅游产品进行销售。在市场分析的基础上，从"发现唯一，只做第一"的视角提炼出景区主题定位。产品品牌定位的方式有很多种，如比附定位法（攀附品牌的定位策略）、心理逆向法等，在不同的项目里可以具体情况具体分析，选择使用最适合的方法。

（3）升级景区产品。

在品牌进行定位后，根据确定的主题定位，对原有的产品进行升级改造，不仅可以满足既定目标市场的需求，还能提高产品对市场的吸引力。通过一系列的提升，可以很好地丰富品牌内涵。产品的提升打造不但解决了策划前景区无主题的问题,还提高了品牌的吸引力。

2. 品牌形象的系统打造

(1)CIS系统的设计。

提到品牌包装可以很好地联想到CIS(Corporate Identity Sytem,企业形象识别系统),包含视觉识别系统(VI,Visual Identity)、行为识别系统(BI,Behavior Identity)和理念识别(MI,Mind Identity),这些理念同样适用于景区品牌。

VI是从视觉的角度对品牌进行包装,具体应用有代表品牌形象的Logo、宣传海报、展板、宣传片等。VI设计应围绕品牌的主题定位进行,将品牌内涵视觉化表现。

MI侧重在品牌传播过程中特有精神和理念的传播,打造景区同样需要有自己品牌理念。

BI在景区的应用主要是景区工作人员的接待行为标准化和为实现品牌内涵的行为自觉化,以此来诠释或直接体现景区品牌的人文内涵。

(2)宣传口号的设定。

在品牌的传播过程中,宣传标语起到至关重要的作用。尽可能一句话说明白,一句话打动游客,刺激游客做出行为反射。例如西湖景区的宣传口号——"天下湖,看西湖",它能瞬间传达给游客"西湖就是湖中第一湖"的品牌形象。这种第一品牌形象,将使得西湖永远有别于其他湖泊,"第一印象"将会永远根植在游客的脑海里,牢牢抓住了游客的心智资源。一个好的宣传语应该是围绕品牌主题进行的,同时宣传语是否朗朗上口也相当重要。

(3)听觉标识的打造。

随着社会的发展,不少地区旅游歌曲的作用逐渐显露出其市场价值。于是一些旅游地区、景区纷纷出资请专业词曲作家为自己"量身定做"听觉标识。

当然也有像郝云的《去大理》、赵雷的《成都》等这些无意识创作出来的歌,成为了旅游歌曲的佳作,歌曲所涉及的景区也因为传唱度的提升而获益。但是在创造旅游歌曲时必须做到情景交融,摒弃干瘪突兀的歌曲。

3. 全覆盖式品牌营销

高级的营销是利用品牌符号,把无形的营销网络铺建到社会公众心里,把品牌输送到游客心里,使游客选择消费时认这个品牌。

(1)全覆盖广告宣传。

无论是媒体造势还是铺广告,高调宣传对于品牌的营销是有着积极推动作用的。广告宣传需具备全时空、全要素、全业态、全窗口、全民化、全媒介的特质,即全天候覆盖所有的旅游发展空间。具体来说,包含游客中心、旅游厕所、景区宣传栏、游览车等游客所触及的方方面面。

(2)借势新媒体。

如今,媒介变更的速度不断加快,从微博到火爆全网的抖音,仅仅用了几年的时间。在营销媒介上尽量做到"借东风",受众在哪儿,营销就要去哪儿,这样才能做到有效信息传播。爆款营销媒介有庞大的用户量,在此类平台进行营销宣传能够较快速地将信息传递到受众手里。

(3)打造标志性节庆。

旅游节事活动可以说是旅游品牌宣传营销的利器,成功运用节事活动加速品牌传播、带动旅游发展的案例有很多,如青岛的啤酒节、西昌彝族火把节等。无论是传统的节日还是新想出的节事活动,只要有好的创意,再加入娱乐化、互动式体验,就可以达到良好的品牌传播效果。

(4)打造延伸产品。

在品牌营销中,对文化进行深度挖掘、对文化类产品进行多元的延伸打造,是一个很好的营销方式。充分结合当地的产业基础,融合当地文化的元素,可打造文创礼物、主题民宿等一系列的文化延伸项目。例如,无锡灵山景区打造的"灵山素饼",秉承佛教文化精髓,坚持健康饮食理念,传承古法创新,成为了广受欢迎的地方特产,是游客灵山之行馈赠亲友的理想之选。同时,灵山在苏式糕点制作工艺上引进现代创新制法,推出"灵山福饼"系列,有平安饼、长寿饼、如意饼等多种产品,因福结缘,缘递祝福,为亲友提供美味的同时,亦带着满满的吉祥祝福。

(5)建立完善的品牌管理机制。

景区品牌营销传播系统还有一个重要的步骤——售后服务管理,即游客在完成旅游过程后,对品牌提出改进建议和投诉处理等。景区在市场研究的基础上塑造品牌、包装品牌、传播品牌,反过来游客对品牌的反馈信息又促使景区构建对品牌的再塑造、再包装和再传播的良性互动系统。游客与景区之间需要这种互动关系,因此景区有必要建立完善的品牌管理机制,针对游客和市场反馈对品牌的树立、推广、完善进行全过程管理。

(二)景区IP智造

拈花湾小镇如何打造"特色禅意IP"

拈花湾依托于江苏无锡国家5A级旅游景区——"灵山胜境",首创了国内以禅意文化为主题的特色小镇(见图3-2)。

——主题定位——

拈花湾的定位为禅意生活的心灵度假小镇,就连小镇的名字,也是取自"佛祖拈花一笑"的典故。这一定位的巧妙之处在于它完全开辟了一条新的文化主题航道和生活方式通道,依托于原有的灵山大佛景区的同时,却又区别于原有的灵山大佛景区,更多地强调生活上的体验。同时,小镇的独特定位使它可以有效避免同质化现象。

图 3-2 拈花湾小镇

——产品打造——

拈花湾的禅意体现在吃、住、行、游、购、娱的方方面面:茶道、花道、香道、禅画、禅瓷、禅餐、禅音……拥有不同禅意生活方式的人,都能在其中找到自己的"知音"(见图 3-3)。

图 3-3 拈花湾禅意

——氛围营造——

拈花湾的建筑风格定位为唐风宋韵,所以大量采用了木结构的建筑,以营造古色古香、充满禅意氛围的小镇。设计团队深度研究了大量的建筑古籍,以还原真实的唐风宋韵(见图 3-4)。

图3-4 拈花湾建筑

拈花湾采取开放式的运营模式,以持有经营为主,辅助销售性住宅。由于在规划设计上有"房地产＋商业＋景区"的不同形态,所以拈花湾便以地产销售来迅速回笼建造时所花费的资金,而自持部分通过引入专业的旅游平台及酒店民宿运营平台,以实现长期盈利。

(资料来源:城市超级IP《从景区到文旅IP升级,拈花湾小镇如何打造"特色IP"》)。

1. IP与文旅IP的内涵

IP是知识产权,全称为Intellectual Property Right,它是无形的。相较于有形的财产,它的特征很明显,即与知识相关的、无形的、可传播并可进行分享的智力产物。随着IP的不断发展与被解读,各个领域纷纷出现它的身影,其内涵和外延得到不断提升。如与本地文化结合,形成独特文化IP;与影视剧目结合,形成以影视剧为核心的周边IP;与动漫结合,形成动漫主题IP等。IP热潮的不断蔓延,使得旅游行业也将IP引入目的地形象打造中,以此彰显独特和差异性。

随着经济的发展,人们的物质生活得到极大的满足,消费观念也开始慢慢转变,追求健康、自然、休闲的消费方式日渐成为消费的核心与趋势。而对于旅游,旅游者已不再满足于传统"走马观花"式的景观欣赏,取而代之的是对景区深层次文化表现出异常的兴趣,更注重景区传统的、与常住地差异明显的文化体验和熏陶。具有鲜明个性和独特价值观的旅游产品日益受到追捧,随着政策的扶持,文旅融合的新物种——文化旅游IP应运而生。

文化旅游IP的塑造不是虚无的臆想物,它的形成是基于景区原有的文化积累和沉淀,是对景区文化的深入挖掘,使之对游客产生强烈的吸引力,激发游客的旅游愿望。它可以是内容,可以是文化;可以是卖点,也可以是吸引游客的元素。从抽象到具象,从概念到产品,从卖点到传播,它是旅游景区的人格化赋予。文化旅游IP也因其具备的主题独特性、体验差异性、系统创新性、可延展性等特点受到越来越多旅游景区的青睐。

2. 景区IP打造

(1) 原创研发。

原创适用于有自主研发能力且有资金、资源保障的景区,可在一定的文化基础上构建,且要与景区目标定位相匹配,不能无中生有。原创IP的成功与精良的设计理念、有效的营销推广以及版权衍生价值都密不可分。原创IP的重点是从旅游市场需要出发,结合目标消费群的文旅体验心理进行IP原型研发,继而确立IP的个性化定位、赋予其人格化特征。

例如,原创形象呆萌的酷MA萌(俗称熊本熊)的诞生,使原本名不见经传的日本熊本县的知名度在短期内迅速提升,县域内的熊本城、阿苏内牧温泉等景区旅游人数倍增。熊本熊IP的成功原因,除了独特的设计元素之外,还要归功于寻找熊本熊、帮熊本熊找回腮红、参加2014年红白歌会等密集的后续事件营销,以及不需要授权费便可使用其形象带来的曝光率大增。

(2) 移植收购。

因为IP的创造和价值提升需要投入大量的人力、物力,并且需要考虑投资回报率和模仿复制的问题,因此很多景区大都缺乏研发原创IP的足够动力。在这种情况下,导入已经拥有价值、流量带动性强的IP资源,是帮助景区以最快速度丰富自身业态、完善产业链的有效途径。

例如,2018年1月,上海长风海洋世界引入在国际上拥有超高人气的《汪汪队立大功》动画IP,举办了为期6个月的亲子活动,以动画中的救援任务为线索串联起海洋生物观赏资源,通过寓教于乐的创意互动体验,实现了短期内的项目引爆和消费聚集。回顾迪士尼的发展可以看出,收购IP是迪士尼快速而高效地扩充自家IP库的一项重要举措。在迪士尼的4次成功收购案例中,4家公司均是众所周知的IP大户,收购为迪士尼玩具家族贡献了玩具总动员系列、漫威英雄、星球大战系列、X战警和阿凡达IP。

(3) 借鉴创新。

引自其他渠道如地方历史文脉民俗风情或文化作品已有的故事、形象、元素等资源,需要根据旅游体验进行扩展改造。迪士尼非常擅长吸收本土化资源,挖掘历史故事。世界范围内的经典名著及各国传统神话传说都是迪士尼探寻的目标,他们会将符合迪士尼属性的IP形象加上"迪士尼"标签然后搬上大银幕:从丹麦安徒生童话中的小美人鱼到德国格林童话中的白雪公主、灰姑娘再到中国功夫熊猫、替父从军的花木兰,这些来自异国的IP形象在迪士尼的IP家族中济济一堂、大放异彩。

打造特定主题的IP,是景区转型升级重要的途径和方法,以此形成景区独特资产。提升景区价值,实现消费升级,旅游品牌的IP化将引领未来旅游行业的发展,IP化的发展也让旅游品牌有了持续的生命力。

3. 景区IP营销

文化和旅游的融合要求在文化内容和精神情感上深度挖掘,讲好故事,做好产品。与此同时,互联网加速了营销传播模式的变化,传播形式在变、消费观念在变,IP以情感连接的方式正在改变传统的观念模式。

（1）在传播媒体上，内容为王。传统媒体已向网络社交化、分众化、交互化转移，具有自主传播和快速传播的特点，由于视觉的碎片化和注意力稀缺，优质的内容力传播才成为王道。

（2）在消费观念上，体验至上。理性诉求向情感价值观念转化，人们对商品的需求不再是商品功能价值本身，而在于消费商品符号的象征意义。人们更加注重精神体验和感受。换言之，景区运营方必须以新奇的体验方式吸引消费者。

（3）在营销方式上，情感交互。品牌营销从过去以高频率、高成本的促销方式正在向情感沟通的方式转化，进而达到营销的目的。营销越来越强调与用户之间的交互，注重情感沟通与共鸣。IP天然自带情感的连接属性，能很好地通过内容来聚合用户主动参与互动，所付出的成本之低甚至是负成本。

（4）在品牌链接力上，IP实现跨界。品牌以产品为基础，品牌是有界的；而IP是以内容为基础，内容是无界的。因此，品牌与IP之间，在位是品牌，跨界则是IP。目前国内IP授权、IP跨界联名、向超级IP产业链发展，将是未来品牌IP发展的方向和目标。

4. 景区IP运营

（1）IP+模式。

① IP+影视。综艺节目《爸爸去哪儿》在普者黑录制，通过节目的传播效应，不少观众被原生态美景吸引选择到普者黑旅游，本来名不见经传的景点，一下子成为了人们争相旅游的胜地。京畿道在首尔周围，类似北京的郊区，《来自星星的你》《太阳的后裔》及《Running Man》等影视IP打造的京畿道旅游目的地，使得京畿道上的每个旅游景点都能吸引大量的游客。跟随着影视IP慕名前来的游客也会格外激动，影视IP下带动的粉丝效应，让游客与景区保持着非常高的黏度。

② IP+网红。西安是2019年公认的网红城市，一部《长安十二时辰》热剧、一个不倒翁小姐姐的网红直播，让一座城红到发紫。从2018年的西安"摔碗酒"、重庆"洪崖洞"，到2019年的西安"不倒翁小姐姐"，文旅产业的网红经济已经表现出与短视频、直播等线上渠道完全不同的产业化模式。在那些能够脱颖而出的文旅"网红"中，"产品形式+影视直播"成为了其核心爆点。

③ IP+演艺。旅游演艺已成为文旅目的地标配，是文旅融合非常重要的一种呈现方式。传统的旅游实景演艺正逐渐步入一个新的阶段。当前的文旅演艺项目长期依赖高额投资，同质化严重，服务质量不高。《印象·海南岛》《泰山千古情》《海棠秀》等大型项目纷纷停演，开始向"小而精""沉浸式""精细运营"方向转型。轻资产模式快速复制仍然是大多数文旅演艺企业的核心追求，旅游演艺市场在积极探索以IP主导演艺、撬动文旅消费的新途径。

④ IP+沉浸式。尽管目前演艺市场普遍宣称自己属于"沉浸式体验"，但更多的是片面迎合消费者偏好和商业化促销需求。IP沉浸式娱乐依赖于"沉浸式体验+娱乐"，IP唯有沉浸式体验才能深入人心。沉浸式娱乐产业发展至今，已形成艺术主导与科技主导的两大方向。前者以先锋戏剧为代表，后者则以AR(Augmented Reality，增强现实)、VR(Virtual Reality，虚拟现实)等技术为代表，行业当前仍处于爆款与冷板凳并存

的状态。

(2)跨界合作。

①强强联合。

2018年1月,国际娱乐巨头默林娱乐旗下上海长风海洋世界携手火爆全球的动画IP《汪汪队立大功》举行了一场神秘而充满童趣的"欢迎派对"。作为国际级的海洋主题公园,长风海洋世界引进深受全球小朋友喜爱的动画形象"汪汪队立大功",是强IP间的强强合作,其宗旨是为更多家庭提供寓教于乐的创意互动体验,在玩乐中带领小朋友们收获知识和成长勇气,成为有责任心和充满爱的小英雄。

②品牌联名。

峰物文创和山东曲阜"三孔景区"合作推出联名款文具,一个个看似不起眼的文具却拥有深厚的文化底蕴。将造诣颇深的儒家传统文化和文具结合,为文具产品注入全新活力。以金榜题名黄铜直尺(见图3-5)为例,意在教导学生只有把握好尺度、劳逸结合、身心和谐,才能形成足够的自律,发挥自己最大的潜力。

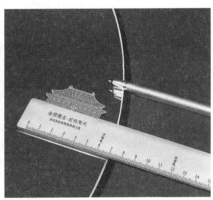

图3-5 "尺度"黄铜直尺

③组织跨界。

组织跨界是推进文化和旅游深度融合的关键途径,它能够集合当前产业链上多个角色的产业主体,引领文旅产业下半场。尽管目前尚未真正出现可快速复制的大型文旅跨界组织,但诸如北京文化、复星旅文、宋城演艺等同时拥有地产、旅游、文化、娱乐等多元化基因的文旅企业正在带来惊喜。辽宁鲅鱼湾魔法温泉公园与奇幻森林进行合作,奇幻森林通过在温泉公园里面融入魔术沉浸演艺、魔术商店、魔术大课堂、魔术主题餐饮、魔术酒吧等元素,让鲅鱼湾魔法温泉乐园项目从当地113家温泉当中脱颖而出,变成了当地最受欢迎的亲子景区。"魔术+温泉"的融合形式实现了文化艺术对传统温泉行业的赋能。

(3)运用数字科技。

青城山—都江堰景区联合四川川大智胜系统集成有限公司共同打造了都江堰市全域旅游大数据中心,本地区的各类旅游数据和信息随时随地一屏掌握。以数据为核心打造智慧景区,是推动青城山—都江堰景区高质量发展的命脉。目前依托"云上都江堰、数字青城山"的智慧景区管理服务体系,青城山—都江堰景区能够为游客提供游前、游中、游后的全程个性化服务。

二、宣传推广

(一)传统媒体及户外媒体

1. 传统媒体

传统媒体是指广播、电视、报纸、杂志等传统形式的媒体机构和媒体平台。它们通常由政府主管或行业组织管理,并在特定的地区或层级内负责新闻报道和传播。传统媒体包括以下几个层级。

央级媒体:指由中央政府主管的媒体机构,如中国中央电视台(CCTV)等。

省级媒体:指由各省级政府主管的媒体机构,如各省级广播电视台、报纸等。

市级媒体:指由各市级政府主管的媒体机构,如各市级广播电视台、报纸等。

地方级媒体:指由各地方政府主管的媒体机构,如县级广播电视台、报纸等。

这些官方媒体在新闻报道、信息传播、舆论引导等方面扮演着重要角色,并且通常被认为具有较高的权威性和影响力。它们在社会中起到了重要的宣传、教育和服务作用。

2. 户外媒体

户外媒体是一种广告媒体形式,通常在户外空间中展示信息和广告内容。户外媒体包括以下几种形式。

道路广告牌:位于道路两侧或中央,向驾驶者和行人展示广告信息。

车身广告:在公共交通工具(如公交车、出租车)的车体上投放广告。

车站广告:在公交车站、地铁站、火车站等交通枢纽的候车厅、广告牌等位置展示广告内容。

室外大屏:巨型电子屏幕或LED屏幕,通常位于城市的重要商业区域或人流密集地段,播放广告和宣传内容。

广告墙体:在建筑物的外墙上投放广告,例如高楼大厦、商业中心、体育场馆等。

延伸媒体:将广告与户外环境结合在一起的形式,如街头巡游、大型活动赞助等。

户外媒体的特点是能够接触到广大的受众群体,具备长时间、连续性的展示效果,能够在公共场所产生较高的曝光率和影响力。

(二)新媒体与互联网

1. 旅游微博营销

(1)微博营销定义。

旅游微博营销是指,在大数据背景下以微博为平台,通过文字、语音、图片、视频等形式向旅游者提供出行旅游攻略、介绍景区信息、推介美食、打卡点等,从而实现塑造景区形象,引起微博用户的关注与参与,最终达到旅游营销目的的一种营销方式。

(2)旅游微博营销优势。

随着旅游者对旅游质量要求的逐渐提高,旅游者在出行前对景区信息进行搜寻的环节显得更为重要。旅游者在获取信息时对信息的丰富性、准确性和可靠性尤为关注。而微博是目前消费者之间相互分享信息的重要平台,大量的游客在体验旅游产品时,或者结束一段旅游体验后,喜欢将自身经历发布在微博上,通过微博向旅游者展示景区的相关信息。这种轻松、自由的信息交流氛围为微博营销提供了良好的基础,旅游微博营销凭借其具有信服力的博主身份及亲切接地气的特点成功引起了广大旅游者的共鸣,有效地激发了旅游者的消费欲望。旅游微博营销具有信息传播强、反馈实时性强和营销精准度高、有效性强的优势。

(3)旅游微博营销策略。

① "网红景区+名人博主"效应策略。由于微博的使用主体是年轻人群。在年轻人群中,到"网红店打卡"和网红博主的"追星"效应已经成为一种常见的旅游微博营销策略,因此景区也可以在微博营销上利用网红博主的影响力,通过微博中的网红博主发布旅游过程中的攻略,分享旅游过程中的吃娱住行,所行所感,实现网红圈粉互动,增加关注人数,从而吸引旅游消费者。利用旅游微博营销进行有目的的人群分类和产品宣传,能够在很大程度上增强景区的宣传力度和扩大知名度。

② 整合营销策略。整合营销是指对各种营销工具和手段的系统化整合,根据环境进行即时性的动态修正,以使参与的双方在交互中实现价值增值的一种营销理念与方法。随着互联网技术的发展,社交网络环境的不断进步,信息内容转为由社交网络用户基于真实人际关系在社交网络平台中的互动完成,信息的可利用性转变为同时被营销主体、目标市场各消费主体所共同掌控,信息的真实性和全面性都得到极大提升。在此前提下的旅游微博营销在覆盖面上有必要实施整合营销策略。旅游微博营销主体需要有针对性地发掘景区的民族特色符号、本地特色符号、典型符号等,力求在社交网络用户中勾勒出具有个性化、特色化、真实化而非标签式的景区形象,为旅游者营造正面、生动、积极的景区环境,在提供景区信息的同时,激发潜在旅游者的兴趣。例如,采用轻松的问候语、流行的小段子、有趣的表情包,分享精彩的视频等素材,以生动有趣的形式展示景区旅游文化和风景,与潜在消费者进行交流。

2. 微信营销

(1)旅游微信营销定义。

旅游微信营销是指,景区以微信为营销平台,将每个关注者作为潜在营销对象,通过注册官方微信,不断更新官微推文,向网友传播景区信息、提供出行攻略、推介美食等,树立良好的景区形象及产品形象,来达到营销目的的一种营销方式。

(2)旅游微信营销优势。

① 用户基数庞大。2021年,微信"小程序"日活超过4.5亿。微信庞大的用户基数决定了旅游微信营销的潜在目标群体用户数量庞大。有微信用户的地方就有营销市场,旅游微信营销能通过官方公众号、小程序、微软文、宣传广告等方式将当地产品以最快的方式呈现给游客。

②目标用户细分精准化。在旅游微信营销过程中,越来越多的旅游企业和政府单位开始应用微信公众号和小程序,根据后台统计数据分析掌握潜在用户的地域、消费需求、消费习惯等,将粉丝分类精细化,将用户需要的信息精确地推送给潜在消费者。公众号后台的"用户管理"模块可将自己的粉丝群细化分组,分人群进行相关产品信息的推送,从而实现精准化地服务于细分用户。

③营销模式多样化。与传统旅游营销的单一模式相比,旅游微信营销模式更为多样、生动、有趣,更便于旅游者接受和传播。景区可以通过微信小程序、微信公众号、直播、短视频等营销形式让用户关注相关信息,从而达到旅游微信营销的目的。旅游微信营销形式多样,常见的有以下几种:一是通过"发红包"的形式扩大旅游产品的销售;二是通过点赞、集赞的形式参与产品优惠活动;三是通过转发朋友圈取得折扣或优惠。通过以上方式,景区可以收集消费者数据,按照分析建立不同的游客微信群,开展有针对性的促销活动或旅游信息宣传推介。

④用户信息真实性更强。由于微信要求用户进行实名认证,且消费者的微信账号更多地与自己手机号绑定,微信用户信息价值和真实性更强。景区可以充分掌握用户的基本信息,从而分析旅游消费者需求数据,实现精准营销与服务。与此同时,微信用户以手机通讯录和QQ好友为基础的强关系链接网络具有实名制和社交私密性的特点。这种基于强关系发展起来的特点,非好友无法查看他人评论等设置都保证了私密性。陌生人的言论人们可能不信,但朋友之间的信息传播更加可信,如果游客愿意在自己的朋友圈宣传旅游企业或产品,可带来直观、有效的效果。

⑤低成本。与传统媒体较高的推广宣传成本相比,微信推广的成本较低,尤其是在用户关注公众号之后,每次群发推送图文内容,都是通过电脑来进行的。可以根据用户反馈和后台数据及时调整用户需求和公众号设计,效果不好的设计和内容可以在第一时间进行修改,修改的成本几乎为零。微信用户只要关注了某一个旅游公众号,那么该旅游公众号发布的信息就会被用户100%接收到,成本几乎为零。旅游企业还可以低成本地使用微信统计数据,直观地看到用户数量变化趋势及用户的性别、语言、地理分布及所占比例等特征。通过图文分析,可以直观看到用户接收、图文阅读、分享转发次数、原文阅读次数等信息。这些数据的获取与传统营销相比成本低、信息准确且快速。

(3)旅游微信营销策略

①直复营销策略。直复营销策略是指,在公司和消费者之间建立的产品和服务营销的直接渠道,省去一系列中间环节的一种营销方式。直复营销具有跨时空性、互动性、一对一服务性和营销效果可测等方面的特点。景区可以利用微信平台功能实现智慧旅游服务、智慧旅游管理、智慧旅游在线支付、智慧导览图、游客评价、语音解说等功能,并通过GPS定位功能向旅游者展示景区的吃、住、行、游、购、娱等,将微信公众平台全力打造成具有权威性、亲和力、影响力的直复式营销旅游官方微信平台。

②精准营销策略。精准营销(Precision Marketing)是指在精准定位的基础上,依托现代信息技术手段建立个性化的顾客沟通服务体系,实现企业可度量的低成本扩张之

路。对景区来说,微信作为一个精准营销的平台和强大的用户管理平台,具有精准营销的天然优势,可以更为精准地关注旅游爱好者,进行有针对性的营销;而且微信可以根据景区定位及用户关系管理的不同类型进行个性化管理。

③朋友圈口碑传播策略。旅游业通常具有较为明显的口碑效应,微信用户游客计划外出旅行时,之所以会选择某个地方作为自己的目的地,可能是因为在网上看到身边亲朋好友写的游记,看到朋友圈的图片,被当地的美景所吸引;也可能是因为身边的朋友曾经去过,听了朋友的描述之后,对这个旅游景区产生了好奇和向往。亲朋好友的旅游推荐往往会成为游客做出旅游决定的重要因素。因此景区在进行微信推广时,将优质的服务和产品体现出来,给潜在旅游用户一定的视觉上和心理上的冲击,并通过直接用户的口碑传播,从而形成良好的社会和舆论影响。

3. 短视频营销

(1)旅游短视频营销的定义。

旅游短视频营销是指景区利用短视频平台(如抖音、快手等)作为与旅游消费者信息交流和传递的媒介,借助短视频的形式来介绍旅游线路,推介当地美食,分享旅游心得体会,提供出行攻略等,实现对景区的形象塑造,从而达到营销目的的一种营销方式。

(2)旅游短视频营销的优势。

①内容多元化、创意性强。内容的多元化和创意性是短视频旅游营销的核心竞争力。优质的景区本身具有极强的风土人情和特色,包含着丰富、优质的旅游资源。旅游者可以利用抖音等视频平台,不但能在视频中嵌入丰富的特效,还可以选择海量的酷、炫、潮的流行歌曲,其中的大多数歌曲具有节奏感强、魔性十足的特点,令视频极具艺术感、创造性和现场感。观看的网友可以转发短视频,使用户量瞬间呈现井喷式增长,运用这些优质海量短视频吸引用户。根据抖音公布数据,每天有近2000万条原创抖音视频被记录与上传,内容覆盖各行各业,涉及日常生活的抖音短视频占比高达近30%,其中旅游视频多偏于原生态、朴素的日常生活视频,是景区生活与文化的一种体现。

②内容短而精悍、亮点突出。旅游短视频的最大优势是短小精悍。旅游者上传的短视频把所有的关注都集中在景区最精华、震撼、吸引人的亮点上。平台借助用户年龄层涉及面广,旅游者追求新意独特、喜欢玩乐的显著特征,在创作的过程中,不断打破内容形式的边界,在内容之间进行碰撞,打造出新热点,利用短而精悍的短视频迅速突出旅游景区的亮点,在短时间内对用户产生一系列的消费刺激。另外,抖音平台作品的"分享"功能,容易在热门的网站平台、微博热搜、朋友圈等引起人们的关注,成功通过其他热门平台导流。同时,旅游企业和政府相关部门通常会通过与网络红人合作的方式来增加景区的曝光度,提升景区的吸引力。

③内容契合度强、接受度高。短视频平台不仅是视频的分享平台,还是粉丝社群的社交平台,例如抖音。抖音短视频鲜明的产品特征令景区收获了与其特性相契合的市场。旅游抖音短视频营销包括抖音运营方、旅游地、博主和粉丝四个方面的参与主

体,这些参与主体在抖音平台上既能够满足各自的需求,又能够创造价值。

抖音用户涉及群体面广,不但年轻人喜欢使用抖音,中老年用户也逐渐成为抖音的用户群体。抖友们在免费观看视频、参与互动的过程中贡献了自己的时间和注意力,创造了流量。抖友中的大多数是善于创造,乐于分享的,对于互联网产品的参与意愿很高,有着较为强烈社交需求的人群。与传统的营销模式相比,动态短视频社交模式呈现出更强的交互性和参与性。在旅游类视频里,用户能够更加生动全面地了解到景区的全貌。观赏视频的抖友会在评论区与博主进行互动,抖友会对视频内容和质量进行点评,询问景区的名字和位置,交流旅游体验心得等。抖音评论区的互动不仅具有第三方推荐的信任优势,还让评论本身成为优质的体验内容。抖友们把去网红景点"打卡"当成一种义务,具有很强的认同感和归属感。

④共生的机制。基于优秀的产品和模式设计,抖音短视频平台构建了一个"互利共生"的生态圈。抖友为抖音提供视频内容和吸引流量,因自己成为关注焦点或意见领袖而获得心理满足感。目前,抖音与旅游营销的融合已经开始进入更为成熟的新阶段。2018年4月,西安市旅游发展委员会与抖音短视频达成合作,双方计划基于抖音的全系产品,通过文化城市助推、定制城市主题挑战、抖音达人深度体验、抖音版城市短片来对西安进行全方位的包装推广,用短视频向全球传播优秀传统文化和美好城市文化。旅游已成为抖音"美好生活计划"的重要组成部分。在抖音搭建的共生平台之上,旅游营销具有无尽的想象空间。

(3)旅游短视频营销的策略。

①分众营销。分众营销是指在最恰当的地点,用最精确、经济的方式把产品卖给最需要的目标消费者,最大限度地降低成本和杜绝费用浪费,将营销的效力发挥到极致的一种营销方式。进行分众营销,首先必须明白谁是产品的目标消费者、谁来为产品买单,所以第一步就是锁定分众目标消费群体,进行市场细分。随着竞争的加剧,不是目标消费群体越大,产品的销售面就越广、销售量就越大;相反,只有进行科学的市场细分,品牌才有出路,才有可能在白热化的竞争中胜出。

网络正在创造新时代,为文化创造新空间,越来越多的文化资源得以通过互联网传播。越来越多的游客会在出行前浏览抖音等平台查找游玩攻略、预订航班和酒店,抖音平台可以根据顾客的浏览记录和查询记录找到自己的目标顾客群体。例如,可以按照不同年龄、性别、教育程度、消费偏好等对消费者进行细分,有针对性地进行集中营销,用最精确、经济的方式,把旅游产品卖给最需要的目标消费群体。这种方式一方面降低了成本,杜绝了浪费,另一方面又将营销的效力发挥到了极致。

②关系营销。狭义的关系营销是指企业与客户之间的关系营销,其本质特征是企业与顾客、企业与企业间的双向的信息交流,是以企业与顾客,企业与企业间的合作协同为基础的战略过程,是关系双方互惠互利的营销活动,是利用"控制与反馈"的手段不断完善产品和服务的管理系统。关系营销的核心是留住顾客,为顾客提供产品和服务,在与顾客保持长期关系基础上开展营销活动,实现企业的营销目标。实施关系营销并不以损害企业利益为代价,关系营销提倡的是企业与顾客策略。

在旅游短视频关系营销策略中,企业与客户之间的关系是所有关系中最为重要的环节。短视频平台利用自身的商业化模式,与各个景区进行战略合作,联合各地的旅游部门发起一系列抖音平台运营活动。运用关系营销,平台需要利用自身优势,通过策划事件、利用商家号、精准推送等方式为景区宣传、传播。关系营销有利于旅游企业巩固已有的市场地位和开辟新市场,还有助于旅游主体间多元化经营战略的展开,从而减少无益竞争,达到共存共荣的目的。同时,有利于协调旅游企业与政府的关系,创造良好的营销环境。企业与政府间的密切合作,要求所有企业的一切活动必须有利于实现政府宏观调控的目标;而政府的宏观调控,又要有利于企业开拓市场,促进社会经济的发展,实现双赢的目的。

4. 直播平台营销

(1)旅游直播平台营销的定义。

旅游直播平台营销是指在互联网快速发展的背景下形成的以旅游者需求为导向,以在线实时直播为媒介,向大众传播更为真实生动的景区信息,并与旅游者建立双向互动的关系,最终达到提升景区形象及旅游产品品牌的知名度,从而影响旅游者决策行为的一种营销方式。

(2)旅游直播平台营销的优势。

① 互动性强。随着虚拟现实、智慧景区等各种文旅消费新场景的出现,传统文旅产业在数字技术的加持下,加速迭代创新。旅游直播平台在此背景下,运用信息化技术连接供需双方挖掘新的双赢机会,例如,农业工作者运用"直播＋农产品"的模式进行线上带货直播;各大旅游景区和各大博物馆开启VR和直播等旅游新体验,成功吸引了一大批游客前来旅游。直播能够展现业务优势,扩大景区的知名度。线上和线下相结合的经营方式具有实时互动特性,提高了旅游产品的推广速度和效率。

② 迎合市场需要。个人和机构经过严格的资料及作品审核后,即可申请成为直播平台的签约主播,创建自己的直播间,拥有自己的管理后台。在直播平台,个人和企业可以将多种旅游方式和产品类型提供给需要的顾客进行选择。很多直播平台设置了国内游、国外游、短途特色游等不同的旅游直播板块。旅游者在出行前可以按照目的地进行搜索,主播通过实时在线互动,旅游达人进行旅行视频的剪辑和发布,方便、迅速、快捷地推荐好玩、有趣的旅行目的地,可以成功吸引旅游客户的购买。同时,游客可以在社区自由发布旅游日记,记录旅游趣事,完成拼团游,或者寻找同行驴友,寻求同城帮助等。在旅游消费需求转变与景区竞争加剧的双重背景下,"旅游＋直播带货"的营销模式迎合了广大旅游消费者的需求,旅游机构向旅游平台转化已成为市场的新趋势、新方向。

(3)旅游直播平台营销的策略。

① 全网营销。全网营销是全网整合营销的简称,是一种整合网络各种渠道资源(如传统网络、移动互联网、PC互联网、自媒体、短视频、直播等),将产品规划、产品开发、网站建设、网站运营、品牌推广、产品分销等一系列电子商务内容集于一体的新型营销模式。全网整合营销的优势在于营销目标精准,能降低宣传成本,提升品牌形象

和知名度,强化顾客消费黏性,创造全新的顾客群体。景区可以利用全网营销的优势,积极地通过互联网与游客进行沟通。

②精准直销。互联网的发展改变了传统商业模式的发展。在直销的发展过程中,打造直销互联网平台让直销的发展更加迅猛。"互联网+直销"的模式已经成为绝大部分景区运作的方式。旅游业覆盖的行业面非常广,涉及的内容也非常多,足以形成庞大的旅游产业链。从事旅游电商的企业也多种多样,因此精准旅游首先要做到明确品牌定位,找出旅游产品品牌的特色,通过宣传突出品牌亮点,表现品牌的差异性。实现差异化战略,需要细分旅游市场,对景区的产品进行包装。"旅游+直播"的营销方式能够借助短视频平台进行内容精准营销,塑造旅游品牌的形象,快速占领目标用户市场,让旅游产品品牌深入人心。

5. OTA网站营销

(1)OTA网站情况。

据统计,在2022年十大在线旅游平台排行中,携程、同程旅游和飞猪排名前三。携程旅游支持在全国范围内提前预订酒店,用户可以通过携程App获取大量酒店信息,以此提高自己的出行质量。此外,携程还有更多简单实用的应用功能,等待着用户前去体验。飞猪旅游是一款在旅行过程当中,可以帮助用户快速入住酒店的App,不用排队,并且免收押金,各项实用的功能提升了用户的使用体验。2023年十大在线旅游平台排行榜如图3-6所示。

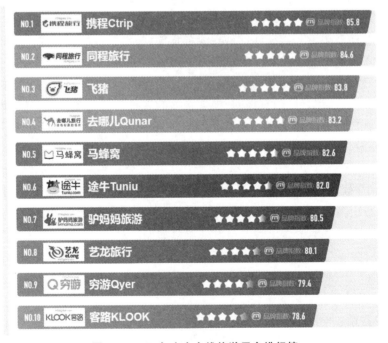

图3-6　2023年十大在线旅游平台排行榜

(2)OTA网站营销的优势。

①拥有丰富的UGC(User Generated Content,用户生产内容)资源。UGC的概念最早起源于互联网领域,即用户将自己原创的内容通过互联网平台进行展示或提供给其他用户。UGC是随着以提倡个性化为主要特点的Web2.0概念而兴起的。UGC并不是某一种具体的业务,而是一种用户使用互联网的新方式,即由原来的以下载为主变成下载和上传并重。YouTube、MySpace等网站都可以看作UGC的成功案例,社区网络、博客和播客(视频分享)等都是UGC的主要应用形式。

UGC模式简而言之就是调动网民的积极性去参与视频创作的热情,一般是企业通过活动,征集与企业相关的视频作品。在UGC模式下,网友不再只是观众,而是成为互联网内容的生产者和供应者,体验式互联网服务得以更深入地进行。携程、飞猪等OTA旅游网站营销原创内容强大,用户自主原创越多,就会被越多用户发现,也将会吸引越多用户的参与。旅游产品是携程、飞猪旅游网站营销的最大核心和亮点。携程和飞猪在移动端拥有大量的用户资源,通过互联网大数据了解顾客需求,有针对性地为客户提供景区产品和周围的酒店美食产品。携程和飞猪旅游网站在基于旅行兴趣延展出的多元圈层,已展开了丰富且卓有成效的营销探索和实践。

②能优化资源配置。通过大数据的整合和分析,互联网为各行业带来品牌资产、品牌流量与品牌价值的全面提升。携程和飞猪旅游网站在深入挖掘与分析大数据的基础上,优化供应链资源分配。通过用户的收藏和点评攻略,将景区进行分类和排名,为当地旅游发展提供借鉴,从而提高景区资源的供给能力,促进旅游业的发展。

(3)OTA网站营销的策略。

① 内容营销。内容营销是通过合理的内容(图片、文字、动画等形式)创建、发布与传播,向用户传递与企业有关的有价值的信息,从而实现网络营销目的的一种营销方式。传播载体不同,内容传递的形式也各有不同,但是其核心思想必须是一致的。携程和飞猪等OTA旅游网站把旅游客户最实时、新鲜的需求信息收录下来,通过攻略和以目的地为主的信息结构体系,运用搜索引擎相关的数据挖掘、语义分析等技术分析用户内容,更准确地将地理位置等进行归类,并且以结构化的方式存储,将这些信息分发给更多即将出发的旅行用户。

② 社群营销。社群营销作为社区服务中最为核心的营销推广技术,是传统营销活动的创新,同时也是最为有效的营销及推广活动。社群营销存在着较强的可信度,可以保证活动宣传的有效性,并为营销寻找更多的机会及思路。在互联网迅速发展的时代,像携程、飞猪等各大线上网站的发展越来越迅速,传统旅行社的营销模式逐渐被取代,旅游市场上出现了"点餐式"的社群营销模式,即商家将旅游产品菜单提供给消费者,旅游用户自主勾选心仪的旅游产品服务。这种自由选择型产品对用户而言更具多样化和新奇感,商家也可以更高效地将精准用户聚集在一起,从而形成自己的社群。对消费者而言,线上旅行网站的社群营销与传统营销相比更具优势,无疑是最好的选择。新媒体与互联网营销方式对比见表3-2。

表 3-2　新媒体与互联网营销方式对比

营销方式	定义	优势	策略
旅游微博营销	以微博为平台,通过文字、语音、图片、视频等形式向旅游者提供出行旅游攻略,介绍旅游信息、推介美食等,从而实现塑造景区形象,引起微博用户的关注与参与,最终达到旅游营销目的的一种营销方式	信息传播强、反馈实时性强、营销精准度高、有效性强	"网红店＋名人博主"效应、整合营销
旅游微信营销	以微信为营销平台,将每个关注者作为潜在营销对象,景区可以通过注册官方微信,不断更新官微推文,向网友传播景区旅游信息、提供出行攻略、推介地方美食等,树立景区形象及产品形象,来达到营销目的的一种营销方式	用户基数庞大、目标用户细分精准化、营销模式多样、用户信息真实性更强、低成本	直复营销、精准营销、朋友圈口碑传播
旅游短视频营销	将短视频平台(如抖音、快手等)作为与旅游消费者信息交流和传递的媒介,借助短视频的形式来介绍旅游线路,推介当地美食,分享旅游心得体会,提供出行攻略等,实现对景区形象的塑造,从而达到营销目的的一种营销方式	内容多元化、创意性强、内容短而精悍、亮点突出、内容契合度强、接受度高、共生的机制	分众营销、关系营销
直播平台营销	以旅游者需求为导向,以在线实时直播为媒介,向大众传播更为真实生动的景区信息,并与旅游者建立双向互动的关系,最终达到以提升景区形象及旅游产品品牌的知名度,以影响旅游者决策行为为目的的一种营销方式	互动性强、符合市场需求	全网营销、精准直销
OTA 网站营销	在线旅游代理商(OTA)通过各种渠道和手段,对其平台上的旅游产品进行宣传推广,以吸引更多的用户进行预订和购买	丰富的 UGC 资源、优化资源配置	内容营销、社群营销

(三)同业推广

景区同业推广包括线下旅行社、会务、研学机构等多个方面。

1. 线下旅行社

与线下旅行社合作推广与旅行社是景区推广的重要组成部分。景区可以与旅行社签订合作协议,在宣传推广方面进行合作。例如通过旅行社的线路推广、特价优惠等方式增加游客的到访。

2. 会务

景区可以加强与会务公司的合作,积极参与举办各类会议、展览、活动等,通过会务组织的渠道推广景区。此外,景区还可以开展自己的会议与展览活动,吸引相关行业的从业人员和观众。

3. 研学机构

景区可以与各类研学机构合作,为学生提供丰富的教育和学习资源。通过与研学机构的合作,景区可以扩大知名度,吸引更多的学生和家长参观和游览。

除了以上的方式,景区同业推广还可以包括与其他旅游景点的合作,与各类协会、商会等建立合作关系,共同开展推广活动等。通过同业的合作与推广,可以扩大景区的知名度,提高景区的影响力,吸引更多的游客和客户。

三、营销活动

(一)活动的类型

旅游营销策划覆盖了广阔的领域,根据不同的角度可以进行不同的划分。

1. 按策划主体划分

按照营销策划的主体,可将旅游营销策划活动分为针对旅游企业内部的营销策划和第三方营销策划。旅游企业的内部营销策划是由企业营销部人员针对不同的营销目标而展开的营销策划活动;而第三方营销策划则是由企业聘请第三方策划机构来帮助企业解决营销问题。

2. 按策划客体划分

按照营销策划的客体,可将旅游营销策划活动分为市场调研策划、营销战略策划、新产品开发策划、营销策略策划、品牌策划、企业形象策划、广告策划、网络营销策划等不同营销活动。

3. 按策划目标划分

按营销策划的目标,可将旅游营销策划活动分为营销战略策划和营销战术策划。营销战略策划内容涉及企业战略发展方向、战略发展目标、战略重点等;营销战术策划则更注重企业营销活动的可操作性,是为实现企业的营销战略所进行的战术、措施、项目和程序的策划,如产品策划、价格策划、渠道策划和促销策划等。

(二)活动落地执行

1.5亿流量的背后:解密旅游营销的"张家界方式"

全媒体传播释放高效益,"张家界旅游营销"成为新亮点。2019年6月10日至14日,由湖南省委网信办指导,张家界市委宣传部、市委网信办、市文化旅游广电体育局主办的湖南省第八届网络文化节之"我行我宿"网络名人探访张家界主题活动在张家界市举行。张家界借力网络名人,改变传统构建营销机构的方法,免去全国各地到处点对点营销的奔波,巧用新媒体传播"矩阵",5天为张家界旅游收获1.5亿次关注。

———立体宣传矩阵为"张家界民宿"助力———

网络名人组成立体宣传矩阵,通过微博、微信、抖音等网络平台,以图文、视频、直播等方式展示张家界民宿、传播张家界旅游形象。

5天时间内,@张家界事儿微博点击量达到3564.5万次,@半杯馊茶、@大强爱自拍等博主的微博阅读量均超过800万次,@巴松狼王、@黄胜友等微博播发篇目超过40篇,@咸澄参与7场直播总观看量达234.4万次。6月10日当天,#我行我宿张家界#话题排名微博旅游话题榜第一。

主体活动结束后,@花千芳、@巴松狼王、三湘名博沙龙成员等网络名人还在继续延伸话题热度,认真准备相关选题,不断拓展"我行我宿"宣传深度和广度,实现从民宿宣传到现象解读的纵深传播,以期形成新一轮的宣传热潮。

———"张家界旅游营销"再次形成新亮点———

活动期间,网络名人通过"打卡"民宿、景点,体验土家拦门酒、篝火晚会等系列特色活动,个性化展示张家界民宿以及美景、美食魅力。

活动采用体验式、互动式的传播形式,通过互动、跟帖,话题讨论量达到1.1万个,成为旅游营销的新亮点。

@半杯馊茶、@王松筠、@一个有点理想的记者等网络名人纷纷表示,张家界通过自媒体形式进行民宿体验宣传,为活动增添了趣味性、话题性的同时,也展示了张家界市委、市政府在宣传工作中,一心为民的智慧与胸襟。

———"民宿旅游"有望迎来新高峰———

活动除了带来过亿关注外,更是话题不断,张家界民宿旅游也迎来新一轮接待高峰。

作为湖南省第八届网络文化节活动之一,"我行我宿"活动得到了中央、湖南省委网信部门的大力支持。活动中,湖南省内外及张家界本地网络名人通过自媒体,在微博、微信以及抖音、直播等多种新媒体平台实时传播张家界民宿游,形成强大宣传合力。

除网络名人自媒体宣传外,这次活动还得到了湖南日报(新湖南)、湖南卫视以及红网(时刻新闻)等省级媒体的宣传报道,张家界日报社(掌上张家界)、张家界广播电视台(爱视网)以及尚一网等主流媒体和新媒体平台也对活动进行了广泛宣传。

———旅游营销启示:扩大增量 盘活存量———

· 绿水青山是旅游发展的"根本存量"

民宿游不仅代表了张家界旅游发展的新业态,也充分展示了张家界在生态保护与旅游发展互促互进方面的新探索、新模式。活动中,来自全国各地的网络名人宣传张家界旅游发展新业态的同时,也传播了张家界一以贯之的旅游发展理念。

• 产品创新是旅游发展的"不竭动力"

张家界市不断拓展旅游产品的内涵和外延,积极实现从旅游观光游到休闲度假游的转变。民宿业的兴起以及民宿游的火爆为张家界市旅游发展模式的转变提供了良好的载体,民宿业的兴起、旅游业的发展、都离不开创新。只有不断解放思想、创新理念、提升服务、丰富产品,优化产业,才能为旅游转型升级提供强大动能。

(资料来源:红网《1.5亿流量的背后:解密旅游营销的"张家界方式"》。)

营销策划人员在完成营销活动的策划方案构思和成本预算后,还要分析策划方案涉及内容的可行性,确保活动策划方案真实可行。一般来说,营销策划人员可以从可执行性、实际操作性和评估控制三个方面来确保营销活动的落地实行,下面分别对这三个方面进行详细介绍。

1. 营销活动的可执行性

营销活动策划的可执行性直接反映了策划方案的可操作性,因此需要营销策划人员进行全面的考量与周密的安排,避免策划出无效的方案,造成资源与成本的浪费。保证营销策划方案可执行性的方法主要有以下两种。

(1)人员落实,做好沟通与分工。营销策划方案并不是一个营销策划人员能独立完成的,它需要企业各个部门人员、外部合作人员等诸多人员的参与。因此,营销策划活动需要落实好各个环节的工作人员,并在进行工作安排时做好与这些人员的沟通,明确每部分工作的责任与分工,这样不仅能避免后期实施时出现大的差错,同时,还可以提高工作效率,方便营销策划人员清晰掌握策划方案各个环节的工作。

(2)熟悉方案,做好资源准备。营销策划人员在进行方案策划时,首先要明确市场环境、企业资源、产品信息、营销模式和经营目标等必要信息,同时落实营销活动开展需要的资金、渠道、设施设备等资源,这样才能在此基础上根据反馈信息及时对活动进行调整,保证营销活动的顺利开展。

2. 营销活动的实际操作性

要保证营销策划方案的实际操作性,营销策划人员必须合理考虑企业举办活动的能力。若企业规模较大,部门分工明确,则可以由企业自身来运行活动,方便进行活动的监管与控制;如果企业自身不具备活动运行能力,则需要联系其他活动主办方来运行活动,此时,就要在考虑现有资源的前提下选择一个能力足够,人力、物力充足的主办方进行合作。营销活动开展的步骤如表3-3所示。

表3-3 营销活动开展的步骤

步骤		具体内容
确定策划目标	确定目标	明确活动的宏观目标,比如提高景区品牌知名度、吸引景区客流等

续表

步骤		具体内容
确定策划目标	确定目标群体	确定活动要影响的目标游客,例如潜在游客、现有游客或特定游客群体等
	设定可量化指标	为了评估营销活动的效果,需要设定一些可量化的指标,比如景区产品销售额的增长率、景区游客量的提高等
资料的收集与整理	市场调查	通过市场调查,了解景区目标游客的需求、偏好、购买行为等信息
	竞争对手分析	收集景区竞争对手的市场份额、产品特点、定价策略等信息,了解景区市场竞争环境,为策划活动提供参考
	游客反馈分析	分析过去的游客反馈、投诉、评价等信息,了解游客对景区产品或服务的意见,为活动策划提供参考
营销活动策划方案的撰写	制定定位策略	根据市场调研结果,定义景区产品或品牌在目标游客心目中的定位,确定营销活动要传递的核心信息
	确定推广渠道	根据目标游客的特点,选择合适的推广渠道,比如线上广告、社交媒体、电视广告等
	制定推广内容和形式	根据景区定位策略和目标游客的喜好,制定适合的推广内容和形式,比如短视频、海报、团购优惠券等
	设计时间表和预算	确定营销活动的时间表,包括活动开始和结束的日期,同时制定营销活动的预算
营销活动执行与监控	准备活动物料	根据营销策划方案准备所需的物料,如景区宣传手册、景区文创等
	实施活动	按照时间表和预算执行活动,并积极跟进营销活动的进展
	监控效果	通过数据统计和游客反馈等方式,监控营销活动的效果。根据实际情况,及时调整和优化活动方案

3. 营销活动的评估控制

营销评估控制是指企业在营销活动落地执行过程中,对营销战略和计划的实施效果进行衡量与评估,随时采取措施修正实施过程中的偏差,以确保营销目标实现的管理过程。营销控制的内容和目的如表3-4所示。

表3-4 营销活动控制的内容和目的

内容	目的
经理摘要	使经理人迅速了解计划的内容
当前营销状况	提供与市场、产品、竞争、分配和宏观环境有关的背景数据
机会和背景分析	概述主要的机会、威胁、优势、劣势,以及在计划中必须要处理的问题及面临的问题
目标	确定计划中要达到的关于销售量、市场份额和利润等方面的目标

续表

内容	目的
营销战略	描述为实现计划目标而采取的主要营销方法
行动方案	回答做什么、谁来做、何时做以及需要多少成本
预计损益表	概述计划预期的财政收益情况
控制	说明如何监控该计划
评估	对计划实施的结果怎样进行科学的评估

控制过程分为三个步骤：第一，管理者要确定年度计划中的月份目标或季度目标；第二，管理者要监督营销计划的实施情况；第三，如果营销计划在实施中有较大的偏差，管理者需要找出发生的原因，并采取必要的补救或调整措施，以缩小计划与实际之间的差距。年度计划控制的内容主要是对销售额、市场占有率、费用率等进行控制。

第三节 价格管理

"天下江山第一楼"黄鹤楼的定价分析

在秀山起伏、湖波荡漾的美丽江城武汉有一座如诗如画的千年古楼，它就是高居蛇山之巅的黄鹤楼。千百年来，白云环绕其上，滚滚长江从它的脚下东流而去。黄鹤楼与岳阳楼、滕王阁并称江南三大名楼。历代黄鹤楼屡毁屡建，目前的黄鹤楼重建于1985年。黄鹤楼公园管理处是黄鹤楼景区管理主体。

黄鹤楼公园门票定价情况如下：

(1)成人票：70元/人。

(2)学生票：35元/人。

(3)老年人票：35元/人。

从门票定价情况来看，景区的票价设置比较合理。对于成人来说，70元的门票费用可以接受，而对于学生和老年人来说，35元的门票费用则提供了一定的优惠。在门票分级上，景区将目标人群分为三个层次，从而为不同消费者提供不同的服务。这样的门票分级也符合消费者的心理需求，更容易吸引消费。

(案例来源：大河票务网《黄鹤楼门票—黄鹤楼门票预订/团购优惠》。)

一、景区产品价格的界定

景区旅游产品价格,是旅游者对景区提供旅游产品所愿意承受的价格,它是由景区产品的内在价值和旅游者附着在景区产品上的心理价值组成的。

景区出于扩大客源或刺激旅游者消费等原因,往往还在一般旅游价格的基础上,采取特殊的旅游产品价格形式。在旅游市场营销活动中,主要有旅游差价和旅游优惠价两种表现形式。旅游差价是指景区产品由于时间、地点或其他原因而引起的不同价格。一般情况下,旅游差价主要有地区差价、季节差价、质量差价、机会差价和批零差价五种。旅游优惠价是指在景区旅游产品的基本价格基础上,给予旅游产品购买者一定的折扣价格。一般情况下,旅游优惠价主要有对象优惠价、老顾客优惠价、支付优惠价和购买量优惠价四种。

二、影响景区价格决策的因素

(一)影响价格决策的内部因素

1. 景区产品的特点

如果景区产品具有比较强的垄断性,就可以采取比较刚性的价格策略;如果在同一区域范围内,同类旅游产品并存,则旅游者对这类旅游产品需求的价格弹性也相应增大,为实现增加销售的目的,景区就有可能实行削价竞争。

2. 景区运营成本

一般来说,在景区产品价格构成中,成本所占的比重是定价的基础。景区首先要确定收支平衡点在哪里。这是确定可接受范围的最低点,以及定价范围的下限。在景区获得利润之前至少得弥补成本,即所谓的收支平衡。景区可以根据销售预测和当前价格估算一下能否达到收支平衡点,或者能比平衡点高出多少。

3. 景区营销目标

景区的营销目标是影响景区定价的一个重要因素。不同景区的营销目标,或同一景区不同时间的营销目标是多种多样的,但归结起来,最常见的目标有下列几种:求生存、求目标投资收益率、求市场占有率占统治地位、求景区产品的特色、阻止新的竞争者加入等。

4. 其他营销组合因素

如景区产品的独特性,考虑中间商的利益和促销费用等。

(二)影响价格决策的外部因素

1. 市场需求及购买成本

成本是制定价格的下限,而市场和需求却是制定价格的上限。在市场营销过程中,旅游者购买时,不仅注重景区产品的价格,还要考虑景区提供的服务质量、旅游者获得的额外利益等因素。因而,景区为实现较高价格的销售,一般都要施之以较高水平的服务,使旅游产品的价格和相应的服务一致,使旅游者加深对旅游产品价格的理解、认可。同时,景区还向旅游者尽可能提供一些额外免费的服务项目,减少旅游者的购买成本,使旅游者认为是购买了旅游产品后而带来的额外利益,从而增强对购买较高价格的旅游产品的信心。

在图3-7中,客户满意的价格指客户赞同的价格。客户满意的价格并不是价格的上限。如果客户的价格敏感度不高,即使拟订的价格高于他们满意的价格,他们对此不一定介意。

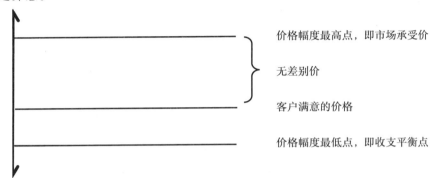

图3-7 景区价格定价范围

2. 竞争对手

景区定价必须考虑竞争对手的成本、价格,以及竞争者对景区本身价格变动可能做出的反应。另外景区所处的价格竞争环境不同,其对价格的控制程度也不同,如市场控制价格、景区控制价格、政府控制价格。

3. 政府

政府对价格决策的影响主要体现在各种有关价格禁止的法规上。

三、景区的定价策略

景区的定价策略就是根据旅游市场的具体情况,从定价目标出发,灵活运用价格手段,使价格适应市场的不同情况,实现景区的营销目标。一般来说,景区产品的定价策略主要有新产品价格策略、心理定价策略、折扣价格策略、招徕价格策略和区分需求价格策略等。

(一)新产品的价格策略

任何景区产品都有自己的生命周期。由于景区产品生命周期各阶段的特点不同,景区就应从市场需要和产品寿命周期的变化要求出发,有针对性地进行价格调整。新的景区产品能否获得旅游消费者的欢迎,其定价策略起着十分重要的作用。

1. 撇脂定价策略

这是一种高价格策略,即在新产品上市初期,价格定得很高,目的在于在短时间内获取高额利润。撇脂价格策略不仅能在短期内获取大量利润,而且可以在竞争加剧时采取降价手段,既可限制竞争者的加入,又符合旅游消费者对待价格从高到低的客观心理反应。应用这种定价策略,要具备相应的条件:目前市场需求较高;制定高价,不会刺激更多竞争者进入市场,有助于树立新产品优质的形象;虽然有可能销售量不大且单位成本较高,但景区仍能获得高额利润。例如,2021年9月,北京环球影城还没有正式开业,却出现了一票难求的现象。开售第一天一度导致售票系统崩溃,甚至连加价六七百的免排队神器优速通在第三方平台都被自动退票,两万块一晚上的酒店全部被订完。

2. 渗透价格策略

这是一种低价格策略,即在旅游新产品投入市场时,以较低的价格吸引消费者,从而很快打开市场。这种价格策略由于价格偏低,有利于迅速打开景区产品的销路,扩大市场销量,增加盈利,还能阻止竞争对手介入,易于景区自己控制市场。例如宁夏贺兰山漫葡小镇针对外地来宁的用户,推出团购338元的微度假住宿套票,满足一般外地游客"以更少花费获更多体验"的旅游心理;针对本地游玩的用户以低价团购票售卖,主推68元、98元一日游门票,通过低价策略,拉动更多本地用户参与团购。配合绑定达人视频投流,不断为团购套餐增加曝光,促进成交量提升。

3. 满意价格策略

这是一种折中价格策略,它吸取上述两种定价策略的长处,采取比撇脂价格低但比渗透价格高的适中价格,既能保证景区获取一定的初期利润,又能为旅游消费者接受,因而这种价格策略确定的价格称为满意价格。

(二)心理定价策略

旅游消费者尤其是对价格较为敏感的消费者,对景区产品或服务是否认可、购买,主要是通过价格因素来判断的,因而就可以在定价中利用旅游消费者对价格的心理反应,刺激消费者购买景区产品或服务。

1. 分等级定价策略

这种定价策略是指一些旅游消费者有时不大会感觉到价格的细微差别,消费者对许多景区产品的需求曲线呈阶梯状。因而景区就可把产品分为几档,每一档定一个价格,这样标价就可使消费者觉得各种价格反映了产品质量上的差别,并可简化其选购过程。如上海迪士尼门票分为常规日、特别常规日、高峰日和特别高峰日四档,价格分别为475元、599元、719元和799元。

2. 声望定价策略

这种定价策略是指针对旅游消费者"价高质必优"的心理,对在消费者心目中有信誉的产品制定较高价格。这是因为价格档次常被当作景区产品质量直观的反映,特别是旅游消费者在知名景区时,这种心理意识尤为强烈。因此,高价与独具特色的景区比较协调,更易显示出景区产品的特色,使景区产品给旅游者留下优质的印象或使旅游者感到购买这种产品可以提高自己的声望。例如上海迪士尼的高价是因为迪士尼能够为顾客提供与其价格相匹配的价值,通过各种活动保持了对游客的吸引力,譬如不断引进新的游乐项目、开展缤纷多彩的季节性活动以及能够打动观众的精彩演出等。

(三)折扣价格策略

这是一种在景区产品或服务的交易过程中,景区的基本标价不变,而通过对实际价格的调整,把一部分价格转让给购买者,鼓励旅游者购买自己的产品或服务的价格策略。

1. 数量折扣

这是指景区为了鼓励旅游者或中间商购买,根据购买者所购买的数量给予一定的折扣。

2. 季节折扣

这是指景区在淡季时给予旅游者或中间商的折扣优惠。由于在淡季时,景区普遍出现客源不足、服务设施闲置的情况,因而为吸引旅游者、增加消费,此时景区就制定低于旺季时的景区产品或服务的价格以刺激旅游消费者的消费欲望。但是,这种折扣价格的最低优惠度不应低于景区产品或服务的成本。例如黄山风景区冬游全票每张150元,半票每张75元。平旺季全票每张190元,半票每张95元。

(四)招徕价格策略

这种定价策略实质上是发挥促销导向的作用,以特殊价格吸引旅游消费者,从整体上提高景区的销售收入和盈利。

1. 亏损价格

景区在自己的产品或服务结构中,把某些产品或服务的价格定得很低,甚至亏损,以价格低廉迎合旅游消费者的"求廉"心态而招徕顾客,借机带动和扩大其他产品的销售。

2. 特殊事件价格

景区在某些节日和季节或在本地区举行特殊活动的时候,适度降低景区产品或服务的价格以刺激旅游消费者,招徕生意,增加销售。这种定价策略往往在旅游淡季时受到景区的重视。一般来说,采用这种策略必须要有相应的广告宣传配合,才可能将这一特殊事件和信息传递给广大的旅游消费者。

(五)区分需求价格策略

景区产品以不同的价格出售的策略,其目的是通过形成数个局部的旅游市场而扩大销售,增加景区的盈利来源。

1. 地理差价策略

景区以不同的价格策略在不同地区营销同一景区产品或服务,以形成同一产品或服务在不同空间的横向价格策略组合。这种差价的最主要原因是由于不同地区的旅游消费者具有不同的爱好和习惯,因而各地旅游市场就具有不同的需求曲线和需求弹性。

2. 时间差价策略

景区对相同的景区产品或服务,按旅游者需求的时间不同而制定不同的价格。采用这种定价策略,有利于鼓励旅游中间商和消费者增加购买的频率和力度,尤其是在淡季时更为明显。通常这种定价策略在不同时间的需求存在差异时使用。

3. 对象差价策略

景区针对不同旅游者或中间商的需要和购买的数量等因素,对同一景区产品或服务实行不同的价格。采用这种定价策略,目的在于稳定客源,维持景区基本的销售收入,开拓新的市场、增加销售收入也常常应用这种策略。景区定价策略见表3-5。

表3-5 景区定价策略

定价策略		特点
新产品的价格策略	撇脂定价策略	在新产品上市初期,价格定得很高,目的在于在短时间内获取高额利润
	渗透价格策略	在旅游新产品投入市场时,以较低的价格吸引消费者,从而很快打开市场
	满意价格策略	吸取撇脂定价、渗透定价两种定价策略的长处,采取比撇脂价格低但比渗透价格高的适中价格,既能保证景区获取一定的初期利润,又能为旅游消费者接受
心理定价策略	分等级定价策略	把产品分为几档,每一档定一个价格,这样标价就可使消费者觉得各种价格反映了产品质量上的差别,并可简化其选购过程
	声望定价策略	指针对旅游消费者"价高质必优"的心理,对在消费者心目中有信誉的产品制定较高价格
折扣价格策略	数量折扣	景区为了鼓励旅游者或中间商购买,根据购买者所购买的数量给予一定的折扣
	季节折扣	由于在淡季时,景区普遍出现客源不足、服务设施闲置的情况,因而为吸引旅游者,增加消费,往往此时景区就制定低于旺季时的景区产品或服务价格以刺激旅游消费者的消费欲望
招徕价格策略	亏损价格	景区在自己的产品或服务结构中,把某些产品或服务的价格定得很低,甚至亏损,以价格低廉迎合旅游消费者的"求廉"心态而招徕顾客,借机带动和扩大其他产品的销售
	特殊事件价格	景区在某些节日和季节或在本地区举行特殊活动的时候,适度降低景区产品或服务的价格以刺激旅游消费者,招徕生意,增加销售

续表

定价策略		特点
区分需求价格策略	地理差价策略	景区以不同的价格策略在不同地区营销同一景区产品或服务，以形成同一产品或服务在不同空间的横向价格策略组合
	时间差价策略	景区对相同的景区产品或服务，按旅游者需求的时间不同而制定不同的价格
	对象差价策略	景区针对不同旅游者或中间商的需要和购买的数量等因素，对同一景区产品或服务实行不同的价格

第四节 渠道管理

一、渠道定义

渠道管理是指制定和实施一系列决策和策略，以确保产品或服务通过适当的渠道被提供给最终消费者。它涉及选择、发展和管理供应链中的各个环节，以实现高效的产品分销和销售。渠道管理包括渠道策略的制定、渠道成员的选择与管理、渠道关系的建立与维护、渠道绩效的评估与监控等一系列活动。其目的是最大程度地满足消费者需求，实现企业在市场中的竞争优势。

二、渠道类型

（一）线上渠道

1. OTA渠道概述

景区渠道是指景区产品提供者，通过各种直接和间接的方式，实现旅游产品有组织、多层次的销售系统。景区渠道的起点是景区旅游产品的生产者或提供者，终点是旅游者。景区渠道是相关运营者、企业和个人的组合，除了起点和终点，还包括各种类型的旅游中间商，比如旅游批发商、旅游代理商、旅游零售商等。旅行社就是典型的旅游中间商，随着互联网和新媒体兴起，旅行社的旅游中间商功能也逐渐往线上转移，比如OTA。OTA上游对接丰富的旅游资源（为消费者提供旅游产品及服务），下游面对接广大的消费群体（为旅游资源方导入客流），OTA是连接资源方与消费者之间的桥梁。熟知的涉及范围广，且有一定知名度的OTA主要有：携程、美团旅行、去哪儿、马蜂窝、途牛等，还有就是国外的爱彼迎、缤客等，但是，离开资源方，OTA将不复存在。OTA划分见表3-6。

表 3-6　OTA 划分

OTA类型	特点	代表企业
全国性的OTA平台	背后都有着大型资本团体的支持,并且以全国乃至全世界内的旅游资源为资源库,面向全国乃至全世界的旅游消费者提供全面综合的在线旅游购买服务的平台	去哪儿、携程
地方性OTA平台	国企背景的OTA平台：地方旅游局或国土资源部门成立的旅游集团,在移动时代便捷优质服务的需求下成立的在线旅游公司	陕西旅游集团旗下的骏途网
	传统地接旅社行的在线升级：传统地方强势的地接旅行社随着市场风向的变动建立的在线旅游网站	全国连锁的康辉旅行社

从OTA主要的目标市场范畴来加以区分,可将现有OTA基本分为两大类:全国性的OTA平台以及地方性OTA平台。像去哪儿、携程这样的OTA企业,一般称之为全国OTA企业,它们一般背后都有着大型资本团体的支持,并且它们以全国乃至全世界的旅游资源为资源库,向全国乃至全世界的旅游消费者提供全面综合的在线旅游购买服务。如吞并去哪儿网的本土在线旅游电商老大携程；融资超过数十亿美元,一路崛起主打出境旅游的途牛都是全国性OTA平台的典型代表。地方性OTA平台又分为两种不同的形式:国企背景的OTA平台和传统地接旅社行的在线升级。前者是地方旅游局或国土资源部门成立的旅游集团,在移动时代便捷优质服务的需求下成立的在线旅游公司,如陕西旅游集团旗下的骏途网；后者是传统地方强势的地接旅行社随着市场风向的变动建立的在线旅游网站,如全国连锁的康辉旅行社。

OTA是景区分销渠道地理多元化的最佳工具,旅行社作为景区的主要客源输入点,是景区发展的生命线。景区与旅行社的关系微妙,随着市场竞争的白热化,两者在利益方面的冲突也日益加剧。然而,旅行社仍是多数景区的首选渠道,也是关系最稳固的一个渠道。景区应该与旅行社加强沟通和多方面的合作,以"双赢"为理念提升这一渠道的价值。此外,景区也应从自身发展的角度出发,拓展其他渠道的建设,避免这种单一渠道给景区经营带来的风险。

2. OTA渠道设计与策略选择

(1)OTA渠道结构设计。

渠道结构存在长度、宽度、密度和中间商类型的区别,景区的渠道结构策略根据这些因素的不同以及使用渠道的多少又分为直接分销、间接分销、独家分销、选择分销、广泛分销和密集分销。渠道结构设计是旅游景区为实现分销目标,对各种被选择的渠道结构进行评估和选择,从而开发新型渠道和改进现有渠道的过程。

在进行OTA渠道设计时,要考虑渠道的宽度和密度。渠道宽度是指渠道的覆盖范围,意味着渠道可以使企业产品抵达区域的多少或大小；而渠道密度则是指企业在某一区域内销售网点的数量,意味着企业在某一区域的销售力度。OTA渠道的宽度、密度与企业的营销战略、营销目标和渠道任务有关。例如,某景区市场范围比较广,所以它的OTA渠道要求有比较大的覆盖面。因此,它只能选择覆盖面大的OTA平台,且与较多数量的OTA进行合作或仅与一家合作,即选择宽而密或者宽而疏的渠道。

在设计渠道的时候,旅游景区应注意以下几点:①渠道范围一定要与分销区域的大小相适应;要尽最大可能地缩短渠道长度;②与渠道商分配好利益;③不要被客户所控制;④信息要畅通;⑤多找积极主动愿意促销产品的新客户;⑥确定终端分销形式;⑦不同渠道之间的价格必须统一。

(2)OTA渠道策略选择。

设计渠道结构可以从确定企业的渠道结构策略开始,这是因为渠道结构策略与企业的营销目标、营销战略和渠道任务有关。景区OTA分销渠道策略主要有以下三种,如表3-7所示。

表3-7 景区OTA分销渠道策略

策略类型	特点	适用景区
密集分销	优点是能够将景区产品信息传递和产品销售渗透到更广泛的市场;缺点是营销费用要求较高,控制难度较大	大众化的观光型旅游景区
选择分销	对旅游分销商的要求也是比较高的,要求中间商平台具有一定的专业知识、良好的服务水平以及比较高的信誉度	价格较高的旅游景区
独家分销	景区经营者在某一地区仅选择一家经验丰富、信誉度较高的OTA全面负责销售该景区的旅游产品。	一般只在同一地区进行恶性竞争的景区中才会出现

3. 线上渠道管理

(1)OTA渠道成员选择。

①选择标准。

景区管理者在选取OTA渠道成员时,首先应该明确OTA渠道的功能作用,综合考察渠道成员的营销水平、市场信誉度以及市场影响力等,并结合景区当前的经营状况合理配置OTA渠道。在选择渠道成员之前,需要从渠道成员的能力、可控制性、适应性三个方面作为标准对其进行评估。

渠道成员的能力。一是需要考虑OTA的市场覆盖范围。OTA的市场覆盖范围是否符合景区的要求,渠道成员的销售对象是否与景区的目标顾客相吻合。二是需要看OTA的产品政策。OTA承销的产品种类及其组合情况是其产品政策的具体体现。评估时,首先要看中间商有多少不同的产品供应来源;其次要看各种经销产品的组合关系,是竞争产品还是互补产品。三是OTA的财务状况及管理水平。中间商能否按时结算货款,包括在必要时预付货款,主要取决于其财力状况。中间商的销售管理是否规范、高效,关系着其营销活动的成败。这些都与景区供应商的发展休戚相关。四是OTA的促销政策和技术。产品推销及促销能力直接影响到景区产品的销售规模。有些产品比较适合广告促销,而有些产品则更适合通过销售人员来推销。对此进行评价,就是要看中间商的促销政策和技术是否能够满足企业的要求。五是OTA的综合服务能力。有些产品需要中间商向顾客提供售后服务,有些产品在销售过程中需要提供技术指导或财务帮助等情况。因此景区在评价中间商时,还要看其综合服务能力。合适的中间商应具有一定的综合服务能力,提供的综合服务项目与服务能力应与景区产品销售所需要的服务要求相一致。

渠道成员的可控制性。根据实际需要,景区可能要对OTA渠道实施程度不同的控制。比如,有的企业不但要控制渠道成员的数量、类型和区域分布,还要控制渠道成员的销售、促销和价格政策;有的企业则只是通过提供帮助影响或引导渠道成员的营销方式和营销行为。企业对渠道控制的程度越高,越希望渠道成员是可控的。渠道成员可控性的评估,可以从控制内容、控制程度和控制方式几个方面考虑。控制内容,即考虑企业可以从哪些方面控制某一渠道成员。比如,企业可以控制或者影响渠道成员的哪些营销决策;控制程度,即考虑企业可以在某一个方面控制某一渠道成员达到的程度。比如,渠道成员在产品的价格上是否会遵从企业的意见;控制方式,即考虑企业在哪些方面可以用什么方法控制渠道成员。比如,企业是否能够使用自己所拥有的渠道权力影响渠道成员在产品价格方面的决策。

渠道成员的适应性。对OTA渠道成员适应性的评估,主要是分析和评价渠道成员对景区原有营销渠道和环境变化的适应和应变能力。评估方法以定性评价为主。比如,通过访谈,了解一个渠道成员的经营理念和发展思路,判断它融入企业原有营销渠道的难易程度;通过分析它的发展历史,判断它的危机处理能力和应变能力;通过实地考察,了解它的基础设施和人员素质,判断它在基础设施和人员素质方面与企业要求相适应的程度。

②选择方法。

在确定OTA渠道成员时,可以使用的方法有两种:一是定量确定法,二是定性确定法。两种方法各有利弊,渠道管理者可以根据自己的实际情况,选择使用。

a.定量确定法。

渠道成员的定量确定法,是基于前面对渠道成员的量化评估,可以经过排序得出。比如景区可以根据渠道成员的销售成本,采用三种销售成本的分析方法(见表3-8)对中间商排序,然后由后至前或由前至后依次选择。

表3-8 销售成本的分析方法

分析方法	具体操作
总销售成本比较法	在分析候选渠道成员合作态度、营销战略、市场声誉、顾客流量、销售记录的基础上,预估各个候选渠道成员执行渠道任务的总费用。然后,选择其中总费用最低的
单位商品销售成本比较法	销售费用一定时,产品销量越大,单位商品的销售成本越低,渠道成员的效率越高。因此,在评价候选渠道成员的优劣时,需要把销售量与销售成本两个因素联系起来综合评价,计算出单位商品的销售成本,选择比值最低者

分析方法	具体操作
成本效率分析法	以销售业绩与销售费用的比值(称为成本效率)为评价依据,选择渠道成员。 成本效率的计算公式为: 成本效率=某渠道成员的总销售额/该渠道成员的总销售成本

b. 定性确定法。

因为定量确定法有上面一些缺点,所以在实践中,景区在选择OTA渠道成员时,常常使用定性确定法。以下是采用定性确定法选择渠道成员的主要步骤和特点。

第一,市场试运作,即景区直接向OTA提供产品,也可以联系数家有意向批发商(主要从事组织和批发包价旅游业务)同时向OTA提供产品。如果是后者,则事先要写明双方的责、权、利,明确说明是试销,景区不承诺经销权。这就是所谓的"倒过来做渠道"。

第二,通过竞争把OTA选出来。几家有意向的批发商同时提供产品,往往会形成竞争和互相牵制的局面。经过市场试运作,淘汰掉那些渠道能力较差或终端运作能力较差的批发商。对于被淘汰的批发商,给予一笔市场开拓费作为补偿。

第三,与OTA签订经销合同的期限不宜过长。有人认为,签订长期合同有利于景区与OTA捆绑在一起,使经销商全心全意地投入市场开拓。实际上,这只是一厢情愿的想法。经销商可能会利用景区的弱势地位,从事投机活动。签订短期合同,合同条款会订得比较细,留给经销商投机的空间也会比较小。另外,短期合同也会给经销商施加随时可能被替换的压力,如果它真的希望继续做景区的产品,则会更加努力。

第四,选择不大不小用着正好的OTA。当企业的实力有限时,不宜选择能力很强的经销商,因为它经营的品种太多,有数个大品牌,对知名度低的新品牌不会全力经营;也不宜选择能力太弱的经销商,因为它没有能力把产品铺到销售终端。景区选择与自己实力匹配而且能全力经营的OTA最好。渠道成员的定性确定法有简便易行、灵活多样、省时省力的优点。它的主要缺点是有太多的主观随意性,往往不同的人面对同一种的情况,会做出不同的选择。

定量确定法和定性确定法两种方法可以综合使用,比如先用定性方法进行初选(类似于前面说过的"倒过来做渠道"的方法),经过一段时间的运作以后,再用定量方法进行终选。这样做,两种方法优势互补,最有可能选到适合的OTA渠道成员。

(2)OTA渠道冲突管理。

①渠道冲突表现形式。

渠道冲突可以有多种不同的类型,这是因为营销渠道涉及横向、纵向、类型间和多渠道等多种关系。与横向关系相对应的是水平冲突,例如同在一个景区的OTA之间为了抢占市场而引发的冲突,同一连锁OTA不同线下分店之间由于商圈的重叠而引发的冲突;与纵向关系相对应的是垂直冲突,例如景区与OTA之间,由于各种矛盾而引发的冲突;与类型间关系和多渠道关系相对应的是交叉冲突,例如同一景区的不同渠道之间为了争夺稀缺资源而引发的冲突,同一景区所使用的批发商与零售商之间由于各种原因可能引发的冲突。

②渠道冲突控制方法。

没有冲突的合作实际上意味着没有合作；要合作，冲突是不可避免的。不过，通过预防措施将冲突控制在无害的水平上，却是企业可以而且也应该设法办到的。景区可以通过以下四个方面来控制冲突的产生，如表3-9所示。

表3-9　渠道冲突控制方法

方法	内容
采用共同目标	所有的中间商需要明确营销渠道系统是一个不可分割的整体，并且大家有一个共同的目标，即实现渠道的最大利润。这一目标实现的前提是每个分销商都能将自己的分销目标完成，任何一家分销任务没有完成，渠道成员都将遭受损失
进行人员交流	信息传递过程中出现的各渠道成员知觉和感受上的差异，更多的则可能是因为信息的不对称，而解决信息不对称的最重要的手段就是沟通。渠道层次之间应该进行频繁的交流，包括信息的交流和人员的交流
进行渠道合作	将渠道各成员组成一个利益共同体，景区、批发商和零售商互相创造市场机会，将促进所有渠道成员的共同发展，因为由渠道合作所获取的效益和市场信息必定比他们各自独立获得的效益和市场信息要多
协商、调整或仲裁解决	对存在的问题进行协商、调整，或通过仲裁等办法解决

(3) OTA渠道控制管理。

①渠道绩效评估。

渠道效率是渠道的投入—产出比。在渠道投入一定时，渠道产出越大，渠道效率就越高。不过，渠道效率的评估并不像看起来这么容易，因为渠道的产出除了可以量化的指标（销售额、利润额等）外，还有许多难以量化的因素（用户满意度、渠道忠诚度等）。渠道效率评估的目的，一是检查渠道策略的执行结果，据以奖优罚劣；二是发现渠道运行中存在的问题，为企业整合营销渠道、调整渠道结构和增减渠道成员提供决策的依据。它也是渠道控制的一项重要内容，侧重在企业可以控制的范围内对渠道做出调整。

OTA渠道效率评估主要从渠道和渠道成员两个层面进行评估。从渠道层面评估渠道效率，主要是分析OTA渠道总的运作效率；从渠道成员层面评估渠道效率，主要是分析OTA渠道内各渠道成员执行渠道功能的效率。

根据渠道产出的性质，渠道效率的评估指标可以分为量化指标和非量化指标。量化指标由渠道的可量化产出计算得出；非量化指标由营销渠道的不可量化产出计算得出。渠道效率评估的两个层面和两种性质的指标两两交叉，如表3-10所示。渠道效率评估最简单的方法，就是按照上面给出的量化指标与非量化指标，先一条一条地评估，然后在此基础上，形成对渠道效率的总评估。景区可根据实际情况确定量化与非量化指标，对OTA渠道及其成员的效率做出综合评估。

表 3-10 渠道效率评估的层面和指标

评价层面	量化指标	非量化指标
渠道	·商品流量指标,以商品流量为基础计算出的量化指标,如不同渠道的销售增长率、市场占有率和计划执行率 ·现金流量指标,以现金流量为基础计算出的量化指标,如不同渠道的销售贡献率、费用率和利润率	·企业的渠道策略与渠道管理 ·企业不同渠道之间的互补与冲突,如不同渠道之间在市场覆盖和渠道功能上的重叠或交叉,不同渠道之间的合作与冲突水平 ·消费者或用户的渠道满意度
渠道成员	·商品流量指标,以商品流量为基础计算出的量化指标,如不同渠道成员的销售增长率、市场占有率和计划执行率 ·现金流量指标,以现金流量为基础计算出的量化指标,如不同渠道成员的销售贡献率、费用率和利润率 ·其他量化指标,如货款支付率、平均存货量和存货周转率	·与某一渠道成员的关系与互动,如合作与冲突水平、信任和承诺水平、投机倾向和行为 ·渠道成员的渠道满意度 ·渠道氛围

②渠道调整。

渠道效率评估的一个重要目的,是为企业整合营销渠道、调整渠道结构和增减渠道成员提供决策依据。景区 OTA 渠道评估后需要对渠道进行调整和改进。OTA 渠道调整的方式一般有以下几种:

a. 调整渠道结构。将原有营销渠道的构成方法加以改变。比如,将景区原来以直销渠道为主的渠道结构体系改变为以 OTA 中间商渠道为主的渠道结构体系。

b. 调整 OTA 渠道中的代理方式。如原来采用独家代理的方式,为了制约独家代理商的行为,防止其过分扩张,可适当增加代理商的数目,把独家代理方式变为多家代理方式。

c. 调整渠道政策。景区的渠道政策包括价格政策、市场推广政策、信用额度政策、铺货政策、奖惩政策等,它们既服务于一定的环境,又要根据环境的变化,做出适时的调整。

d. 调整渠道成员关系。根据渠道成员经营本企业产品的业绩,调整其在营销渠道中的地位,给予一些歧视性的优惠政策。比如,对于销售景区产品业绩突出的 OTA,给予优先供货、价格打折、提高信用额度等优惠政策或者各种奖励;而对于那些业绩下降的中间商,则取消原有的一些优惠政策,直至淘汰。

e. 调整区域市场的渠道结构。根据市场结构的变化,在不改变整个景区渠道体系的前提下,改变某个区域市场的 OTA 渠道结构。比如,扩大某个区域市场的渠道覆盖范围,增加 OTA 渠道中渠道成员的数量。

(二)线下渠道

景区线下渠道管理是指对景区内的线下销售渠道进行管理和优化,以提升景区的营销效果和游客满意。具体包括以下几个方面的内容。

（1）渠道布局：确定适合景区的线下销售渠道，如门票售卖点、旅行社合作、导游服务等。根据景区特点和目标游客群体，合理配置销售点的位置和数量。

（2）人员培训：培训销售人员，使其了解景区的特点、服务内容和价格，并具备良好的沟通和销售能力。销售人员应该能够为游客提供准确、专业和友好的服务。

（3）产品定价：根据景区的价值、服务质量和市场需求，合理定价门票和其他景区产品。考虑到淡旺季和不同游客群体的需求变化，可以制定灵活的定价策略。

（4）促销活动：开展各种促销活动，如打折、赠品、联合营销等，以吸引游客和增加销售额。可以与旅行社、酒店、航空公司等进行合作，提供优惠套餐或联合营销活动。

（5）游客体验：优化景区内的购物、餐饮、停车等服务，提高游客在景区的整体体验。良好的游客体验可以增加游客满意度，提高再次光顾的概率和口碑传播。

（6）管理与监控：建立有效的渠道管理机制，监控销售数据和业绩，及时调整策略。通过定期评估渠道效果和游客反馈，不断改进和优化渠道管理工作。

（7）创新发展：关注行业趋势和新技术，积极引入新的线下销售渠道和营销手段。比如利用智能化设备和移动支付，提供便捷的门票购买和行程导览服务。

总之，景区线下渠道管理需要综合考虑产品、价格、促销、服务等多个方面，以提高景区的营销效果、游客满意度和盈利能力。

教学互动

什么是旅游微博营销？请简要回答。

项目小结

本章详细介绍了景区市场体系的相关内容，对景区市场调研、营销策略、渠道管理、价格管理等知识进行了详细介绍。通过对本章的学习，小白对景区营销管理的相关内容有了深刻的了解。

项目训练

思考：

1.结合本章所学内容，选取一个较为熟悉的景区或旅游产品，分析其目标消费客群。

2.结合互联网与新媒体推广的内容，选取一个案例谈谈新媒体推广策略的具体应用。

第四章
景区保障体系

职场情景

　　小白对景区安全管理的认识仅局限于正确引导和约束游客的游览行为,于是高经理建议小白先到网上搜索和了解景区安全管理的相关内容,包括景区工程与财务保障、安全风险的相关概念、安全风险的类型等,然后根据这些知识和每天的景区安全管理实践来加深对景区保障体系的认识。

章节描述

　　本章节详细介绍了景区保障体系的相关内容,包括景区工程、财务、安全保障等。

学习目标

知识目标：

1.了解景区保障体系的内容；
2.掌握景区保障管理的方法。

能力目标：

1.对景区保障体系有系统的认知；
2.能够科学地进行景区保障管理。

素养目标：

1.培养实事求是的工作态度,深入景区保障管理一线现场；
2.提高景区运管的专业能力,找到科学唯物主义的工作方法。

思维导图

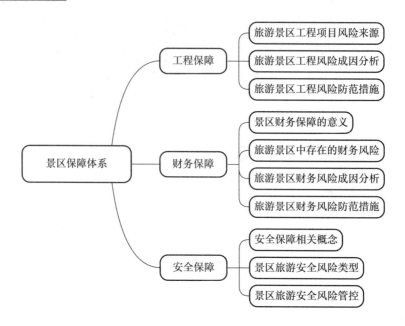

案例引入

大型游乐设备为何事故频发？

某景区近日因"游客坠亡事故"被推上舆论风口浪尖。2021年10月16日，26岁女子李某在某景区游玩滑索项目"飞渡威亚"时，疑因钢丝断裂不幸坠入湖中死亡。事故发生后，家属质疑景区"管护缺失救援不及时"，事后处理态度也不积极。

10月21日，记者实地探访景区发现，目前景区已闭园停业，所有游乐项目均已关闭。该市市委宣传部新闻科长告诉记者，市政府已针对这起事故成立专项调查组，项目负责人已被刑拘。目前，死者家属已经签订了事故和解协议。

2012年起该景区大力开发生态旅游产业，2016年被评为国家4A级旅游景区。不过，该景区曾被曝出发生过多起安全事故。如今，景区内众多娱乐项目设施的运营、维护和管理是否做到安全可靠，政府部门监管工作是否完全到位，公众也急需一个答案。

第一节 工程保障

一、旅游景区工程项目风险来源

旅游景区工程项目建设风险来源如表4-1所示。

表4-1 旅游景区工程项目建设风险来源

风险来源	内容
项目建设决策阶段	决策风险是在项目决策阶段产生的风险。工程项目建设领域的竞争日趋激烈,工程建设投资决策越来越重要,投资方综合所在地区经济、市场和价格因素等的分析,做出投资决定,进一步确定项目开发的时间、地点和类型。旅游景区工程项目建设决策阶段风险可分为政策风险、选址风险、建设时机风险和同类项目竞争风险
项目建设前期准备阶段	项目建设前期准备阶段风险主要涉及勘察设计、土地使用权审批、资金筹集、招投标等工作。该阶段风险主要包括获取土地风险、资金筹集风险、勘察设计风险、工程招投标风险和合同风险
项目建设阶段	项目建设由于需要一定技术含量,因此的项目组织和管理具有一定难度。项目工期虽然较短,但是仍会面临原材料、设备、人工和技术水平等发生较大变化。项目在建设阶段的风险包括项目安全风险、项目工期风险、项目质量风险和项目技术风险
项目建设管理风险	项目工程建设在合作、人才、组织、生产等管理方面存在着一定风险。在管理过程中,应当注意如疫情防控风险等特殊风险
项目建设运营风险	项目建设结束后,需要对项目的日常运作进行管理,项目建设运营风险是指维护风险和经营风险

二、旅游景区工程风险成因分析

(一)管理制度不完善

旅游景区工程项目建设是指在旅游景区范围内或者是在景区延伸范围内的工程项目建设全过程。尽管我国政府出台了工程项目建设法律法规和规章制度,但是缺少旅游景区工程项目建设领域的专门规定,政策制度还需要进一步完善。各地政府在旅游景区范围内的工程项目建设过程中,可以参考的专门政策和制度较少,很容易出现项目完工后达不到景区工程项目建设目标的情况,导致决策失误。

(二)各方风险意识不强

旅游景区工程项目建设涉及建设方、承包方和监理方等,在实际工程项目建设管理过程中,各方在一定程度上都存在侥幸心理,导致项目产生风险。例如建设方在招投标和验收等环节,往往忽视潜在的项目廉政风险,监管不严,容易在项目招投标、合同签署等方面出现问题;承包方偷工减料,聘用没有资质或者资质不够的技术和管理人员等;监理方疏于监理工作。这些都极易产生工程质量问题。

(三)工程材料管理不严

工程质量的优劣,与材料的选择息息相关。如使用了不合格的材料和安装了不合格的配件,将不能保证最终的施工质量。要定期和不定期地对工程质量进行抽查、检验、监督,降低工程质量的风险。工程质量的好坏,是建立在材料质量好坏的基础上,合格的材料才能建造出合格的工程。

(四)建设资金难以落实

一般来说,旅游景区工程项目规模较大,所需建设资金较多。越来越多的旅游景区是由公司和个人投资建设和管理,在建设过程中面临资金短缺的情况也日趋严重。旅游景区项目建设投入大、产生效益慢,投资方往往通过银行贷款、社会融资等方式筹集资金,一旦资金出现问题,项目建设就会被延期、搁置,甚至发生工程烂尾的情况。

三、旅游景区工程风险防范措施

(一)建立健全工程安全管理制度

在景区维修工程管理工作中,完善优化管理制度是保证各阶段质量和安全的前提条件,使得景区工程在制度保障下做到"精"和"细"。在优化管理制度方面,工程合同不应统一采用制式合同,应根据内容分类编写相应的合同条款,且严格按照签订合同条款落实。例如,明确管理人员数量和在岗时间,必要时可采用考勤方式。完善工程招投标、材料货物采购、合同管理、工程部人员岗位责任制等制度,这一系列制度统一和规范管理的流程和办法,更有利于工程建设,使整个建设过程有章可循、有据可依,保质保量保安全。与此同时,针对健全施工期间的管理制度,可以通过安全文明施工制度、签订安全生产责任书、隐蔽工程分阶段验收等途径来完善施工期间的管理制度,保障维修工程管理质量和安全情况。

(二)加强对施工现场的监督管理

对项目施工现场的监督管理是项目工程建设过程的重点,因此必须压实一线技术和管理人员、施工人员的安全责任,形成标准化的施工作业过程和管理体系。强化对技术人员和施工人员的专业技能培训和安全意识培养,以提高施工技术和工人安全意识,克服思想上的松懈和麻痹大意。同时,建设部门加强对现场的监管,对现场技术人员的资质进行把关,对不规范施工现象进行制止,督促项目建设现场按照规范进行施工建设。监理单位必须落实监理责任,严禁虚假监理和不按照合同标准要求监理,避免形成监管漏洞,影响项目安全。

(三)严格把控项目工程质量

项目质量是项目的生命线。项目的技术风险防范主要依靠建设单位的监督以及施工单位对日常施工建设全程的管理和监督。项目建设要选择资质好的施工单位,严厉打击挂靠资质行为;施工单位要严把采购关,选购质量过关的建材。在建设管理上,引入智能化管理办法,创新建设和管理方式,加强监理,全程监督工程建设。在勘察、设计、招投标等各个环节中,严格按照国家和行业相关要求来做,规避质量风险。在建设过程中,严禁工程项目建设增项签证,避免出现腐败问题导致的工程延误的情况,进而影响项目建设质量。

(四)增强队伍专业技能和意识

要做好景区工程建设,提高安全管理水平,实现高质量的发展,需要构建一支素质优良、有专业技术的安全生产队伍。因此,要提高队伍的综合素质,除了加强岗位业务技能和安全知识培训,完善专业知识体系,让项目建设者了解更多与工程相关的内容,也应注重人员职业观念建设,重质量、讲责任。比如在建设时考虑长远使用和维护便捷,选材上要耐用和易更换;维修方式上要牢固可靠且方便维护。更新知识、更新理念,只有以发展的思想解决景区方方面面的工程建设工作,才能在保证安全的前提下,切实提高景区建筑设施水平和质量。

第二节 财务保障

一、景区财务保障的意义

旅游景区在提供服务和产品的同时,也面临着众多的风险,尤其是财务风险。财务风险是旅游景区面临的较大风险之一,它不仅会影响企业的经济效益,还可能对企业的声誉和信誉造成严重影响。因此,对旅游景区企业的财务风险进行防范和控制,有效采取财务保障措施,对提高企业的管理水平和竞争力具有非常重要的意义。

二、旅游景区中存在的财务风险

(一)门票管理风险

旅游景区的门票收入通常是其主要收入来源之一,因此,门票管理对于景区的财务风险防范至关重要。然而,门票管理涉及众多环节,如门票售卖、检票、结算等,因此存在着管理风险,需要加强内部控制以预防和减少可能的财务损失。景区通常通过多种渠道销售门票,例如售票窗口、自助售票机、线上销售平台等。但是,门票售卖过程中存在着门票假冒、盗刷、重复销售等问题,这些问题可能对景区财务造成巨大损失。景区通常通过人工检票和自动化检票两种方式对门票进行验证,然而,检票过程中也存在着财务风险。人工检票风险主要包括门票验证不规范、操作人员不熟练等问题,这些问题容易导致假票和重复票进入景区,给景区造成财务损失。

(二)资产流失风险

国有资产是保障旅游景区合理开发各项资源的前提。我国旅游业的市场监督机制目前还有待完善,景区建设和投资过程中面临的风险因素较多。因此,在投资活动中要加强对国有资产的管控,旅游景区才能规避投资风险对自身发展造成的影响。目前,国内许多旅游景区主要按照第三产业发展的模式对投资业务进行处理,在此基础上规避基础设施建设带来的风险。由于在投资业务中会涉及大量资金、资源的流动,旅游景区要想有效管控投资风险,需要对资金、资源流动过程中存在的各项不确定因素进行管控。

(三)预算编制风险

旅游景区的发展受季节变化的影响较大,景区的盈利水平并不稳定,资金回收周期较长且回收效果不够理想,因此需要进行季节性、有规律性的预算编制,这样才能保证预算合理使用。但是很多景区的预算编制都是按照年度执行,借鉴往年的规律容易出现预测失败的风险。尤其是受外部不可抗力的影响,难以构建完善的预算编制和控制体系,景区很容易面临预算存在偏差的问题。经济下行也进一步加大了景区筹资的难度,另外,国际市场的波动以及国内市场的变化,都可能给旅游景区的筹资业务带来负面影响。

(四)内部控制风险

由于旅游市场存在较大的波动性,从业人员的流动性也较高,建立健全内部控制制度的难度较大。部分旅游企业在财务核算上,内控管理意识薄弱,内控执行不到位,给企业发展带来了较大的经营风险。如果不能建立健全的财务内部控制制度、全面排查经营风险点、增强风险防控意识,企业的长期发展将会受到严重制约。旅游景区的内部控制所面临的风险因素较多,导致旅游景区在筹资过程中遇到诸多不确定因素,内部控制风险逐渐成为旅游景区财务风险的主要构成。

三、旅游景区财务风险成因分析

旅游景区财务风险成因分析如图4-1所示。

```
┌─────────────────────────┐                    ┌─────────────────────────┐
│  缺少明确的财务管理目标  │                    │  景区收支管理制度不完善  │
└─────────────────────────┘                    └─────────────────────────┘
```

部分旅游景区在财务管理上还缺少明确的管理目标，对财政拨款的依赖性较强，容易忽视其他类型的收入，使得景区内部的资源配置不均衡，导致景区存在较大收入缺口，内部资源浪费的问题比较严重，这成为制约旅游景区发展的一个因素

许多景区的收入存在较强不确定性，难以预料每天的游客流量，也难以对收入进行准确预测。景区的财务管理工作都是提前一年报预算，没报预算的项目一般不能开展，因此很多项目不会轻易开展，收入减少\资金应用效率低下，这些问题都导致景区大量游客流失，正是因为景区难以对收入展开规划和管理，使得其面临着巨大的财务风险

```
┌─────────────────────────┐                    ┌─────────────────────────┐
│  景区财务内控机制不完善  │                    │  票证伪造风险比较严重   │
└─────────────────────────┘                    └─────────────────────────┘
```

财务内控机制的建立是景区有效防控财务风险的基础。部分景区在制定财务内控方案的过程中，对于旅客流量缺少关注，或者未结合网络支付的特征改进财务内控机制，使得财务内控工作的开展存在较强滞后性。另外，还有一些景区目前还未建立完善的财务风险预警机制，使得其难以及时发现和应对财务风险，最终给旅游景区的发展造成了严重限制

事业单位在财务管理中面临的工作量较为庞大，所采用的核销方式比较传统，使其在票据难以准确发现存在的票据伪造问题。例如，存在不按规定使用票据或擅自使用自制票据的情况，再加上部分事业单位对票据伪造、违法使用票据等行为采取的惩罚力度较小，进一步加大了票据伪造风险的产生，容易导致企业资产流失，甚至会给单位的整体形象造成损害

图 4-1　旅游景区财务风险成因分析

四、旅游景区财务风险防范措施

（一）明确财务管理目标

旅游景区要想有效防范财务风险，就需要结合自身发展目标制定相应的财务管理目标。对此，需要旅游景区进一步了解自身情况，转变只靠门票和租金管理的模式，在景区规划、盈利模式、旅客流量等方面，结合外部市场、政策环境以及产业变化的情况之上统筹管理，并设置科学化的财务管理目标，保障景区各项经济业务有序推进。例如，旅游景区可以建立大数据平台，实现对财务相关数据信息的动态化分析。一方面整理、存储好既往数据信息，另一方面加强对当天数据信息的实时分析，便于景区通过数据快速找到风险漏洞，化解景区在经营过程中面临的各类风险。在大数据技术的支持下开展财务分析，对景区入园人数、收入、支出等展开计算，可以更好地支持景区做出投资决策，方便景区快速回笼资金。大数据技术的应用能够帮助景区开展财务风险评估工作，以便景区制定完善的管理方案，减少财务管理过程中出现风险的概率，保障旅游景区健康发展。

（二）健全景区收支管理

景区收支环节存在一定风险因素，需要旅游景区制定完善的收支管理制度，完善财务管理流程，在制度建设的基础上保证各环节工作做到有章可循，所有财务人员严格按照规章制度行事。景区要加强对原始凭证的审核，在制度建设中明确原始凭证作

为账目核对的主要依据,以便景区清查各项收入来源以及支出流向。旅游景区可以持续优化大数据技术在智慧票务系统中的应用,游客扫码入园、网络购票后自动记录相关收入信息,网络购票可实时监控客流量,利用票务报表每年进行增长率总结,财务人员可直观地了解景区收入情况。景区售票渠道还需要实现与分销商、支付平台的准确对接,利用智慧票务系统,自动统计分析景区客流量、营业收入,生成月度、季度、年度报表,方便景区精准调节支出,提高资金利用率。

(三)健全财务风险预警机制

新时期,各大旅游景区的经营管理模式正逐渐发生变化,景区经营方式呈现出多样化的特征。因此,各旅游景区必须树立财务风险防控意识,采用各种先进的管理手段,打造完善的财务风险防控机制。旅游景区要结合自身发展情况,建立完善的财务风险预警机制,围绕相关财务指标、财务数据,定期开展数据收集、整理与分析工作,有效监督、识别景区在经营过程中面临的风险隐患,及时发现财务指标存在的异常情况,有针对性地采取处理措施,巧妙地化解财务风险,规避财务风险对景区正常经营可能带来的影响。

(四)加大景区票证管控力度

旅游景区需要充分认识到票证伪造风险可能给自身发展带来的负面影响,完善票证管理措施,逐步改善财务管理方法,深入探究财务管理问题。在制定票证伪造管理方法的过程中,需要高度重视景区门票销量情况,及时创新票根回收统计方式,结合销售收款的实际情况,制定面向票证伪造风险的管理方案,合理控制、规避旅游景区面临的票证伪造风险。旅游景区还需要结合景区现有规模,注重建设防伪和监督管理体系,加强对票证伪造行为的监督和管理,定期宣讲实际案例提高财务人员对票证伪造风的认识,为建立完善的财务风险防控体系创造良好条件,有效提高旅游景区防范财务风险的能力。

(五)加强景区财务人员培训

在内部控制过程中,加强内部控制培训和监督也是旅游景区企业财务风险防范的关键措施之一。只有加强内部控制培训和监督,才能增强员工的内部控制意识和水平,从而有效地防范企业内部财务风险。首先,加强内部控制培训,企业应该制定相关的内部控制培训计划,针对不同岗位和职责的员工进行培训,使他们能够了解内部控制制度的相关规定和要求,掌握内部控制的基本理论和方法,提高对内部控制的理解和认识,从而增强对财务风险的防范意识。其次,加强内部控制监督。企业应该建立健全内部控制监督机制,对内部控制制度的执行情况进行监督和检查,及时发现和纠正问题,确保内部控制制度的有效实施。最后,企业还可以通过多种形式加强针对内部控制的培训和监督,如组织内部控制专题研讨会、编写内部控制手册、实施内部控制考核制度等,以提高员工对内部控制的重视程度,从而更好地保障企业的财务安全。

第三节 安全保障

一、安全保障相关概念

安全保障相关概念如表4-2所示。

表4-2 安全保障相关概念

相关概念	内容
旅游安全	旅游安全,顾名思义是旅游系统中的相关主体在旅游环境中人身财产没有被损害的风险,处于安全的状态。旅游系统的相关主体包括人、物、环境等。损害风险是指一切可能威胁旅游系统中的相关主体的安全隐患
旅游安全管理	旅游安全管理是指通过持续的风险识别,采取科学的方法和措施,使旅游系统中的人和物不发生风险或安全损失降低到可接受的水平以下的一系列计划、组织、协调和控制活动
旅游风险认知	旅游风险认知,指的是游客对于旅游地风险状况的判断,主要包括旅游者心理风险认知、基础设施设备风险认知、社会社区风险认知、服务风险认知,以及自然环境风险认知等。旅游者对风险的认知通常表现为对旅游安全问题的认识,对旅游安全事故的关注,以及对旅游安全事故发生前或事后的应对举措
风险源辨识	风险源是指可能造成人员伤害或疾病、财产损失、环境破坏或这些情况组合的根源或状态,可能是设备、场所和区域等。风险源辨识指发现、确认和描述风险的过程。风险源辨识是指利用历史数据、理论分析、专家意见以及相关者的需求等信息,对潜在风险进行系统归类,掌握哪些潜在因素将导致事故发生,什么特定条件会使事故影响扩大。识别风险产生的根源,分析承受风险的可能性,能够为风险评估与风险管控提供基础

二、景区旅游安全风险类型

《中华人民共和国旅游法》中将景区解释为"为旅游者提供游览服务、有明确的管理界限的场所或者区域"。景区旅游安全风险是指在开展旅游活动的景区系统运行过程中,外界和内部条件的变化导致意外事故或者非理想预期结果的不确定性或可能性。根据引发旅游安全事故因素的性质,景区旅游安全风险的类型主要分为下列几种。

(一)自然环境因素引发的旅游安全风险

自然因素引发的旅游安全风险是由于自然灾害等不可避免的原因造成的旅游安全风险,常见的自然灾害包括地震、泥石流、火山爆发、台风、海啸等。如2005年8月,四川旅游胜地海螺沟景区内暴雨引发泥石流(见图4-2),造成公路、桥梁等设施严重毁损,电站被毁,1200余名游客在景区附近受阻。灾情导致当地南门关桥、青冈坪钢架桥被毁,桥以下1公里公路被泥石流掩盖,另有多处路基和桥梁受损,景区内3处公路被泥石流阻断,磨西沟内所有小型电站均被冲毁。

图 4-2　泥石流现场

(图片来源:中国政府门户网站。)

(二)社会环境因素引发的旅游安全风险

1. 景区管理不善引起的旅游安全风险

旅游景区作为游客的目的地,理应为游客提供安全的旅游设施、设备和安全的旅游环境,包括食、住、行等各个环节。但是目前我国的许多旅游景区在管理方面存在着许多不足和漏洞,致使我国发生多起因景区管理不善导致的安全事故。如2018年4月21日,许昌西湖公园游乐场发生一起特种设备事故,一人在游玩飞鹰游乐设施时因安全锁扣脱落而导致从高处坠落,经医院抢救无效死亡。

2. 游客自身原因引起的旅游安全风险

游客作为旅游活动的主体,在旅游活动中由于自身的原因也可能引起旅游安全风险。主要表现为:第一,因游客自身疾病或特异体质而可能引起的风险。如有些游客自身患有冠心病、高血压等疾病;有些游客因为旅途劳累、水土不服、食品不卫生等极易患病。第二,因游客不正当行为引起的旅游安全风险。如游客无视警示牌擅自涉水导致溺水,擅自深入尚未开发的景区导致迷路,挑逗动物造成伤害,摘食野果野菜造成中毒。在禁烟区吸烟、乱扔烟头、随意野炊,可能引起的火灾。第三,游客参与特殊的旅游活动引起的旅游安全风险。部分游客喜欢挑战自我,喜欢参加如极限运动、探险旅游等高风险旅游活动,但该类活动本身的高风险性,以及参加者的经验不足、准备不足和应对突发事件能力不足,因此极易造成游客人身伤亡。如在2017年6月,有9名中国游客在泰国不听劝阻,无视警示和安全提醒,强行下海游泳,被大浪卷入深海,导致1名18岁游客溺亡,4名游客被送入医院抢救。

3. 景区周边社会环境引起的旅游安全风险

犯罪等社会不安定因素对旅游安全的影响是显而易见的。目前国内外的景区均发生多起造成游客人身、财产损害的犯罪事件,主要集中在侵犯公私财产类犯罪、危害人身安全的犯罪和性犯罪等方面。如2017年2月5日,广西柳州一家三口跟随旅行团到南非旅游,在南非一酒店遭遇抢劫,并在与劫匪周旋中被开枪击中,3人被送往医院治疗。除了犯罪引起的旅游安全风险,战争、罢工、内乱和经济危机等社会事件也可引起旅游安全风险。

三、景区旅游安全风险管控

(一)景区安全风险管控存在的问题

安全风险管控存在的问题如图4-3所示。

思想上不重视

思想是行动的指南,有什么样的安全管理思想,就会有什么样的安全管理结果,一些旅游景区的领导没有真正从思想上重视安全管理,虽然经常将"以人为本,安全第一"挂在嘴上、写在纸上,却很少落实到行动中,或者只是走过场、搞形式,应付上级检查

没有发挥领导作用

任何管理离开领导的重视都是空话。由于管理者忙于事务性工作,很难有精力和时间学习安全管理方面的知识,更谈不上认真监管安全方面的问题,从而造成安全管理执行力逐渐减弱,各种隐患不能及时消除,难免会产生这样或那样的安全问题

没有树立"安全第一"的观念

多数景区将抓营销、搞经营视为第一要务,当效益与安全发生矛盾时,往往采取"效益优先,安全第二"的做法,为取得短期的经营效益而牺牲安全管理

没有明确预防为主的概念

多数景区存在"亡羊补牢,为时不晚"的思想,忽视了安全管理要防患于未然,存在侥幸心理。当安全隐患没有得到及时消除,最后发展成事故时,又会寻找借口,埋怨安全管理环境不好,或者不计血本地用暂时取得的经济成果来弥补安全的漏洞

图4-3 安全风险管控存在的问题

(二)景区安全风险管控的优化措施

1.制定完善的安全管理政策与法规

旅游安全管理政策法规是旅游安全管理的基础,为旅游安全管理提供了法律依据,并为其指明方向。这些政策法规对游客也具有一定的约束作用,大多数游客会通过这些法规了解景区的规章制度,并自觉地遵守法规条例中的规定,约束自己的旅游

行为,减少事故发生的概率。

2. 理顺景区的管理体制

从安全管理的环节和体制来看,景区的日常工作涉及多个政府职能机构,包括城建、文旅、工商、林业、公安等诸多部门。但是这些部门、机构大多没有完全理顺彼此之间的行政关系,管理体制与运作机制尚不健全,由此导致多头领导、各自为政的现象较为普遍,直接影响到景区安全管理工作的正常进行及办事效率,经常会出现安全管理的"二不管"地带。因此应该由一个真正的中心部门来主管景区的安全管理工作,这个部门有权力调度和分配其他各个部门的工作,从而可以大大提高管理效率。如加拿大就成立了专门的加拿大公园管理局来全权负责各个国家公园的安全工作,由管理局调度其他相关部门,协调景区的安全管理问题。

3. 做好安全评估工作,防患于未然

景区管理机构必须对景区内的不安全因素做出评估,找出不安全因素、可能发生危险的地方,制定相应的措施,必要的地方配置设施设备,确保游客的安全。如在溶洞中要有足够的照明设施;危险的悬崖峭壁要设防护栏;在容易发生泥石流、山体滑坡地段要安置防护网。

4. 借助高科技手段做好安全预测工作

科技的发展影响着社会的各个方面,景区安全管理同样可以引入高科技手段,及时为游客供准确而详细的信息,保障游客的人身安全。如夏威夷火山国家公园就运用高科技监测手段,由专业火山观测组每天观测火山的动态,将这些信息输入数据库,及时更新。游客可以根据这些信息安排自己的行程,避开危险时间,大大地减少了事故的发生。

5. 培养旅游从业人员的安全管理意识与技能

旅游从业人员是景区的一线工作人员,也是直接与游客接触的人。安全事故发生之后,他们也是第一时间出现在现场的人,他们的安全意识和安全管理技能在整个安全管理的过程中是至关重要的。因此必须重视培养旅游从业人员的安全管理意识,对他们进行安全管理及安全事故应急处理技能培训。旅游从业人员的安全意识和安全技能直接关系到安全事故的发生概率,具有较高的安全管理素质的旅游从业人员可以在一定程度上防止悲剧的发生。

6. 完善游客安全管理的预防补救措施

游客安全管理预防补救措施如图 4-4 所示。

通过宣传教育增强游客的安全意识	处理好游客安全保险工作
总体来说，游客安全事故的存在具有一定的必然性，但对于游客个体而言，事故又是偶然的。这种偶然性使得很多游客存在侥幸心理，安全意识非常淡薄，这将直接提高安全事故的发生概率。景区管理部门有必要采取适当的宣传教育手段，对游客进行安全意识方面的教育宣传，以减少游客安全事故的发生	游客安全保险实际上就是集聚社会资金对个体偶然发生的旅游安全事故予以补偿的一种方式，它在旅游活动中具有重要的作用和意义，可以保障旅游活动中相关利益主体的正当权益。景区管理部门要通过适当的宣传教育鼓励游客投保，在事故发生之后，要协助游客落实保险赔偿

图 4-4　游客安全管理预防补救措施

总体来说，安全管理是旅游景区日常管理工作中不可忽视的一个重要方面，是维护景区正常经营的有力保障。管理者应将安全管理作为一项常抓不懈的基础性工作，作为生存与发展的第一要素予以足够重视，努力营造"人人要安全、人人懂安全、人人讲安全"的企业安全管理氛围。

教学互动
Jiaoxue Hudong

旅游高峰期景区客流控制的流程有哪些？请简要回答。

章节小结

通过对该章节的学习，小白对景区安全保障体系的相关内容有了深刻的了解，并与高经理交流了景区安全保障管理的体会。

项目训练

九座车为何上了桥？

2023年5月16日，某景区内一台黑色车辆经过"网红水上浮桥"时冲破护栏落水，车上载有8人，3人脱险上岸，5人搜救上岸后经抢救无效死亡，引发社会广泛关注。

根据景区官网介绍，水上浮桥长度为400米，宽4.5米，可同时容纳1万人在上面行走。今年五一假期，市民沈先生慕名而至，到景区游玩。"浮桥不单独收费，只要买了门票就可以开车游玩，车流量一直不小。"在游玩高峰期，浮桥上全是车辆，结果导致桥面漫水，行驶困难。沈先生还注意到，浮桥入口处立有警示牌，上面写着"浮桥限行七座及以下车辆""不准逆行""限速20码"，入口处还有自动播放喇叭不停提醒。而发生坠桥事故的车辆，是一辆九座商务车。同时，另一位游客李女士在浮桥上发现，个别游客驾车在桥上快速行

课后习题

驶，这让她觉得有些心惊肉跳，并疑惑道："大家怎么敢开得这么快"。李女士还注意到，浮桥入口处虽有景区保安人员，但当时浮桥中间未设置有人值守的救援点，浮桥出口处也无人值守。

此外，这座浮桥启用后，曾被相关部门查出存在安全隐患。2019年8月，因天气异常，暴雨频发，当地检查组对景区开展安全检查，并对其下立即禁止车辆通行的指令。有网友质疑桥面两侧栏杆的可靠性，景区法定代表人称，这些栏杆原本就不是护栏，不能起到防护作用。

事故发生后景区停业整改，当地文旅部门对其予以取消等级处理。

（案例来源：法制日报。）

思考：

你认为此次事故发生的原因有哪些？

第五章
景区公共关系

 职场情景

  旅游市场竞争日趋激烈,旅游企业面临的市场环境也日趋复杂,在这种新形势下,为了获得更好的生存和发展就必须借助公共关系的手段,处理好旅游企业与内外部环境的关系。小白为了认识旅游公共关系,了解旅游公关部的岗位职责和工作内容,向高经理提出到景区公关部实习,从而培养个人的旅游公关意识,提高旅游公关能力。

 章节描述

  本章节详细介绍了景区公共关系管理的相关内容,包括景区地方政府关系管理、社区关系管理、商户关系管理、舆情管理等。

 学习目标

知识目标:

1. 了解景区公共关系管理的内容;
2. 了解景区公共关系管理的方法。

能力目标:

1. 熟悉景区各种公共关系的概念与内容;
2. 掌握景区处理各种公共关系管理的方法。

素养目标:

1. 培养实事求是的工作态度,深入景区保障管理一线现场;
2. 提高景区运管的专业能力,找到科学唯物主义的工作方法。

思维导图

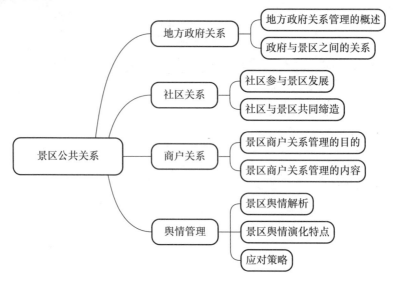

案例引入

木兰花乡,市民下乡

三千亩花海、中国文艺家书画院、非遗文化泥塑馆、木兰文化博物馆……位于武汉黄陂的杜堂村,自然风光优美,漫步其中令人感受到田园牧歌般的惬意。让人意想不到的是,眼前这个5A级文化生态旅游区,曾经是个典型的贫困村、空心村。2014年以来,杜堂村积极探索"三乡工程"——"能人回乡、企业兴乡、市民下乡",动员社区参与,能人回乡,找寻自己的乡村振兴之路。

2017年以来,杜堂村建成网上推介平台,成功签约市民下乡86人,签约共享农房77套。其中,经营民俗12家、农家乐8家、电商1家、文艺家书画院1家、非遗泥塑和文化博物馆各1家。

值得一提的是,在乡村振兴实践中,杜堂村始终把农民的利益放在第一位,带动农民参与、共享乡村振兴带来的红利,积极引导农民深度参与家乡的建设、经营和管理,从而使企业和农民成为一个整体,有效避免了"政府搭台、企业唱戏、群众看戏"的尴尬。

在杜堂村,农民普遍拥有四种收入:一是土地流转收入;二是景区打工收入;三是不动产增值收入;四是入股分红收入。早在2017年,杜堂村农民人均可支配收入为3万元,相比2014年,增长1.5倍。

依山就势、错落有致的建筑,色调统一黑瓦白墙,古色古香门面装饰,实现乡村振兴的杜堂村却依然保留了原始村落的历史厚重感(见图5-1)。木兰花乡景区总经理张金荣表示,未来杜堂村将继续立足农业农村这个现有基础,进一步盘活农业耕地和农村房屋这一最大资源,打造生态和古朴村庄这一最大亮点,让农业特色只增不减,让农村村庄更像农村,让村庄与田园融为一体。

图 5-1　杜堂村的特色民宿

(图片来源:央视网。)

第一节　地方政府关系

一、地方政府关系管理的概述

(一)地方政府关系管理的原因

旅游企业的政府关系是指旅游企业与相关政府之间的关系。任何社会组织都必须接受政府的管理和制约,因此需要与政府的有关职能机构和管理部门打交道。政府是所有传播沟通对象中最具权威性的对象,政府关系包括旅游企业与中央、省、市、县等政府的关系,也包括与政府有关业务主管部门、公安司法部门、工商税务部门以及财政、海关、人事、环保等部门的关系。景区与地方政府直接打交道,因此必须与地方政府各职能部门建立和保持良好的沟通,这是景区生存、发展的重要保障和条件。

(二)地方政府关系管理的内容

景区需要主动建立和加强与政府有关部门之间的双向沟通,建立良好的政府关系,应该做到以下几个方面,如图5-2所示。

| 景区的公共关系部门应该详尽地分析、研究政府的方针、政策、法规,提供给本组织领导及各部门参考,使组织的一切活动都保持在政策法规许可的范围内,并随时按照政策法规的变动来修正本组织的政策和活动 | → | 景区的公共关系部门应随时将实际工作的具体情况上传至政府有关部门,并根据本地区、本行业、本部门的特殊情况,主动地提出新的政策设想和方案,协助发现并纠正政策执行中出现的偏差或失误 | → | 处理政府关系,还需要熟悉政府机构的内部层次、工作范围和办事程序,并与各主管部门的具体工作人员保持良好关系,避免人为造成的"踢皮球"和"公文旅行"的现象,提高行政沟通的效率 |

图 5-2　地方政府关系管理的主要内容

二、政府与景区之间的关系

（一）政府在景区管理中的角色

政府在景区管理中的角色如图 5-3 所示。

招商引资

在景区，招商引资是地方政府的主要职能之一，是指地方政府吸收投资(主要是非本地投资者)的活动。景区政府的招商引资主要是指地方政府(或各类旅游开发区)以说服投资者受让土地或租赁房屋为主要表现形式的、针对一个地区(旅游景区、度假区等)投资环境的销售行为

市场监管

政府部门在旅游景区的主要职责；一是商事主体登记管理，取缔无照经营；二是旅游价格门票管理，查处价格违法；三是景区特种装备管理，保障合法使用；四是查处旅游行业不正当竞争、商业贿赂等行为；五是对加强对景区经营者管理，尤其是野生动植物保护；六是对景区餐饮业加强管理，保障饮食安全；七是做好旅游消费者权益保护工作和合同管理

关系协调

关系协调是指正确处理组织内外各种关系，为组织正常运转创造良好的条件和环境，促进目标的实现。如果将一个景区看作一个组织，那么它的正常运转需要正确处理它内部以及它与景区之间的关系。因此，景区内外关系的协调也是政府的主要职能之一

教育与培训

作为景区主要的利益相关者之一，政府也肩负着推进与旅游相关的教育与培训的职能。一般而言，景区政府部门应与辖区内外的高等院校、职业院校等建立合作关系，培养景区发展所需要的各类人才；与辖区内外的旅游高等院校、咨询机构建立合作关系，展开各层次、各类型的人才培训项目

图 5-3　政府在景区管理中的角色

（二）协调地方政府关系的方式

景区协调地方政府关系的主要方式如表 5-1 所示。

表 5-1　景区协调地方政府关系的主要方式

主要方式	内容
协助决策	旅游企业领导应尽量参政议政，影响政府的决策，使之向有利于自己的方向发展。随着国家、社会对民营经济的认可和重视，越来越多的企业家登上了政治舞台
熟悉流程	景区需要了解和熟悉政府的组织机构、职权职能、办事程序等状况。对景区的每一次具体事务需要与哪一级政府职能部门联系做到心中有数，有效地减少企业不必要的损失
加强沟通	景区要加强与政府部门的信息沟通，了解各级政府的职能、权力及工作程序，与政府部门建立正常的联系方式，密切关注国家财政政策、货币政策、收入分配政策以及投资消费等方面的宏观政策，随时搜集政府部门下达的各种命令和文件，并尽可能根据政策法令的变化来调整景区的政策及活动
理顺关系	旅游企业要赢得政府的理解与支持，就要主动与政府人员建立良好的合作关系。例如，举办景区的节日庆典等活动，邀请部分政府官员前来做客，这样不仅可以让政府官员了解景区的产品和动态，还能帮助景区分析、制定各种行业政策，有利于在政府面前建立良好的旅游企业形象

第二节　社 区 关 系

一、社区参与景区发展

当地社区居民作为旅游景区发展的重要组成部分,是景区重要的利益相关者,社区的参与是景区获得可持续发展的有力保障。明确景区发展中社区的角色和作用,是理解和管理景区与社区之间关系的前提。社区参与景区管理的意义和作用如图 5-4 所示。

促进景区可持续发展

旅游发展过程中面临着短期内追求利益最大化,造成居民不满、环境破坏等社会环境问题,而社区参与旅游景区的管理,可以增加社区居民的收入、增强其主人翁意识,这样让居民更加认可和配合旅游景区的开发和管理,从而促进景区的可持续发展

带动地方经济发展

单纯开发旅游项目,已不能适应当代旅游业的发展。社区参与为当地旅游业增添了人文气息。秦始皇兵马俑所在的临潼,当地居民参与了景区的服务配套,为游客提供了许多具有陕西特色的美食与手工艺品,帮助游客深度了解当地文化,同时也带动了当地的经济发展

维护社区居民的合法利益

当地社区居民作为景区开发中的重要利益相关者,其合法利益不容忽视。旅游景区的开发和建设一定要设法吸收社区的参与,拓宽社区居民的就业渠道,增加居民经济来源。进而带动居民主动参与旅游的积极性,促进当地旅游业的良性发展

促进社区自身的良性发展

当地社区居民作为景区开发中的重要利益相关者,其合法利益不容忽视。旅游景区的开发和建设一定要设法吸收社区的参与,拓宽社区居民的就业渠道,增加居民经济来源。进而带动居民主动参与旅游的积极性,促进当地旅游业的良性发展

丰富景区的旅游资源

当地居民的文化修养、生活方式等也是吸引游客的重要方面。尤其在我国的少数民族地区,当地的"衣、食、住、行、婚、丧"等民俗文化是发展民族旅游的基础。因此,对景区来说,让社区居民参与到旅游景区的管理当中能丰富景区的旅游资源,保护和传承景区独特的民俗文化

图 5-4　社区参与景区管理的意义和作用

社区参与旅游发展与旅游景区发展关系如图5-5所示。

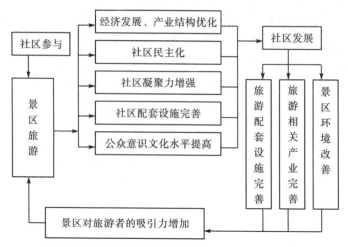

图 5-5　社区参与旅游发展与旅游景区发展关系图

（资料来源：熊礼明《旅游目的地主客和谐关系构建研究》。）

二、社区与景区共同缔造

（一）构建沟通机制

景区要努力建立一个良好的沟通机制，积极倾听当地居民的建议和意见，有针对性地采取措施，满足当地居民的正常利益诉求，使居民以更积极的态度投入当地旅游的发展。

构建景区与社区居民的沟通渠道，主要有两种方式：一是适当调整制度化利益表达机制，降低制度化表达渠道的参与门槛；二是创新形式，景区可以因地制宜建立新型旅游社区居民表达渠道。如在旅游社区中，可因地制宜建立旅游议事会制度。旅游议事会的理事皆为村民选举产生的当地常住居民，这样做能够深入社区内部，广泛收集并反映社区居民的意见和诉求，为景区与社区之间的沟通交流提供更多途径。

（二）提高文化认同

在景区的开发与管理过程中，需要强调社区内部的情感交流，并通过各种途径增强景区社区居民之间的地域认同感和归属感。应充分发挥村民委员会的作用，将民主选举、民主决策、民主管理、民主监督切实落实到社区居民的生活中，培养社区的民主意识和主人翁观念，增强居民的社区归属感。

提高景区社区居民的文化认同感有利于在协调利益的过程中达成文化共识，进而有助于化解利益矛盾。但大部分地区的居民由于受自身条件的制约，对文化的保护和传承认识不足，因此宣传和教育工作显得非常必要。如湖南凤凰古城在经营过程中每年都会投入固定比例的资金用于宣传和教育工作，在当地引起了很好的反响。因此，只有提高居民的社区归属感和文化认同感，社区才会有凝聚力，社区居民才会积极投入到旅游服务中来,用积极的态度对待游客。

(三)调动社区参与

旅游业的发展通常会带来景区周边社会成本的上升,从而引发当地居民的抵触,所以,景区要设法建立起一个良好的社区参与机制,赋予社区居民参与旅游发展的机会,如果社区居民能够真切地感受到自己参与了景区发展规划,而且自己的利益诉求也得到了重视,那么他们就会倾向于支持旅游景区的发展。首先,使社区居民了解发展旅游的好处及其带来的经济效益,以获得他们对旅游开发的理解和支持;其次,听取社区居民对旅游发展的建议和意见,使他们了解景区旅游规划和开发的进展情况;最后,社区参与旅游发展的利益协调机制需要兼顾利益主体的利益诉求,尤其要重视旅游目的地居民的利益诉求,要尊重旅游目的地居民社区参与旅游发展的意愿。

(四)实现利益共享

许多景区与周边社区冲突的群体性事件表明,在这些事件发生之前,虽然有的社区民众向政府及其代表机构表达了自身诉求,但是问题很少能够得到解决,结果引起了矛盾的进一步激化。因此,在旅游景区的开发与管理中,要大力拓宽利益表达渠道,清除利益表达障碍,理顺不同渠道和不同环节的关系,让景区利益表达主体,特别是社区民众,享有足够的利益表达空间。

景区丰富产业体系可拓展社区参与途径,实现利益共享。例如,充分挖掘当地的文化资源,发展与旅游相关的文化创意产业,能够为当地居民提供就业机会,增加旅游产业的附加值;结合当地的生态环境和资源条件,发展绿色农业、生态养殖等产业,实现旅游与环保产业的融合发展,能够增加居民经济收入来源,提高旅游抗风险能力。旅游景区要丰富旅游产品开发,形成完整的旅游产业链;要围绕旅游六要素发展住宿、餐饮、购物、娱乐等相关产业,全面发展,拓展和延伸旅游产业链,吸引和激励当地居民参与,共享景区发展红利。

第三节 商户关系

一、景区商户关系管理的目的

为有效规范景区经营秩序,营造文明诚信和谐商业氛围,提升景区商业业态,提高游客游玩体验度,树立景区良好形象,景区需要对内部入驻的商户进行管理,与商户建立良好关系。目的有以下几点:

一是合理规划商铺数量、功能、布局,与景区环境相协调;

二是丰富商品种类,突出本地区及本旅游景区特色,为游客购买旅游商品提供便捷、有质量保证、有特色的服务;

三是规范景区内部商店经营行为,监督商户诚信经营,货真价实、明码标价;

四是确立统一管理措施和手段,包括质量管理、价格管理、计量管理、售后服务管理等,提高景区运营管理效率;

五是确保商户合法取得经营资质,合法合规经营。

二、景区商户关系管理的内容

(一)遴选招商

景区内的入驻商户通常是动态的,关于商户去留选择问题,无论是新商户的选择还是老商户的替换,都需要制定一个相关的标准,并且有一定的灵活性。由于游客是流动的,且不同代际游客的消费习惯存在巨大差异,所以与时俱进地进行商户更新换代显得尤为重要。但对于一些旅游文化景区来说,景区中还必须保留一些老店、老字号,这些商户支撑起景区特色,此类商户与旅游文化景区主题紧密结合,成为景区的文化符号和宣传招牌。

(二)规范经营

商户和景区是一种相互依存的合作关系。消费者眼中,商户的服务水平代表着旅游文化景区的表现水平,一些游客之所以向景区提出投诉,实际上正是因为对商户的不满意。对商户的日常管理主要是一种合规性经营指导,合规性管理要设定红线标准,不合规的商户一票否决。例如,景区对零售商户的要求就是保证商品的质量,对餐饮的要求就是保证食品的安全。商户关系管理需要对商户提供的服务进行提升和管控。首先,要对商户的服务进行管控,要确保他们的基础服务标准能够和景区要求匹配;其次,要开展全员服务标准化培训,让商户有意识地主动提升自己的服务质量;最后,应积极倡导景区全体经营商户共同营造整洁优美、文明有序的景区旅游市场经营环境,提升景区在游客心目中的品牌形象。

(三)动态评估

景区要加强对商户或合作企业资信状况的研判,将动态分析、调查评估贯穿于应收款项的事前、事中、事后全过程,不断深化对商户或合作企业资信状况的了解和评价,适时了解对方生产经营情况,获取相关财务数据。通过"国家企业信用信息公示系统""最高人民法院诉讼服务网"等平台,查询对方动产抵押及股权出质登记信息、股东结构变动及涉诉涉案情况,以评定其是否具有履行合同和独立承担民事行为责任的能力。在此基础上建立商户或合作企业资信档案,对商户或合作企业的资信实行动态管理。对资信下降的商户或合作企业应及时启动预警机制,采取追加担保或抵押物、发律师函等加大催收力度的前置应对措施;对资信差、长期拖欠款项或恶意拖欠款项的商户或合作企业应停止合作并列入黑名单管理,适时启动仲裁、诉讼程序,务必防止"旧款未结、再赊新账"行为发生。相关业务人员岗位调换或离职时,应严格执行应收款事项交接制度。

第四节 舆情管理

壶口瀑布的围墙"封景"引发民怨沸腾

近几日,多位网友发布视频吐槽,黄河壶口瀑布沿途部分路段被围墙遮挡得严严实实,只能听见声音看不到黄河水。

作为中国第二大瀑布、世界上最大黄色瀑布的壶口瀑布,曾让不少慕名而去者都感慨叹为观止。但在现在,从"壶口"飞溅出来的,显然还有网友的不满。"黄河是母亲河,娃想看妈还得掏钱?"在网上,许多网民将壶口瀑布两侧堆砌围墙(见图5-6)视作防游客"偷窥景色"之举,继而发出这类吐槽。两地管理部门给出的理由均是"为了安全"。出于安全原因而做些保护性措施,并非不能理解,但保障安全是否只有"砌围墙"一条路,显然值得商榷。在交通防护围栏被普遍应用的今天,偏要在沿河区域筑起围墙,且围墙高度超出了一般护栏,这想不引起"防偷窥"的质疑都难。

图5-6 壶口瀑布沿线围墙
(图片来源:潇湘晨报。)

在设置围挡一事导致舆论发酵后,景点进行了回应。黄河壶口瀑布两侧围挡被曝光后,陕西省延安市宜川县文旅局回应媒体称,壶口瀑布附近公路较窄,游客停车赏景容易导致堵车,修建围墙是为了保证游客安全。而山西黄河壶口瀑布风景名胜区也介绍,壶口瀑布山西侧的围挡物不会影响观看瀑布,只是为了保证安全,并非为了防止游客"偷窥景色"。

然而,广大网友对此并不买账,仍坚持认为这些围挡是景区为了销售门票而使用的"小手段"。景区陷入"围墙封景"的舆论危机。

(案例来源:潇湘晨报《黄河壶口瀑布建围墙被指防"偷窥",景区:此前常有落石砸伤逗留游客》。)

一、景区舆情解析

旅游舆情和网络媒体舆情危机的相关概念解析见表5-2。

表5-2 相关概念解析

相关概念	解析
旅游舆情	舆情是民众对公共事务的整体的态度和看法,是互联网和新媒体时代的产物。所谓旅游舆情,就是针对景点的服务、环境、餐饮、住宿等各方面的情况,旅游消费者(游客以及潜在的游客)所发表的评价、感受、印象,以及对其旅游发展相关的建议和意见或者表明的态度等一系列相关评价的综合。它包含着用户对旅游景点整体或者具体的态度,而此舆情通过自媒体的传播,将对景区形成视觉可见的冲击
网络媒体舆情危机	随着移动互联技术的不断发展,网民数量不断增多,在网络平台这一公共领域发表自己的观点看法,形成所谓UGC(User Generated Content,用户生成内容)。网络的开放性与互动性使得人们可以通过互联网即时地交流与探讨相关话题,由于部分网民的媒介素养有待提升,网络上的言论常常伴随着谣言和非理性言辞,容易导致群情激化,带来严重的负面影响。网络舆情危机在网络的催生作用下,会让原本微小的社会事件在网络上迅速扩大,从而形成危机事件。旅游网络舆情危机则针对旅游业相关问题,各种不良的情绪在网络上积累发酵,民众之间的情绪被不断地感染与强化,最终形成对旅游地或涉事部门的强烈反感和批判。一般来说,旅游网络舆情危机充满不确定的因素和巨大的爆发力,具有很强的突发性和破坏性,包括有形和无形的破坏

二、景区舆情演化特点

互联网普及与纵深发展,使公众在事件发生后通过网络表达意见、情绪及态度变得更加便捷和频繁,并使网络舆情的生成也更常态化和复杂化。旅游网络舆情危机由旅游事件刺激形成,在网络舆论场上聚集发酵,最终形成与旅游事项涉及方面或事项本身形成激烈的认识或观点对抗,会对旅游目的地的品牌声誉和形象造成重大影响和危害。具体而言,旅游舆情危机事件的演化可以分为三个阶段:一是舆论的生成和引爆;二是舆论的蔓延和扩散;三是舆论的回落和反复。旅游网络舆情危机演化过程如图5-7所示。

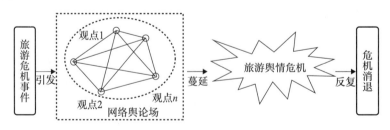

图5-7 旅游网络舆情危机演化过程

(图片来源:严荣《旅游企业运营与管理》。)

（一）生成和引爆：游客群体主动发声

生成阶段是舆论事件由于具有轰动效应、讨论价值或利益相关性，受到媒体和网民关注，进入网络舆论场的阶段。旅游网络舆情危机的爆料主体从主流媒体居多逐渐转为以大众游客基于自媒体平台的主动发声为主。大众游客群体基于自我纪录，分享旅游体验，为他人提供参考建议或吐槽旅游地的旅游产品等原因在网络上发布在旅游地的游玩经历和对该地旅游产品质量的评价。由于游客自身行为和旅游投诉沟通渠道不畅等问题，也有不少游客在网络上发布负面信息，控诉当地的旅游企业或政府部门的不规范现象，引发其他网民的围观或评论，使得事态逐渐升级，引发舆论危机。

爆发阶段是网络舆情出现后，由于事态未得到控制或出现其他因素而导致危机恶化、网络关注持续攀升但尚未到达顶点的阶段。爆发阶段的特征表现为事件继续发展，由网络热议转为现实行动；媒体持续关注，出现揭露内幕的深度报道；新闻继续出现在显著位置，被广泛转载；微博平台频繁设置讨论话题，热帖大量出现；网民和意见领袖介入事件，通过表达意见、网络动员和现场报道等方式影响事件发展。

（二）蔓延和扩散：微内容形成舆论风暴

此阶段为舆论发展的高潮阶段，是由于相关责任方回应不当，事件被媒体集中报道，网民在媒体议程设置下激烈讨论，意见出现极化和扩散，事件成为社会共同关注的议题。当旅游地相关的网络负面言论出现后，引发其他网民的转载和评论，紧接着网络媒体与主流媒体开始关注与传播，并经社会实体的相关反馈，普通民众群体的声音通过聚合形成强大的话语场和传播效力，最终由微内容扩展至舆论风暴。由于网络空间中存在匿名性和去抑制性，个体不担心他人对自己的评价，从而导致个人语言、行为等的极端化。在缺乏反馈方的情况下，个体更容易将对旅游地或者旅游职能部门产生负面的情绪转化为暴力语言，做出情绪化、激烈化、冲动化的行为。

（三）回落和反复：舆情逐步趋于缓和

回落阶段是在旅游网络舆情危机发生一段时间后，由于事件被及时处理，或是新的热点事件产生，或是由于民众注意力分散，旅游负面舆情事件的关注度逐渐下降，舆情危机消退，逐步趋于缓和的阶段。但部分舆情会因为当事人言论、外部环境的变化，进入反复阶段，事件再度被提起而产生热议。在旅游网络舆情危机到达反复和消退期时，网络关注度会有所上升，一般难以超过高潮阶段，反映出新的事态。在舆情的消退阶段，旅游管理部门应以良好的态度对舆情进行积极的应对和合理干预，缓解舆论情绪，防止舆情危机反复。

三、应对策略

旅游舆情应对策略如表5-3所示。

表5-3 旅游舆情应对策略

应对策略	内容
重视网络民意	公共政策制定只有充分体现和遵从社情民意,才能实现公众的共同福祉。一些事件舆情风波之所以持续较长时间,造成严重影响,最根本的原因在于决策者在制定和实施政策时,没有充分考虑广大游客权益和本地民众利益。在面对媒体、网民、旅游者和本地居民对收费政策的口诛笔伐时,官方和经营者应重视网络民意、放低姿态、摒弃傲慢,做好收费的民意调查和听证;遇到批评和阻力时,应以信息的公开透明回应舆论、以程序的公平正义平息舆论、以诚恳的实际行动安抚民心
强化源头监管	旅游网络舆情危机的发生源于线下的问题不能得到妥善解决,相关管理部门应通过对网络平台反映的问题进行有效监测,产生争议时,要及时掌握情况,积极沟通解释、听取意见、改进做法、争取理解,将危机控制在萌芽状态。此外,景区内部应重视舆情管理,强化制度安排,从根本上减少旅游网络舆情危机的产生
做好舆情监测	建立旅游网络舆情监测系统。政府、旅游企业在制定和实施重大决策时,进行全程的网络舆情监测,及时发现旅游舆情敏感信息,更加有效地引导旅游公共舆论,处理旅游突发事件。重点对与本地、本企业有关的新闻报道、微博发帖进行动态监测,以及对旅游订票、景点参观、住宿等项目信息全过程动态采集;同时,还要扩大信息源,加强网络平台上旅游舆情的监测、处理、与结构化,构建专业化的旅游舆情指标体系,精准的指标体系和算法可对旅游舆情实施测控、研判和预警
规范信息发布	景区要建立包括信息公开、媒体沟通在内的信息发布机制。一方面,网络舆情从无序转向有序的首要条件是信息系统的开放性,保证信息公开透明。例如在凤凰古城收费事件中,官方在政府与旅游公司关系、与居民商户沟通调研、门票费用使用情况等方面缺乏信息公开,遭受舆论质疑批评,不断陷入舆情危机。 另一方面,凤凰县缺乏规范的媒体沟通制度,先后有湖南省物价局、县旅游局、县政府、旅游公司、县委宣传部等部门负责人接受媒体采访、举办座谈会、新闻发布会和微博访谈等活动,多次出现政策宣讲效果不佳、问题回答前后不一、曝出争议言论等问题,助推了网络舆情的升温扩散。未来在应对危机事件时,景区应建立统一的新闻发布和媒体沟通机制,安排专人从事新闻发布、接受媒体采访、统一口径、避免前后矛盾,提高媒体素养、注意言语分寸

教学互动
Jiaoxue Hudong

社区和景区如何建立良好关系,实现共同发展?

章节小结

本章阐述了旅游公共关系管理中公众关系的概念、旅游公众关系管理的目的和内容以及常见的公共关系管理方法,这是景区开展旅游公共关系活动必备的基础知识。

项目训练

"小燕子"的一封信

日本古都奈良在青山环抱之中,既有金碧辉煌的名胜古迹,又有迎春摇曳的樱花,加之现代化的文化娱乐设施和世界第一流的旅馆、殷勤周到的服务,使得每年春夏两季游人接踵而至。四月以后,燕子也争相飞到旅馆檐下,筑窝栖息,繁衍后代,给奈良营造了一种人鸟和谐、其乐融融的氛围。可是,招人喜爱的燕子却有随处排泄的问题,刚出壳的雏燕更是把粪便溅在明净的玻璃窗上、雅洁的馆廊上。服务员不停地擦洗,但燕子依旧"我行我素"。于是,客人不高兴了,服务员抱怨了,经理也烦恼得紧锁眉头。燕粪成了奈良旅馆业迫切需要解决的难题。一天,这家宾馆的经理终于想出了解决问题的妙方——以燕子的名义给客人写了一封信:

女士们、先生们:

我们是刚从南方赶到这儿来过春天的小燕子,没有征得主人的同意,就在这儿安了家,还要生儿育女。我们的小宝贝年幼无知,很不懂事。我们的习惯也很不好,常常弄脏你们的玻璃窗和走廊,致使你们不愉快,我们很过意不去。请女士们、先生们见谅。还有一事恳求女士们和先生们,请你们千万不要埋怨服务员小姐,她们是经常打扫的,只是擦了仍然会被弄脏,这完全是我们的过错。请你们稍等一会儿,她们就快来了。

你们的朋友 小燕子

(案例来源:马涛等《旅游公共关系学》。)

思考:

1.奈良旅馆消除公众意见、转变公众态度的公共关系活动巧妙在哪里?

2.这种方法为什么比公共关系人员直接登门道歉更有效?

第二部分
景区运营管理工具

第六章
景区运营管理工具

 职场情景

  旅游景区的管理是一个开放式、动态化的管理,受到体制、环境、空间等诸多因素的制约,具有独特性、广泛性。作为景区管理的重要工具,景区标准化和数字化管理体系对于提升景区服务和品质有着重大的作用,是一个景区走向成熟的标志。为了让小白更加熟悉景区管理工具的相关内容,高总让小白在网上查找相关资料并结合自己的运营实践进行经验总结。

 章节描述

  本章节详细介绍了景区如何进行标准化、数字化管理以及服务蓝图和旅游体验设计。

 学习目标

知识目标:

1.了解旅游景区标准化、数字化体系的基本内容;
2.掌握景区服务蓝图和旅游体验设计的操作方法。

能力目标:

1.能够对景区标准化及数字化管理内容有清晰的认识;
2.能够胜任景区服务蓝图和体验产品设计的相关工作。

素养目标:

1.养成实事求是的工作态度,深入景区运营管理一线现场;
2.提高景区运管的专业能力,找到科学唯物主义的工作方法。

第六章 景区运营管理工具

思维导图

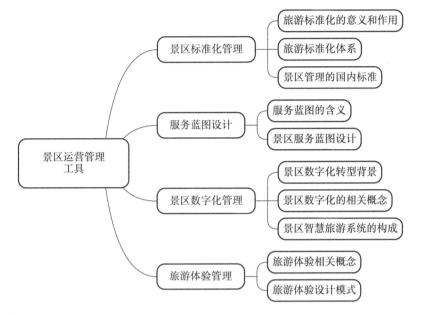

案例引入

泰山景区打造旅游服务标准化样板

近年来,山东泰山景区(见图6-1)大力实施"标准化战略","用标准引领旅游服务业发展、用标准规范旅游服务业业态、用标准提升旅游服务业竞争力",强化体系建设,突出重点服务项目,为泰安文化和旅游产业的融合发展提供了坚实的技术支撑,为旅游服务行业实现跨越式发展总结了先进经验。

图6-1 泰山景区
(图片来源:网易号。)

泰山景区在标准体系推广实施上,从标准公开、标准执行、监督检查、修改完善等方面加强工作措施和力度,严格落实各项标准要求。

在景区官方网站开辟服务标准化专栏,将景区标准化方针、目标、标准体系、组织机构体系、标准明细等相关内容进行公开，方便各单位以及工作人员查询标准、学习标准。从仪容仪表、言行举止、服务流程、硬件环境等具体事项入手，要求每个工作人员的一言一行都严格按标准执行，用标准规范服务，靠服务完善标准。标准执行过程中，强化标准运行记录的完整性和有效性，通过"记我所用"，避免了服务标准体系与实际工作"两张皮"的问题，保证各项标准得到有效执行，同时抓监督检查、抓持续改进。

此外，《旅游景区服务标准体系要求》《泰山风景名胜区旅游服务质量通则》《旅游景区医疗救助应急处理规范》等6个地方标准，为山东省旅游服务标准化工作起到技术支撑和引领作用。

（案例来源：山东省标准化研究院《泰山景区打造山东旅游服务标准化样板》。）

第一节　景区标准化管理

一、旅游标准化的意义和作用

标准化建设作为规范产品质量和生产过程的管理方式，在优化旅游业制度环境和促进旅游区域合作与发展、提高产品服务质量和促进资源优化组合、保护旅游者和旅游企业的合法权益、增强国际竞争力等方面起着不可替代的作用（见图6-2）。

有利于优化旅游业制度环境和促进旅游区域合作与发展

标准是一种通用语言。通过建立一致的规范和统一的服务质量标准，在企业和企业、政府和企业以及游客和企业之间形成有效的沟通桥梁，从而营造良好的制度环境。标准化是避免区域旅游障碍的重要形式通过标准化形成通用语言，可以加强区域间的交流与合作，更好地促进区域旅游发展和我国旅游业的协调发展。

有利于提高产品服务质量和促进资源优化组合

旅游经营者和管理者在旅游开发合作中以标准化的思维开展工作，注重优化和衔接，有利于区域旅游整体合作的合理、高效。由于游客的基本生活需求是相同的，在不同地方时对体验不同旅游风情时对安全、卫生、舒适的基本要求还是一致的，所以就要求旅游产品的个性化必须是建立在服务质量的标准化基础上。

有利于保护旅游者和旅游企业的合法权益

旅游标准是游客可靠消费质量的保证，是游客维护权益的依据。一方面，游客对旅游产品的质量很难有具体的感知，旅游标准则为其提供了评价的参照和维权的依据；另一方面，通过采用标准化的管理和服务能提高旅游管理和服务质量，减少浪费，降低企业成本，提高企业运营效率。

有利于增强国际竞争力

一方面，标准是旅游企业品牌建设的重要途径和手段，高标准的核心竞争力，可以提升企业品牌效应；另一方面，"得标准者得天下"，先制定标准，和国际标准取得一致，就取得了在该行业的话语权。因此，推行旅游标准化，加快旅游标准化和国际接轨的步伐，有利于我国的旅游企业在国际上取得话语权，增强旅游企业的国际竞争力。

图6-2　旅游标准化的作用

二、旅游标准化体系

《我国旅游业标准体系表(2020)》是由全国旅游标准化技术委员会(SAC/TC 210)主持编写的,是为TC210在2020—2025年期间制定和修订标准所用。因此,没有将团体标准和企业标准列入其中。同时,从外部引用的主要是归口在全国休闲标准化技术委员会(SAC/TC 498)的休闲标准,这是因为休闲与旅游、度假存在着密切关系,很难完全区分开。更主要的是休闲没有行业主管部门,也没有行业标准,制定的都是国家标准,将其纳入旅游标准化体系既可以增加国家标准的数量,也可以协调旅游、度假与休闲标准之间的关系,发挥标准体系规划和协调的双重作用。

三、景区管理的国内标准

(一)景区质量等级评定与管理机构与人员

负责景区质量等级管理的机构按其职能分为管理机构和评定机构,即旅游主管部门和旅游景区质量等级评定委员会。此外,还有负责景区现场检查的检查员。

1. 旅游主管部门

旅游主管部门作为景区质量等级的管理机构,负责制定景区质量管理制度,并对制度的贯彻落实进行监督。具体来说,国务院旅游主管部门负责旅游景区质量等级评定标准、评定细则等的编制和修订工作,负责对全国旅游景区质量等级评定标准的实施进行管理和监督。各省、自治区、直辖市人民政府旅游主管部门负责对本行政区域内旅游区质量等级评定标准的实施进行管理和监督。

2. 旅游景区质量等级评定委员会

旅游景区质量等级评定委员会具体负责旅游景区的质量等级评定工作。国务院旅游主管部门组织设立全国旅游景区质量等级评定委员会,负责全国旅游景区质量等级评定工作的组织和实施,授权并督导省级及以下旅游景区质量等级评定机构开展评定工作。省、自治区、直辖市人民政府旅游行政主管部门组织设立本地区旅游景区质量等级评定委员会,按照全国旅游景区质量等级评定委员会授权,负责本行政区域内旅游景区质量等级评定工作的组织和实施,每年分别于6月底和12月底将本地区各级旅游景区名称和数量报全国旅游景区质量等级评定委员会备案。

《我国旅游业标准体系表(2020)》结构框架图如图6-3所示。

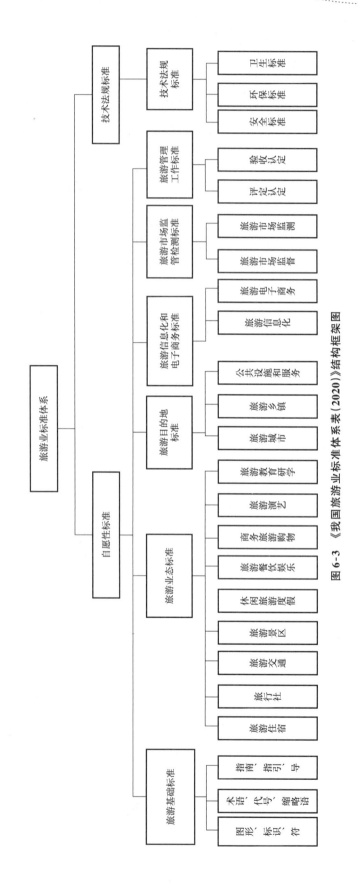

图 6-3 《我国旅游业标准体系表(2020)》结构框架图

3. 检查员

景区质量等级评定检查员由景区研究、管理的专业人员,景区协会成员单位的有关人员,景区评定机构的相关人员组成。这部分人员应当熟练掌握国家标准及相关细则要求,熟悉景区建设管理知识,业务水平高,实践经验丰富,严格遵守评定工作规范,工作责任心强,有能力负责等级评定的现场工作。

(二)A级景区等级质量标准

做好景区建设,提升管理水平,并将其纳入具有社会认可度的质量标准体系,是景区进行质量等级管理的通常措施。A级景区评定是景区质量等级管理中较有影响力的标准体系,能够较为全面地反映景区的质量水平。

1. 旅游景区等级质量标准

根据《旅游景区质量等级管理办法》(旅办发〔2012〕166号)和《旅游区(点)质量等级的划分与评定》(GB/T 17775—2003)的相关规定,将旅游景区质量划分为5个等级,从低到高依次为A、AA、AAA、AAAA、AAAAA,具体细则分为以下三个部分(见图6-4)。

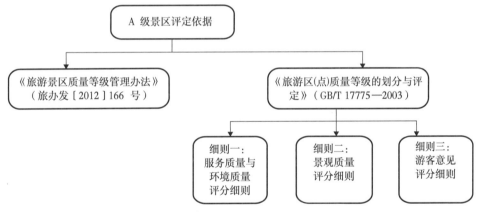

图6-4 景区评定及其管理规范框架

细则一:服务质量与环境质量评分细则。本细则共计1000分,共分为8项,各项分值如下:旅游交通140分;游览210分;旅游安全80分;卫生140分;邮电服务30分;旅游购物50分;综合管理195分;资源和环境的保护155分。

细则二:景观质量评分细则。本细则分为资源要素价值与景观市场价值两大评价项目、9项评价因子,总分100分。其中资源吸引力为65分,市场吸引力为35分,各评价因子分4个评价得分档次。等级评定时,对评价项目和评价因子由评定组成员分别计分,最后进行算术平均求得总分。

细则三:游客意见评分细则。旅游景区质量等级对游客意见的评分以游客对该旅游景区的综合满意度为依据,而游客综合满意度的考察主要参考"旅游景区游客意见调查表"的得分情况。"旅游景区游客意见调查表"由现场评定检查员在景区员工陪同下,直接向游客发放、回收并统计。在质量等级评定过程中,"旅游景区游客意见调查表"发放规模应区分旅游景区的规模、范围和申报等级,一般为30—50份,采取即时发放、即时回收、最后汇总统计的方法。回收率不应低于80%,且该表的分发应采取随机发放方式。原则上,发放对象不能少于3个旅游团体,并注意游客的性别、年龄、职业、消费水平等方面的均衡。

各级景区对应的细则得分如表6-1所示。

表6-1　各级景区对应的细则得分

等级	细则一	细则二	细则三
AAAAA级景区	950分	90分	90分
AAAA级景区	850分	85分	85分
AAA级景区	750分	75分	75分
AA级景区	600分	60分	60分
A级景区	500分	50分	50分

2. 参评条件

景区质量的等级要素及创建要求主要包括原生资源要素、市场吸引力要素、规划要素、设计要素、管理要素五个方面。

(1)原生资源要素。主要是对资源基础进行评价和对资源的提升与包装。

(2)市场吸引力要素。着重打造具有最大看点、最大卖点的独特性吸引物,做好各类游憩方式、不同旅游产品,以及收入模式、营销方式、管理运作等方面的策划。

(3)规划要素。基于场地条件、资源基础、国家标准等,对区域交通与区内交通卫生设施、环境保护与污染整治、安全保障、游览线路、功能布局、综合管网、邮政电信、咨询服务系统、购物设置等进行系统规划和设计,必须具有严格的科学性。

(4)设计要素。主要包括标志性建筑、游客中心、厕所、接待服务场所等建筑设计;绿地系统、小品、灯光等景观设计;器械游乐、设施游乐、水上游乐等游乐设施设计;Logo、路牌、导游图、全景图、标识系统、引导系统、解说系统、景观说明系统咨询系统等形象导引及标识导览设计。旅游景观设计应该突出其主题化、情境化、游乐化、生态化、动感艺术化。

(5)管理要素。景区管理作为一种社会活动,由管理主体、管理客体、管理职能三个基本要素构成。管理主体是指有一定管理能力、拥有相应权威、从事管理活动的管理者,管理客体包括人(旅游者和社区居民)、财(资金)、物(旅游资源、旅游环境旅游设施、旅游信息);管理职能包括决策、计划、组织、领导、控制、创新。

3. 动态管理及退出机制

建立退出机制、实施旅游景区动态管理只是手段,促进旅游景区质量提升、满足人民群众获得感才是目的。根据《旅游区(点)质量等级的划分与评定》国家标准和《旅游景区质量等级管理办法》要求,旅游主管部门组织专人通过定期明查和暗访进行综合管控,对一批景观和服务质量退化、服务设施缺失、厕所革命滞后、游客体验度差、旅游功能弱化等方面不达标景区进行严肃处理,以此督促景区坚持以人为本,不断加强管理、改进服务、提升品质。

(1)对A级旅游景区的管理与监督。

① 各级旅游景区质量等级评定机构对所评旅游景区要进行监督检查和复核。监督检查采取重点抽查、定期明查和不定期暗访以及社会调查、听取游客意见反馈等方式。

② 全国旅游景区质量等级评定委员会负责建立全国旅游景区动态监测与游客评价系统和景区信息管理系统,收集信息和游客评价意见,作为对旅游景区监督检查和复核依据之一。

③ 对游客好评率较低、社会反响较差、发生重大安全事故、被游客进行重大投诉经调查情况属实以及未按时报送数据信息或填报虚假信息的景区,视情节给予相应处理。

④ 复核工作包括年度复核和五年期满的评定性复核。年度复核采取抽查的方式复核比例不低于10%。AAAA级及以下等级旅游景区复核工作主要由省级旅游景区质量等级评定委员会组织和实施,AAAAA级旅游景区复核工作由全国旅游景区质量等级评定委员会负责,经复核达不到要求的,视情节给予相应处理。

(2)对不达标景区的处理。

对于不达标的景区,对景区处理方式包括签发警告通知书、通报批评、降低或取消等级。各级评定委员会的处理权限如下:

① 省、自治区、直辖市旅游景区质量等级评定委员会有权对达不到标准规定的AAA级及以下等级旅游景区签发警告通知书、通报批评、降低或取消等级,并报全国旅游景区质量等级评定委员会备案。

② 省、自治区、直辖市旅游景区质量等级评定委员会有权对达不到标准规定的AAAA级旅游景区签发警告通知书、通报批评,并报全国旅游景区质量等级评定委员会备案。如需对AAAA级旅游景区做出降低或取消等级的处理,须报全国旅游景区质量等级评定委员会审批,由全国旅游景区质量等级评定委员会对外公告。

③ 全国旅游景区质量等级评定委员会对达不到标准规定的AAAAA级旅游景区做出相应处理。

④ 全国旅游景区质量等级评定委员会有权对达不到标准规定的各级旅游景区出签发警告通知书、通报批评、降低或取消等级通知的处理。旅游景区接到警告通知书、通报批评、降低或取消等级的通知后,须认真整改,并在规定期限内将整改情况上报相应的等级评定机构。若景区在整改期满时仍未达标,将给予降低或取消等级处理。凡被降低、取消质量等级的旅游景区,自降低或取消等级之日起一年内不得重新申请等级。

(三)团体与企业层面旅游景区标准

根据国务院2015年印发的《深化标准化工作改革方案》(国发〔2015〕13号),团体标准和企业标准为市场自主制定的标准。团体标准是由具备相应专业能力和技术水平的学会、协会、商会等团体制定发布并由社会自愿采用的标准。旅游景区相关团体标准快速响应市场需求,正在逐渐增多。以"景区"为关键词在全国团体标准信息服务平台搜索,截至2024年3月,得到现有团体标准55项。团体标准制定单位包括中国旅游景区协会、中国旅游协会、中国标准化协会、中国风景名胜区协会及各省市旅游协会等。

中国旅游景区协会作为各类旅游景区及其相关单位组成的全国景区行业协会,近年利用旅游景区协会景区标准专业委员会的技术平台,发布了5项团体标准,分别是《旅游景区分类》《旅游景区预约游览服务规范》《旅游景区应对重大传染病疫情类突发公共卫生事件的运营指南》《景区职业经理人资质等级划分与评定》《旅游景区游客满意度线上评价指南》,形成了旅游景区分类的基础性标准,并结合团体构成单位的需求,编制了景区预约游览、景区应对突发事件、景区职业经理人、景区游客满意度线上评价等提升景区发展质量的团体标准。

案例

广西容县都峤山景区旅游标准化建设的实践

都峤山景区位于广西玉林市容县中部,县城以南10千米处,面积约36平方千米,于2016年被评为国家AAAA级旅游景区。同年,在广西壮族自治区玉林市质监部门和容县人民政府的正确指导下,景区与容县质量技术监督局、旅游局等部门严格按照《国家级容县都峤山旅游服务标准化试点实施方案》开展试点建设工作,各项试点任务和目标均圆满完成。都峤山景区在标准化试点的过程中健全标准体系,营造创标氛围,工作取得了良好成效。

1.健全旅游标准体系,确保"行、游、购、娱"均有标准可依

在借鉴了内外先进经验的基础上,坚持"重点突破与全面推进相协调,软件提升与硬件升级相同步,国家标准、行业标准、地方标准和企业标准相衔接"的原则,根据容县都峤山景区的旅游项目、服务流程、监管流程、保障体系等实际工作需求,对照检查容县都峤山景区原有的体系文件、规章制度和企业标准,对相关标准进行修订和完善,编制完成了国家级容县都峤山旅游服务标准体系框架结构图和标准体系明细表(见表6-2),构建包括国家标准、行业标准、地方标准和企业标准在内的容县都峤山旅游标准体系,共计51项标准,覆盖都峤山旅游行、游、购、娱的各环节,加强了旅游标准化建设,扩大了旅游标准在景区旅游各领域的覆盖面,充分发挥旅游标准化手段的基础性和引领作用,促进都峤山旅游产品、服务质量和公共服务水平的提升,为把都峤山景区打造成广西旅游新名片夯实了基础。

2.多角度多方式旅游标准化宣传,营造创标良好氛围

景区在坚持"高标准、大创建"的原则下,积极推行旅游标准化的宣传力度,全面推进旅游标准知识的宣传。2016—2018年期间,景区先后通过网络、报纸等方式发布信息10余条,并开设试点标准化宣传专栏5版,将标准化结

合到景区活动中去,以多样化的方式进行立体化的宣传,形成良好的工作氛围,扩大受众面。通过广泛宣传发动,景区营造了"让标准成为习惯,让习惯符合标准"的良好氛围。

表6-2 国家级容县都峤山旅游服务业标准化试点标准体系明细表

序号	标准编号	标准名称
1	GB/T 1.1—2009	标准化工作导则 第1部分:标准的结构和编写
2	GB/T 13016—2009	标准体系表编制原则和要求
3	GB/T 13017—2008	企业标准体系表编制指南
4	GB/T 15624—2011	服务标准化工作指南
5	GB/T 24421.1—2009	服务业组织标准化工作指南 第1部分:基本要求
6	GB/T 24421.2—2009	服务业组织标准化工作指南 第2部分:标准体系
7	GB/T 24421.3—2009	服务业组织标准化工作指南 第3部分:标准编写
8	LB/T 023—2013	旅游企业标准体系指南
9	LB/T 026—2013	旅游企业标准化工作指南
10	SB/T 10382—2004	服务管理体系规范及实施指南
11	GB/T 16766—2010	旅游业基础术语
12	GB/T 15565.1—2008	图形符号 术语 第1部分:通用
13	GB/T 15565.2—2008	图形符号 术语 第2部分:标志及导向系统
14	GB/T 10001.1—2012	公共信息图形符号 第1部分:通用符号
15	GB/T 10001.2—2006	标志用公共信息图形符号 第2部分:旅游休闲符号
16	GB/T 10001.5—2006	标志用公共信息图形符号 第5部分:购物符号
17	GB/T 10001.9—2008	标志用公共信息图形符号 第9部分:无障碍设施符号
18	GB/T 2893.1—2013	图形符号 安全色和安全标志 第1部分:安全标志和安全标记的设计原则
19	GB/T 13869—2008	用电安全导则
20	HJ 589—2010	突发环境事件应急监测技术规范
21	Q/LY 010—2016	黄金周、节假日安全应急预案
22	Q/LY 011—2016	景区安全设施管理规范
23	Q/LY 012—2016	景区治安管理规定
24	Q/LY 013—2016	景区治安安全应急工作预案
25	Q/LY 014—2016	突发性地质灾害应急预案
26	GB/T 15566.1—2007	公共信息导向系统 设置原则与要求 第1部分:总则
27	GB/T 15566.9—2012	公共信息导向系统 设置原则与要求 第9部分:旅游景区
28	LB/T 013—2011	旅游景区公共信息导向系统设置规范

续表

序号	标准编号	标准名称
29	GB/T 22081—2016	信息技术 安全技术 信息安全控制实践指南
30	GB/T 20269—2006	信息安全技术 信息系统安全管理要求
31	LB/T 019—2013	旅游目的地信息分类与描述
32	GB/T 30225—2013	旅游景区数字化应用规范
33	GB/T 26355—2010	旅游景区服务指南
34	LB/T 014—2011	旅游景区讲解服务规范
35	LB/T 011—2011	旅游景区游客中心设置与服务规范
36	GB/T 16868—2009	商品经营服务质量管理规范
37	GB/T 17775—2003	旅游区(点)质量等级的划分与评定
38	LB/T 035—2014	绿道旅游设施与服务规范
39	GB/T 26358—2010	旅游度假区等级划分
40	LB/T 015—2011	绿色旅游景区
41	SI/T 10466 13—1993	售后服务质量指南
42	GB/T 26356—2010	旅游购物场所服务质量要求
43	GB/T 26353—2010	旅游娱乐场所基础设施管理及服务规范
44	GB/T 18973—2016	旅游厕所质量等级的划分与评定
45	GB/T 26362—2010	国家生态旅游度假区建设与运营规范
46	GB/T 18972—2003	旅游资源分类、调查与评价
47	GB/T 19038— 2009	顾客满意测评模型和方法指南
48	GB/T 19039—2009	顾客满意测评通则
49	GB/Z 27907—2011	质量管理 顾客满意 监视和测量指南
50	GB/T 19010—2009	质量管理 顾客满意 组织行为规范指南
51	GB/T 24421.4—2009	服务业组织标准化工作指南 第4部分:标准实施及评价

(案例来源:谢宏昭,黄林华,谢刚《广西容县都峤山景区旅游服务标准化试点的实践成效》。)

第二节　服务蓝图设计

一、服务蓝图的含义

服务蓝图是一种有效描述服务提供过程的可视化技术,即借助流程图,通过持续地描述服务提供过程、服务环节、员工和顾客的角色以及服务的有形物件,直观地展示服务。服务蓝图的思想最初是由利恩·肖斯塔克在1984年提出的,随后融合了工业设计、决策学、计算机图形学等相关知识和技术,逐渐发展成为服务过程可视化管理的有效工具。经过服务蓝图的描绘,服务不仅被合理地分解成服务提供步骤、任务及完成任务的方法,更为重要的是,通过服务蓝图可以识别出顾客同企业及服务人员的"关键接触点",从而有助于企业有的放矢地改进服务措施、提高服务质量。服务蓝图是详细描绘服务系统的图片或地图,服务过程涉及不同人员,无论角色或个人观点如何,大家都可以理解并客观地使用它。服务蓝图可同时从几个方面直观地展示服务:描绘服务实施的过程、接待顾客的地点、顾客和员工的角色以及服务中的可见要素,它提供了一种把服务合理分块的方法,再逐一描述服务步骤或任务、执行任务的方法和顾客能够感受到的有形展示。

二、景区服务蓝图设计

(一)服务蓝图构成

服务蓝图主要由四种行为、三条分界线、连接行为的流向线,以及设置在顾客行为上方的有形展示构建而成。其中,四种行为包括:顾客行为,展示了顾客从进入到离开服务系统的整个行为过程,把顾客行为步骤和行为过程置于服务蓝图的上方是为了突出以顾客为中心的服务理念;前台服务行为,前台服务行为是指前台直接与顾客接触且服务于顾客的员工行为,是顾客能够直接感受到且看得见的行为活动;后台行为,发生在幕后、不直接与顾客发生直接接触的员工行为,如景区官网的技术维护人员;系统支持行为,系统支持行为是指组织内部给前台与后台员工的支持性工作内容,可以是系统性文件或管理系统等。

在图6-5中,每个行为部分中的方框图表示相应水平上执行服务的人员所经历的服务步骤。那些用来连接三种服务行为的箭头是流向线,它表明发生了服务接触,并指明了行为步骤的顺序。以上四个关键的行为被三条水平线隔开,这三条水平线的作用如下。

1. 互动分界线

互动分界线描绘了顾客与服务组织间直接的互动,穿越互动分界线的垂直线表明产生了顾客与服务组织间的直接接触。

2. 可视分界线

可视分界线将顾客能看到的服务行为与不能看到的服务行为分开,清晰地表示出服务组织为顾客提供了哪些可视服务。在分析服务蓝图时,要分别关注位于可视分界线上方和下方的服务数量。在服务蓝图中,可视分界线下方的区域都是顾客不能看见的区域。有些服务活动是前台与后台兼顾的,即部分活动是可见的,部分活动是不可见的。

3. 内部互动分界线

内部互动分界线用以区分服务人员的工作和其他支持服务的工作,是后台活动区域与支持性活动区域之间的分界线,也是服务组织外部服务和内部服务的分界线。如果有垂直线穿过内部互动分界线与之交叉,就表示发生了内部服务接触。

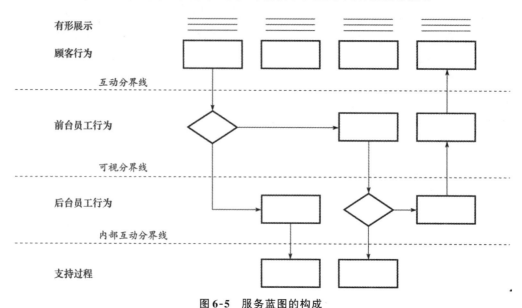

图 6-5　服务蓝图的构成

(图片来源:李克芳,聂元昆《服务营销学》。)

(二)服务蓝图绘制

服务流程设计的前提是明确服务系统的内容细节构成(见表 6-3)。服务蓝图(见图 6-6)作为一个服务流程示意图,涵盖了服务系统的全部处理过程。每一项任务、每一个步骤都有矩形框或更形象的图示加以说明。根据服务蓝图的内容构成,可将服务系统设计细节规划变成真正可行服务流程,步骤如下。

步骤一:分析游客经历服务要素的顺序,即服务蓝图设计的内容构成。所谓服务要素,是指从游客进入景区系统开始所接触到的服务活动和内容。对于初到旅游目的地的散客旅游者,最初的游前活动是进行线上或线下的咨询服务,进而预订或购买旅游产品。随后,在游中会经历吃、住、行、游、购、娱六个旅游服务要素。最后,是对整个游览过程的反馈,如果对本次旅游服务满意,旅游者会选择重游或推荐给亲戚朋友;反之,就会针对不满意之处进行投诉反馈,同时有关部门会给予投诉处理。

步骤二:绘制游客进入服务系统所见到、所接触到的服务活动和内容的一套流程图。

步骤三:研究服务传递系统的特征,服务传递系统清晰地规划了游客直接接触的前台服务行为和游客间接接触的后台服务行为两者间的沟通路径,包括前台行为的网上咨询解答、人员接待(司机、导游和旅游志愿者接待服务)和后台的网页设计维护与安全保障等。

步骤四：形成服务传递的要素和保障前后台服务行为的支持过程流程图，明确整个旅游公共服务流程的完整性。

步骤五：寻找服务传递系统中影响游客感知服务质量的关键点，特别是服务进程中潜在的失误点。在提醒供给者加倍小心的同时，也督促管理者采取预防措施并建立有效的失误补救机制，保证游客的忠诚度，并将其变成"常客"或"回头客"。

绘制流程图旨在从游客视角出发，研究影响旅游景区服务质量的关键要素，不仅为提高旅游服务质量提供了思路，也为提升游客的满意度指明了方向。对旅游相关部门和旅游企业来讲，游客的购买决定将直接影响企业能否顺利售出旅游产品，然而提供好的服务对游客的决策有着重要影响。因此，根据服务蓝图对游客关键决策内容进行着重分析是十分必要的，明确哪些要素关系到游客的决策。此外，服务过程中的潜在失误点也是影响旅游服务质量的重要诱因。依据游客对某一景区服务质量的调查和反馈，可以针对服务中潜在失误点加以分析和改进。

表6-3 旅游景区服务蓝图内容构成

服务行为	游前					游中			游后
有形展示	网站布局设计/电话员语气态度	餐饮、住宿、租车、旅游优惠、保险等信息	工作人员业务熟练程度			安全标识、服务人员态度，景区/交通、公共场所标识、当地安全注意事项			不强制购物、获得真实可靠旅游信息
游客行为	线上	进入旅游网站	浏览/询问商品信息	向客服咨询	预订旅游产品（线路/保险等）	支付方式	餐饮、住宿、交通、游览、购物、娱乐		评价
	线下	拨打旅游热线							
前台服务行为		解答疑问			在线支付/前台付现	游客中心工作人员	人员接待(司机导游/志愿者)	邮寄	投诉
后台服务行为	网页设计	旅游商品信息				包车/租车、区间车安排、厕所/公共休息区建设			投诉处理及反馈
支持行为	网页设计维护	商品信息更新录入				旅游安全预警、安全监测、应急救援			
	旅游信息咨询服务系统					旅游安全保障服务系统、旅游交通便捷服务系统、旅游惠民便民服务系统			旅游行政服务系统

（资料来源：张文秀，钟小欢，李翠林《基于服务蓝图新疆旅游公共服务体系优化研究》。）

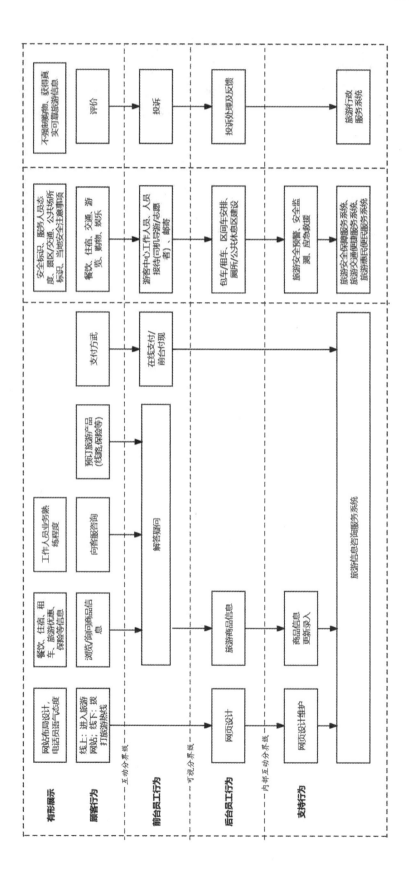

图6-6 旅游景区服务蓝图

（资料来源：张文秀，钟小欢，李翠林《基于服务蓝图新疆旅游公共服务体系优化研究》。）

第三节　景区数字化管理

一、景区数字化转型背景

（一）旅游产品与服务的数字化

一方面，以数字技术为特征的数字经济加速了旅游资源的数字化提取和可视化表达，促进资源产品化转化。数字技术重塑旅游业赖以生存和发展的资源基础，形成可感知、可体验、可互动的数字旅游产品。近年来，各大平台纷纷推出"云游"项目：携程直播助力行业复兴、快手推出"跟着快手去旅游"活动、故宫博物院等推出现场直播活动。"云观展""云看房""沉浸式体验"，以及VR景区、数字美术馆、数字博物馆等线上文体游娱新业态不断创新旅游产品和服务，增强了大众的参与感、体验感与分享欲。

另一方面，信息技术服务业、互联网行业的快速发展使旅游行业服务系统具备全方位服务的能力。数字旅游为游客提供包括出行前的针对性推荐、线上预订，出行中的身份验证、视频游记记录、语言翻译、语音导航和信息获取，出行后的信息反馈等综合服务。景区的无人商店、自助式酒店、旅行SOS服务等不断刷新旅游行业的数字化、智慧化水平。

（二）游客消费全程的数字化

一方面，数字经济时代游客的休闲出游习惯被重塑。智慧城市、移动出行服务、车联网和相关基础设施的逐渐完备助推游客对自由行的偏好。当前游客需求复杂多变，随心出行、随走随订成为人们更喜欢的旅行方式，这对旅游服务系统快速响应能力的要求越来越高。旅游直销平台和OTA平台成为游客在线消费和便捷化消费的主要渠道。移动支付、移动信息服务、网络营销、直播带货等新兴的在线旅游服务正在重塑游客的消费习惯。

另一方面，数字经济时代叠加疫情的影响使得商务旅客的出行习惯被重塑。远程办公和线上会议的兴起使经常化的商务出行活动锐减，出于节约出行时间和费用的惯性考虑，许多非必要的商务出行会被削减。据《2023年中国旅行消费趋势洞察白皮书》显示，当下包括"Z世代"、"95后"在内的新一代旅游消费者的旅游特征呈现出四大趋势（见图6-7），这些趋势也在倒逼景区必须通过数字化手段探知细分人群的旅游需求，满足其多元化、个性化的游玩体验。

趋势一	趋势二	趋势三	趋势四
从"热门主流"到"小众独特" 以彰显个性为核心驱动，消费者结合自身喜好挖掘小众目的地	从"游山玩水"到"自在松弛" 重心在于缓释压力，治愈疲惫。61%的消费者在旅程中使用小程序订购，消费者青睐小程序原因在于不需要打开别的APP及可微信支付等功能比较	从"周密详实"到"未知惊喜" 比起详细规划行程，更在意随遇而安，关注旅途本身，期待解锁未知。与2019年相比，有近三分之二的消费者期望更松弛且弹性的行程规划	从"到此一游"到"深度在地" 期待在当地有多角度的深入体验，品一方水土，短暂"成为"一方人

图 6-7　旅游消费新趋势

（资料来源：《2023年中国旅行消费趋势洞察白皮书》。）

（三）旅游服务提供者的数字化

数字经济所带来的高效和便捷，使得越来越多的民众开始接受多元化的灵活就业模式。低门槛多元化的就业机会，聚集了一批有创意、有能力的新个体加入旅游服务行业。例如，旅游讲解服务平台"金牌解说"通过众包的商业模式吸引文化名人、高校专家、"网红"明星、小学生等兼职讲解员进行景区讲解内容众创；旅行平台"爱彼迎"通过灵活和高度适应的商业模式使房东和体验达人成为旅游服务提供者，为游客创造个性化的旅行体验。灵活就业的旅游服务人员获得了弹性的工作收入和工作时间。同时，由于个人兴趣爱好的满足和成就感的获得，兼职人员也获得了自我价值的提升。因此，数字经济打破了原有的"公司＋雇员"模式，发展为"平台＋个人"模式，旅游服务从业人员通过众包、共享员工等多元化的人力资本雇佣方式获得就业。

（四）旅游全产业链的数字化

传统旅游供应商（景区、酒店、航空等）聚焦于自身业务运营，主要使用中间渠道进行分销。然而近年来，数字经济的扩张打破了传统的旅游产品（服务）供应商——渠道商（批发商、代理商、分销商、零售商）——游客的线性产业链，建立了网络型产业分工模式。旅游行业的供应商通过自建渠道或电子商务平台直接接触游客，捕获游客的具体诉求。在生产和服务阶段，供应商通过个性化服务来赢得客户忠诚度。在销售阶段供需双方精准对接、高效匹配，节省了交易双方的经济成本和时间成本。例如，故宫博物院通过官网、微博、微信公众号等自建平台与游客进行互动并宣传推广其各种文创产品，取得了非常好的效果。旅游景区的数字化转型和一站式旅游平台业务模式的成熟，使得旅游业从长价值链传递转变为短价值链传递，价值链的优化给行业带来前所未有的变革。

二、景区数字化的相关概念

景区数字化是以人为本，以信息科技为辅助，对景区的管理、运营、服务、保护、科研、开发建立"管理精细化、功能模块化、信息网络化"的综合应用与基础平台。这也是景区数字化建设的技术指导思想。

景区数字化建设的方式是构建一个智慧旅游系统,也称景区信息化系统,是利用信息技术、物联网、云技术等新技术手段,通过局域网、互联网和移动互联网,借助各种网络形式和设备终端,对旅游景区的营销方式、旅游设施、旅游服务、旅游活动、旅游景区经营者自身在内的各种资源进行信息化、智能化管理的系统。

景区智慧旅游系统能够实现对景区的环境、资源、设施、游客和服务进行全面、透彻感知,并及时做出响应,从而实现掌握和管理消费者需求、优化旅游产品、提升景区品牌价值、提高顾客满意度、降低旅游景区管理运营成本、加强企业市场风险防范能力的目的。

三、景区智慧旅游系统的构成

景区智慧旅游系统建设主要包括景区智慧基础设施、景区智慧服务、景区智慧管理和景区智慧营销四项内容(见图6-8)。

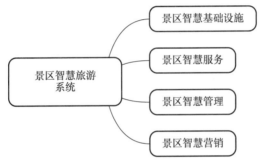

图6-8 景区智慧旅游系统构成

(一)景区智慧基础设施

景区智慧基础设施建设主要包括以下四个方面,如表6-4所示。

表6-4 景区智慧基础设施建设主要内容

基础设施建设	主要内容
通信网络及互联网	主要涉及信息网络服务建设,以实现景区游客游览区域及游览路径无线网络、新一代移动通信网络(5G)覆盖
物联网智能设施建设	主要涉及铺设环境监测传感器,传感器能够联入国际互联网。传感器可监测空气颗粒物浓度、负离子浓度、景区温度、相对湿度、大气压力、风力风向、水质、噪声和动植物等环境数据。而且可以利用物联网、云计算等信息技术对景区各类传感器监控的数据进行数据分析、处理、存储和数据挖掘等操作
办公自动化系统	能够支持景区无纸化办公、信息化管理、协同管理等
景区新基建设施	主要涉及景区智慧卫生间、智慧车场、智慧导览、智能照明灯新基建等内容

（二）景区智慧服务

1. 景区信息服务

景区信息服务工具如表6-5所示。

表6-5　景区信息服务工具

信息服务工具	主要内容
自有平台	包括但不限于门户网站、微信公众号、微信小程序、App等，能查询到景区基本信息、活动预告、旅游线路推荐、行程规划、交通导航、电子地图、景区推介服务、景区服务电话等信息
合作第三方平台	包括但不限于第三方门户网站、微信公众号、微信小程序、App等，能查询到景区基本信息、活动预告、旅游线路推荐、行程规划、交通导航、电子地图、景区推介服务、景区服务电话等信息
呼叫中心	交互式语音应答系统、自动呼叫分配系统，以及支持呼入和呼出的景区旅游呼叫中心，并对接市（县）级旅游服务热线等服务资源，提供旅游产品查询、景点介绍、票务预订等服务

2. 景区智能导游导览服务

依托移动互联网、物联网、地理信息技术、全球定位系统、自动识别技术、iBeacon技术等建立的景区智能导游解说系统，为游客提供导航、导览、解说等服务。一方面，借助信息技术定位技术、人工智能技术，建立智能推荐系统，为游客提供地图定位、自助导游、自助导览服务，实现旅游景区游览线路规划的智能化。另一方面，依托景区内置射频识别技术（Radio Frequency Identification，RFID）的门票或者其他终端设备，游客可自动触发景点解说器，解说器会为游客提供智能语音导览服务。

智慧景区建设当中，应为游客提供定制化的全程的景区导览服务。借助于现代的识别技术，依据游客的位置、年龄、爱好等，为游客在景区的游览线路提供个性建议，游客可以选择个性的讲解语言、讲解风格。具体来说，景区智能导游导览服务主要包括以下服务：线路规划服务、电子地图服务、自助导游讲解服务。

3. 景区虚拟服务

景区虚拟服务主要包括以下三项内容，如表6-6所示。

表6-6　景区虚拟服务主要内容

虚拟服务	主要内容
虚拟展示	能利用声、光、电、图技术展示或辅助展示景区的景观资源；能利用VR（Virtual Reality，虚拟现实）、AR（Augmented Reality，增强现实）技术增强景观的现场展示效果，介绍景区景点
虚拟互动	能利用VR、AR技术提供现场互动服务，使游客获得沉浸式体验。支持在移动终端、景区触摸屏设备上应用数字虚拟景区，实现互动

续表

虚拟服务	主要内容
虚拟展示	能利用声、光、电、图技术展示或辅助展示景区的景观资源;能利用VR(Virtual Reality,虚拟现实)、AR(Augmented Reality,增强现实)技术增强景观的现场展示效果,介绍景区景点
虚拟体验	太空旅行、深海探险、火山喷发、海啸等极端天气体验,以及虚拟旅行游戏等

4. 景区游客服务终端

景区开发一个统一的游客服务终端,为游客提供各类泛化、个性化旅游服务。某些景区多种服务终端,但是每种终端有自己的特点或特殊功能,游客需要使用多个终端才能完整游览,降低了游客满意度。景区应建立一个统一、功能齐全的服务终端,游客能获得旅游行程制定、预订、支付、导航、景区游览、景区解说、娱乐休闲、旅游咨询投诉、旅游分享等服务。游客终端成为一个智慧旅游的关键入口,终端工具的普及率也成为整个智慧旅游能否顺利推进的关键。

(三)景区智慧管理

1. 景区综合指挥平台

景区综合指挥平台建设的主要内容如表6-7所示。

表6-7 景区综合指挥平台建设主要内容

综合指挥平台建设	主要内容
景区智慧指挥中心	景区智慧指挥中心具有集中展示景区全方位信息的显示大屏,汇总景区内部各项关键信息和数据指标;在大屏上集中显示景区真实、实时、多维度的数据和信息。能实现管理资源的整合,及对各职能部门的统一组织协调,实现资源监测、运营管理、游客服务、产业整合等功能,主要将多媒体技术、数字图像处理、网络远程传输、定位导航技术等有机地整合到一个平台上。景区管理高层可以在指挥中心、办公室或通过智能手机上全面、及时、多维度地掌握景区实时情况,并能及时发号施令,以实现景区可视化、智能化管理
景区动态监控系统	景区内部安置摄像监控系统、传感器,构建景区闭路电视健康系统、防盗报警系统、电子巡更系统、停车场管理系统等,形成景区动态智能监控系统,实现对景区内气候气象、地质、资源、游客、交通线路、景区车辆的定期或随机的巡视和监控,实现景区的可视化管理
动态位置监测与救援系统	依托景区智能监控系统,借助景区终端的移动设备,既能为游客提供基于位置的服务(Location Based Service,LBS),也能为景区管理提供及时的动态位置监测服务,为游客提供及时的救援服务。通过实时监测游客位置,当出现游客求救后,能够第一时间内定位游客的位置,及时开展救援行动。借助于系统,能够建立应急处理预案及应急响应系统,保证应急响应的及时性、科学性、系统性、有效性

2. 景区电子门禁系统

越来越多的景区借助智能识别的技术，推行电子门票。景区采用电子门票之后，当游客进入景区安检处时，可被自动识别并进入景区，系统自动读取相应信息并将信息传送至景区的数据中心，实现景区门票的电子化、智能化管理。

景区电子门票形式多样，有二维码、一卡通和身份证等主要形式，如表6-8所示。景区电子门票系统不仅能够帮助景区实时地统计游客进入人数，为游客疏导提供数据支撑，还可以改变以往纸质、人工检票的高成本、低效率状态，消除游客的排队问题。电子门票通过电话、互联网、移动互联网等方式实现了景区门票的预订或预售，为游客提供方便。例如，美国迪士尼乐园和度假区已经开发出"My Magic Plus"智能手环，实现门禁验票、游乐项目智能排队、酒店客房钥匙，以及消费支付等功能，极大地提升了景区管理效率。

表6-8 景区电子门票的主要形式

类型	典型代表	功能
二维码	北京圆明园、大观园	向游客提供一种线上线下融合的"景区电子门票"服务
	重庆抗战遗址博物馆	游客网上订票之后，随后发送一条二维码到游客手机上，游客到景区入口刷二维码进入景区参观
	黄山	游客可以登录中国移动无线城市手机顾客端在线预订区购买门票，之后手机将会收到一个短信验证码，即电子门票，凭借电子门票至相应景区参观
一卡通	"中景通游卡"	井冈山、五台山、承德避暑山庄、镜泊湖等50余家国家5A级旅游景区和国家级风景名胜区联合推出的"中景通游卡"，游客凭该卡可在指定景区使用
身份证	厦门鼓浪屿	游客网络预订门票之后可以持二代身份证登船旅行
	北京	北京市旅游委正在推进凭身份证号进景区的识别系统，游客只要刷身份证就能完成检票

3. 景区游客管理系统

依托现代科技，通过智能门票、物联网、移动通信基站、视频监控系统、游客服务终端、游客定位技术等，能为景区游客流量控制及安全预警提供支持，实现对景区游客的实时监控和合理引导。第一，能够获取景区总量数据，以实现对景区客流的总量控制；第二，对景区游客实时分布情况进行监测，实现对游客的可视化监测管理，分析景区内游客分布的热点区域，实现对游客进行动态的追踪，监视客流集散地、交通要塞、人流密集地等区域，一旦超过系统设定承载量就会自动提示预警，以合理分流游客；第三，借助大数据分析技术，建立景区游客流量预测分析系统，预测景区客流分布和拥堵情况。

景区游客流量统计数据主要来源于景区门禁、运营商基站定位和视频监控设备。由此，景区可以对人流进行实时监控与预警，包括入口、出口、热点区域等的人流实时计数、总量统计以及流量超控自动报警等。由此能够及时分析游客个体及群体异常行为,进行游客突发事件预测预警。能够预测客流高峰时段与位置,并实施相应的人流调控措施,实现高峰期游客量分流。能够为游客提供导航、导览等服务,借助手机等移动顾客端,能提供实时交通信息,包括交通管制、交通事故、限行、停车场及车位状况,且在景区内为游客提供游览服务,引导游客在景区的线路游览。各地景区游客容量监测系统如表6-9所示。

表6-9 各地景区游客数量监测系统

地区	主要功能
四川九寨沟	依据标有射频技术的游客门票,可对游客进行跟踪定位。监测游客的容量和流向,每个景点游客人数是否达到饱和,每位工作人员配有"景管通"的智能手机,可随时将相关信息向景区智慧中心报告,且监控中心也会随时将这一信息向各个景点的LED显示屏即时发送提示信息,提醒游客选择合适的景点,及时疏导旅游旺季景区景点游客拥挤、乘车站点拥挤、车辆调度不畅等问题
苏州	通过对游客流量进行实时监测,实时发布旅游点流量热点图,游客可根据这一信息主动避让高峰,选择相对人少的景点,并设立旅游安全预警系统,分别用红色、橙色、黄色和蓝色,向旅游者发布不同等级的安全预警信息
黄山	通过景区指挥控制中心或任何一台能上网的电脑,可实时掌握景区所有人口进山人数、各索道上下行动态人数
溪口	借助智慧旅游项目,可实时掌握各景点的客流量、游客构成等,了解景点附近交通、停车位置等状况,可及时对景区现场进行指挥调度
北京	借助景区智慧旅游系统进行监控人流量,并测算出景区景点的旅游舒适度和安全指数,并对景区景点的售票、客流控制发出预警

4. 景区数据中心

利用物联网、云计算、大数据等现代技术,以游客为中心,搭建景区数据中心,将景区、旅行社、酒店、旅游相关产业信息资源以及游客信息整合在一起,支撑景区通过网站、电脑、触摸屏、手机、平板电脑等移动终端将为游客提供随时随地随需的旅游信息服务。例如苏州智慧旅游建设中"一云多屏"则是通过电脑、手机、触摸屏、数字电视和其他设备,全方位地向游客提供信息服务。

5. 景区环境监测系统

景区环境检测系统的作用如图6-9所示。通过物联网、射频识别、传感器、红外感应器、全球定位系统、遥感技术、地理信息系统等技术的应用,建立景区资源环境监测保护系统,实现对景区地理、资源和环境的动态监控,提高景区资源环境保护和管理水平。

通过射频识别、红外感应器、全球定位系统、激光扫描等技术实现对景区资源的监测，景区内重要资源都设置有一个ID(身份标识号)，特别是对于一些文物资源，能监测这些资源的状况，对其损害程度进行识别	能实现对景区内的空气、水、地质等环境的监控，包括温度、湿度、风速、风向、雨量、光亮度、烟雾度、可燃物状态、噪声等信息，对景区的环境状况有实时的了解	借助对景区环境监测，实现对景区自然灾害及时全面透彻的感知监测，如一些山地景区在潜在滑坡体安装传感器网，可监测山体形变，及时对滑坡灾害进行预警	通过对景区资源和环境状况的监测，能够测度景区的承载容量，建立景区资源和环境的预警系统

图6-9 景区环境检测系统的作用

（四）景区智慧营销

首先，智慧景区可以进行游客画像分析，深入了解游客属性及出游行为特征。借助大数据分析技术，自动完成相关信息的处理、分析、查询等任务，获得有关游客深度分析数据，洞察游客消费特征，及时掌握游客历史消费记录、消费偏好、消费层次水平等，帮助景区更好地掌握游客的消费行为，为景区管理、服务和市场开发提供数据支撑。

其次，智慧景区支持目标市场需求分析，以了解市场对景区产品及服务的需求；开展景区市场监测、分析和预测，挖掘游客的兴趣点，提升游客的关注度和满意度，促使消费者做出消费行为，了解消费者的出游趋势等，准确推送景区信息，为旅游市场精准营销、定制旅游服务、建立旅游舆情监测系统等提供基础支撑。一方面，通过对数据的处理、挖掘和分析，获得有关游客的深度分析、景区的热点分析、有关旅游业发展态势分析，洞察游客和旅游业特征，为景区、酒店等相关行业的产品开发、市场营销提供参考。另一方面，这一数据分析也能为游客提供有针对性的服务，给提供信息服务的群体提供参考。

第四节 旅游体验管理

一、旅游体验相关概念

（一）体验经济

20世纪70年代，美国著名未来学家阿尔文·托夫勒(Alvin Toffler)在《未来的冲击》一书中预言了体验经济的到来，推断出服务业最终会超过制造业，继服务业发展之后体验业将成为未来经济发展的支柱。物质文明的发展、居民生活水平的提高、闲暇时间的增多，新技术的不断发展、先进企业对人们消费观念的引领和示范，都促进了服务经济到体验经济的演进，21世纪的今天正逐渐成为体验经济的时代。

美国学者约瑟夫·派恩(B·Joseph Pine Ⅱ)与詹姆斯·吉尔摩(James H·Gilmore)在

他们1999年合著的《体验经济》一书中,对体验经济做出了较为系统的阐释。他们将人类经济社会划分为四种经济形态:农业经济、工业经济、服务经济、体验经济。同时,四种经济形态对应的社会产品消费形态经历着四个阶段的演进(见表6-10)。

表6-10 社会产品消费形态的四个阶段

消费经济阶段	对应的社会阶段	主要特征	竞争主导
产品经济	农业经济时代	在大工业尚未形成之前,处于商品供不应求的短缺期	谁控制了产品的生产(包括生产资料),谁就主导市场
商品经济	工业经济时代	随着工业化的不断加强,商品不断丰富,逐渐进入供大于求的过剩阶段	谁占据营销优势,谁就主导市场
服务经济	服务经济时代	商品极大丰富,更注重商品销售过程中向顾客提供面对面的服务价值	谁有更好的服务,谁就主导市场
体验经济	体验经济时代	追求的是顾客个性化感受中的满足,重视的是消费过程中的自我体验	谁能满足顾客个性化体验,谁就主导市场

(资料来源:根据舒伯阳《旅游体验设计》一书整理。)

从社会消费视角上看,体验成为一种独特的经济提供物。于是体验经济就成为一种以服务为舞台、以商品为道具、以体验作为主要经济提供物的经济形态。其中,商品是有形的,服务是无形的,创造出的体验是令人难忘的。在体验经济时代,顾客每一次购买的产品或服务的过程在本质上已不仅仅是简单、实在的商品或服务,而是一种感觉,一种情绪上、体力上、智力上甚至精神上的过程体验。企业也不再仅是销售商品或服务,它提供的顾客体验充满着感情的力量,企业使命是致力于为顾客留下难忘的愉悦记忆。可见,体验经济实际上是以"消费者为中心"的一种注重顾客精神满足,提升其心理生活质量的经济形态。旅游业作为典型的第三产业,其自身就存在体验的特点和属性。因此,体验经济对旅游业的发展具有十分深远的影响。

(二)旅游体验

从旅游的本质来看,体验是旅游的核心属性之一。学者谢彦君这样定义旅游:旅游是个人前往异地,以寻求愉悦为主要目的而度过的一种具有社会、休闲和消费属性的短暂经历。旅游的基本出发点、整个过程和最终效应都是以获得精神享受为指向。旅游是在地域与时间的跨越中,通过对与自己所习惯的文化存在差异的另样文化的体验中,寻求审美和愉悦享受的活动。因此,旅游活动在本质上就是旅游体验,旅游体验构成了旅游的内核。

从体验的内容看,旅游是获得体验的舞台。体验是一种参与经历,它能为参与者提供身心享受,留下难以忘怀的回忆。而旅游给人带来的主要是以精神愉悦为主要特征的心理满足,且本质上是一段经历,并在事后形成回忆,与体验的内涵高度一致。因此,为旅游者服务的旅游业顺理成章地成为体验经济的大舞台。旅游本身就是体验的一种主要方式,包含了体验经济的诸多特征,两者在同一快车道上发展,但作为体验展示的主要舞台,旅游应领先于其他体验舞台而走在体验经济的最前方。

二、旅游体验设计模式

旅游体验设计作为一项具有挑战性的新兴设计领域需要新的理念指导,强调设计过程中的创新与创意。一个成功的旅游体验设计要从旅游者体验感受出发,全身心、全方位创造。学者舒伯阳总结国内外众多大师的设计心得,凝练成了旅游体验设计的 TPPV 模式(见图 6-10),层层递进,实践性强并且可复制。

(一)主题创意

主题是旅游体验的灵魂,明确的主题有利于游客辨识景区形象,有利于景区开发者集中配置资源进行体验设计。旅游体验设计的第一步是构建一个旅游者能够感受到"意义"的体验主题。景区的主题定位指导体验产品设计,贯穿旅游体验始终。主题设计流程归纳如下:

第一步,全盘考虑,确定主题。旅游主题是以资源特色与市场的文化需求为依据而制定的,必须紧紧围绕特色、体验、情怀三个特点,才能量身定制,独树一帜。主题策划需要在主题策划上做好四步顶层设计:地域适配性,与地域文脉、客群需求相匹配;题材认知度,认知度决定潜在的旅游吸引度;产品延展性,可延展性决定旅游产品开发的难易程度;品牌传播性,传播性是未来形成品牌性项目的基础(见图 6-11)。

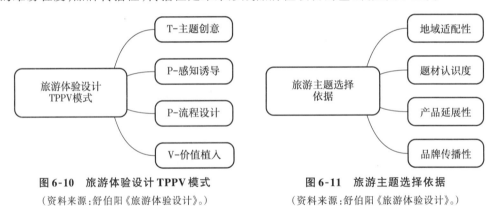

图 6-10　旅游体验设计 TPPV 模式　　　　图 6-11　旅游主题选择依据
(资料来源:舒伯阳《旅游体验设计》。)　　(资料来源:舒伯阳《旅游体验设计》。)

第二步,美名承载,口号宣传。名称是景区的一张名片,科学合理的景区命名,既能反映出景区的特色,又蕴含丰富的文化内涵。而旅游口号是旅游地形象的浓缩和精华,优秀的旅游口号往往通过一两句精练的语言就能让游客对该旅游地有一个初步的印象,旅游口号可以传递景区的主题定位和情怀。景区命名时需要注意如下几点:①合法可用。在确定景区名称时,需要进行商标搜索和注册等必要程序,以确保景区名称的合法性。②易读易记。容易记忆的名字易于传播。③关联性。不能胡编乱造,起名和所在地区、民俗风情、经营理念等相关,消费者看到名字大概知道是什么类型的旅游区,同时可看出企业的文化、理念等。④可延伸性。景区名称应是经久不衰的,能够适应时代的变化和未来的发展,是长久的、有灵魂的。

第三步,主题 IP 化,演绎故事。景区 IP 要会讲故事,才有灵魂。首先,独特的主题

IP可以通过对地域文化的深入挖掘,提炼元素形成文化图腾,如常州恐龙园的恐龙;也可以植入外部文化或创意元素,策划包装,创新打造,如华强方特的熊大和熊二。其次,要围绕主题演绎故事,通过历史故事再现、时代故事制创新、生活故事融合等来全新阐释,形成主题的架构情节。最后,传递积极的情感和价值观,进而上升成为景区价值烙印,传播影响力会大大增强。中国IP故事需要把握消费者群体分层和内心诉求,对特色文化进行深度发掘。

例如武汉市黄陂木兰生态旅游区的"木兰玫瑰园",以"玫瑰"为魂,定位于武汉城市圈女性旅游者的玫瑰旅游主题品牌,并采用独具创意的体验设计来强化该主题,塑造"玫瑰人生"IP,提升景区吸引力,实现经营目标。

(二)感知诱导

游客的感知诱导是使其实现沉浸式旅游,获得独特体验的重要手段。感知诱导设计包含三个方面:五觉设计、场景营造和游戏代入(见图6-12)。

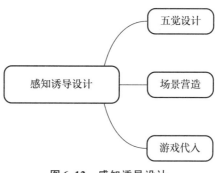

图6-12 感知诱导设计
(资料来源:舒伯阳《旅游体验设计》。)

1. 五觉设计

心理学家证实:人类获取的信息83%来自视觉,11%来自听觉;人们一般通过阅读所得内容可记住10%,而通过交流所得内容可记住70%。因此体验设计中要努力创造互动,以便使游客在体验中产生深刻回忆。另外,化学的(味觉、嗅觉)、物理的(触觉、听觉)和光学的(视觉)感觉之间可能会产生相互作用,即对一种感官的刺激会触发另一种感觉,这在心理学上被称为"联觉"现象。所以一个完整的旅游体验要尽可能地为消费者提供视觉、听觉、嗅觉、味觉、触觉五种感觉体验,让消费者每接触一种感觉都有不同的感受和情绪。

2. 场景营造

置身场景,才会感觉真实。体验塑造也在于营造画面感、场景感,顾客的购买场景、使用场景、存放场景和维护场景等,场景越清晰,体验越有穿透力。旅游者的体验均是在相应的场景下开展的,旅游者也是借助场景来了解产品的,在不一样的场景下,对产品或服务体验后的感触与回忆也是不一样的。例如同样是茶叶,在盛产茶叶的某旅游景区购买与在街边商贩购买所享受到的待遇是不一样的。因此,想打造良好的客户体验,便需以客户为重心,组成一个整体的商业场景,与周边环境形成协调性、空间生产与再造。例如长沙叮叮Mall创意体验中心,采用集装箱主题设计,打破千篇一律的商建立面、陈列空间,巧妙地将重工视觉、艺术元素、多元文化复合混搭,体现鲜明的潮流商业定位。

3. 游戏代入

用游戏化思维设计产品是满足参与者"欲望"是一种巧妙的方式。游戏具有目标、规则、反馈系统、自愿参与的特性,能够有效吸引玩家的注意力,提高参与度,在游戏中获得成功能明显增加玩家的成就感、归属感。"游戏化"就是基于用户体验而衍生出的一个革命性理念。查德·巴特尔(Richard Bartle)率先提出"游戏化"这一概念,其原义是"将游戏设计手段运用于非游戏领域,把不是游戏的东西或工作变成游戏,从而将枯燥的事情变得像游戏一样具有吸引力"。游戏化不单单是提供了一种参与机制和激励机制,它告诉我们,我们完全可以驾驭人类爱玩的天性,并利用这种天性做有意义的事情。因此,在旅情境景中使用游戏元素和游戏设计技术,能够为体验活动赋予互动的趣味。

例如2019年景区游戏类探险书《龙虎山密码》上市,探索将旅游带入好玩有趣的"游戏化"时代。《龙虎山密码》集小说、游戏、景区介绍和导览等功能于一体,以一个探险寻宝的故事串联景区所有景点元素,并在关键情节和景点设置游戏问题,由读者决定故事走向,直至完成探险,找到宝藏,将单纯的旅游观光变成一次主动参与的探险之旅。

(三)流程设计

1. 流程设计需要仪式感

仪式感对于生活的意义就在于用庄重认真的态度去对待生活,发现生活的乐趣。仪式可加深我们对一件事的体会和感受,仪式感对于提升旅游者的体验质量有着积极作用。仪式感在营造过程中要注重四个方面:审美化、情怀化、个性化、神圣化。

2. 流程设计需要打动游客内心

从顾客感受角度出发,对体验流程进行根本性的重新思考和分析,对流程的构成要素、感受细节等进行重新组合,设计创造出让体验者更具愉悦感、留下深刻印象的效果。关键在于从心出发、匠心设计、用心创意,需要从全链印象塑造、体验氛围营造、接触细节设计和逆向产品化思考这四方面入手。

例如,云南建水文庙从自身的文化主题定位出发,从古代孩子在5—18岁成长阶段参加的仪式中汲取素材,并根据时代特征和市场需求进行形式和意义上的创新,推出了包括圣泉沃盥、法圣贤正衣冠、敬先贤拜先师、击鼓明志、点朱砂启童智、启蒙开笔、感恩父母知晓礼仪、感恩立志知礼成人、立誓言抒胸臆、点亮心灯许下愿望、颁证结语在内的"儒家三礼"(即开笔礼、成童礼、成人礼,见图6-13)旅游体验项目,是旅游地通过举行仪式来提升仪式感的典型案例。当然,旅游地的仪式感并非仅仅源于仪式,凡是能够带来强烈的正式感、秩序感、崇高感、庄严感、跨越感的活动、行为和事件,都有利于仪式感的提升。一些旅游地采用推出特色活动项目,如拍纪念照、加盖邮戳、颁发证书等,均体现了地方特色、丰富了旅游体验、增添了旅行乐趣、强化了纪念意义,让游客切切实实地感受到了存在感、拥有感和意义感,让旅游地变得更好玩、更有料、更与众不同、更值得回味。

图6-13 "儒家三礼":开笔礼、成童礼、成人礼

（四）价值植入

1. 价值的植入首先需要构建价值空间

从商业价值实现的终极目的看,在追求游客体验愉悦感之外,景区设计还需要以创造"价值空间"为核心目标,将游客需求、空间利用、商业价值、生态关怀、技术应用、人性化生活、艺术审美等多方面的诉求,通过场景设计手法加以协同和融合。兼具东方人文传统与西方商业价值观,洞察空间规划、场景设计、体验细节与经营者之间多方利益诉求的平衡。

2. 价值的植入需要做到衍生价值变现,有线下和线上两种模式

线上变现依托特色主题IP和体验的口碑,企业还应构建起自身的线上商业生态圈,包括淘宝、虚拟社区与社群,并进行线下与线上整合的导流,将流量转化为24小时全天候的消费。

衍生价值的线下变现,其实主要就是现场体验和消费,因为旅游体验本质上是亲身体验,必须亲临现场,才能获得真实的感受,包括现场实景观看和增强现实的VR、参与互动活动、现场购买文创产品等。由于旅游现场消费的非惯常环境特点,加之追求愉悦的非理性,游客在体验现场的消费决策往往具有冲动性。只要体验感足够好,商业价值的变现效果会出乎意料的好。企业唯一需要做的,就是提前规划设计好与体验高度契合、具有特色IP的旅游文创产品系列。

故宫进行了产业链的全方位打造。线上方面,除故宫淘宝文创店外,故宫发布多款电子终端皮肤表情包,并在故宫主页开辟了"遇键故宫"的表情包专区,让昔日高高在上的皇帝时时刻刻陪在我们身边。线下方面,故宫开设角楼咖啡馆、快闪店等,推出简略版故宫文创体验,2019年正式启动的"紫禁城上元之夜"活动,使故宫文化贴近百姓生活,实现衍生价值变现(见图6-14)。

图 6-14　故宫角楼咖啡馆与紫禁城上元之夜

教学互动

如何设计旅游体验？请简要回答。

章节小结

本章节详细介绍了景区标准化与数字化管理、服务蓝图设计、旅游体验设计的相关内容，对景区管理标准、服务蓝图设计与旅游体验设计流程等知识进行了详细介绍。通过对本章节的学习，小白对景区管理景区的工具有了深刻的理解。

项目训练

河南多景区迎来"人潮"模式　智慧旅游平台大显身手

2018 年"十一"黄金周第三天，云台山、龙门石窟、嵩山等景区均迎来长假客流高峰，开启"人潮"模式，景区也是多措并举、积极应对。各大景区打造的智慧旅游平台也开始大显身手。

河南"老牌"AAAAA 级景区云台山在国庆前三天，游客接待总量为 20 余万人次，10 月 3 日，更是达到 7.25 万人次的客流高峰。面对如此艰巨的游客接待任务，云台山景区依托自身先进的智慧旅游平台和 2000 名工作人员的倾力付出，真正做到为游客的假期保驾护航。

为了迎接"十一"假期，云台山景区着力打造的"智能云台山"，为游客带来了极大便利，可为游客提供游前、游中、游后，"景区外＋景区内"一站式、全方位服务，游客通过一部手机就能玩转云台山。

游览前，游客在高德地图中搜索云台山，可一键直达"景区门户"，不仅能查询交通,还可以在线购票、订酒店、查看景区最新动态;游览中,游客点击"一键智慧游",进入云台山手绘导览图,就可轻松找到多条个性化游览线路,以及停车场、最佳拍照点、厕所、医务室等,发生紧急情况时可点击"一键呼救",快速寻求景区管理员帮助;游览结束后,游客可针对景区发表游记和评论,供更多游客参阅。同时,"智能云台山"管理系统可及时了解景区周边高速、省道路况信息,协助交警做好景区外围交通管制与疏导;24小时监控全方位覆盖景区,及时应对各种突发事件。

思考:

1.结合案例内容,总结云台山景区的"智能"体现在哪些方面?

2.结合本章所学内容,如果你是景区的经理,你将如何建设景区的智慧旅游系统?

第三部分
国内外景区实践案例

第七章
国内外景区运营管理实践

 职场情景

学习了景区运营管理的理论知识,小白不太明白如何将这些知识运用到实践之中。高经理让小白查阅最新景区运营管理实践案例,在景区的大量实践中加深对知识的理解,以求在自己的实际工作中少走弯路,不断创新。

 章节描述

本章节详细介绍了国内外较为经典的景区运营管理实践案例,包括国外不同类型产品景区管理运营实践案例和国内优秀景区项目的运营管理重点。

 学习目标

知识目标:

1. 了解不同类型景区运营管理重点;
2. 掌握不同类型景区运营管理方法。

能力目标:

1. 能够对景区的运营管理实践有清晰的认识;
2. 能熟练掌握景区运营管理实践的最新发展。

素养目标:

1. 培养实事求是的工作态度,深入景区保障管理一线现场;
2. 提高景区运管的专业能力,找到科学唯物主义的工作方法。

第七章 国内外景区运营管理实践

思维导图

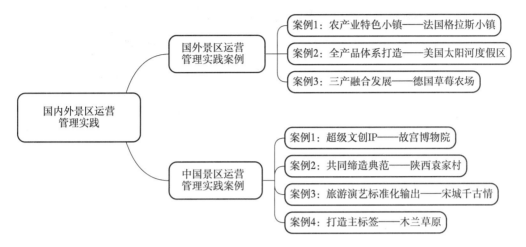

第一节 国外景区运营管理实践案例

一、案例1：农产业特色小镇——法国格拉斯小镇

（一）项目概况

浪漫的格拉斯小镇（Grasse）（见图7-1）位于法国东南部，是一座环境优美、气候温润、街道便利的中世纪小城，距离地中海20公里，特殊的气候非常适合花卉种植，再加上地区人文和产业偏好，小镇重点产业逐渐偏向花卉种植业及香水工业。花卉种植业包括了茉莉、月下香、玫瑰、水仙、风信子、紫罗兰、康乃馨及薰衣草等众多品种。法国是世界第一香水出口大国，占全世界香水出口量的38%。而格拉斯则是法国香水的第一产地，这个不到4万人的地方，却有着超过30家的香水工厂。格拉斯的香水制造业一直相当繁荣，风靡世界的品牌Chanel No.5香水就诞生于此，它也为法国赢得了"香水之国"的美誉。每年香水业为小镇创造超过6亿欧元的财富，这也使小镇有着"世界香水之都"的美誉。特色小镇可看作一种开放式景区，格拉斯小镇凭借香水工业成为世界知名的旅游目的地。

图 7-1　格拉斯小镇

（图片来源：知乎。）

（二）特色产业打造

1. 处处是花香的小城

格拉斯小城依山而建，面朝大海，夏季湿润宜人，阿尔卑斯山下的地下水加上充足的阳光，使格拉斯成为花草优生地带。冬季圣诞节后，来自澳洲的黄绒花将格拉斯及整个蓝色海岸染成金黄色；春季，染料木的黄花取代黄绒花；夏季，田中是紫色的薰衣草；5—6月份是玫瑰的季节，7—9月茉莉盛开。此外，还有月下香、水仙、风信子、紫罗兰、康乃馨……每年在这个地区采集的花朵多达700万公斤。

2. 香水加工业的传奇

由于格拉斯随处可以采摘到鲜花和香草，这里的香精提炼技术日臻完美。制造这些香精是很费神的事，为了保证香精的质量，制造的过程十分考究。所有作为原料的鲜花，一律都是用人工采摘，时间要求很严格。像素馨的花，只能在凌晨4点至上午10点之间采摘，而茉莉花必须在凌晨4点至日出前带露水采摘，因为太阳一出来，香味就所剩无几。这种近乎苛刻的传统方法被一代又一代地沿袭了下来，保证了格拉斯香水的高品质。

3. "嗅觉天堂"的打造

格拉斯被称为是"嗅觉天堂"，它拥有众多香水博物馆、香水实验室、香水工厂、花田（见图7-2），以及高尔夫球场，每年全球有数十万名游客来此探寻香水的历史，香水旅游成为时尚，旅游业也成为格拉斯的支柱产业。

著名的国际香水博物馆于1983年正式对公众开放，从温室花房里散逸出的香味会让游客陶醉其中。在博物馆的玻璃橱窗中，能见到各个时代用来盛香水的容器，可以欣赏到4000年来各个时代与香料、香水有关的物品，了解到从古埃及到现代的所有香水制造技术。讲解员和调配师还会为大家阐释香水的制作过程。

香水制造企业提供亲身体验。格拉斯小镇可参观的香水工厂有花宫娜（Fragonard）、夏里玛（Gali-mard）和莫利纳尔（Molinard）。在花宫娜的香水博物馆，能看到香水的古老生产过程:妇女们穿着当地的传统服装,在日出前的玫瑰田里采摘花朵;隆隆的机器轰鸣声中,工人们用各式大小、奇形怪状的煮锅、滚筒、蒸馏锅来压榨、提炼、萃取香油。

在格拉斯,还有一间培养调香师的学校,招收任何年龄的学生,不一定要有经验,唯一条件是鼻子要够灵敏,因为每个学生都必须学会分辨500种不同的气味才准予毕业。在学校里,更多传授制造香水的技巧,特别集中在比较难调配的天然香水材料,而非现在越来越普遍的化学合成香水,除了测试对香味的敏感度,还会考验学生的创新能力。

图7-2　鲜花与香水产业

（图片来源:知乎。）

（三）运营分析

格拉斯小镇历经了多次的产业转型,并最终走上了以绿色农业为基础(鲜花)、新型工业为主导(香水)、现代服务业为支撑(旅游)的经济发展模式,并始终保持着活力。

首先,从格拉斯小镇的发展过程可以看出,农业产业特色小镇赖以发展的特色种植或养殖是小镇产业发展的基础,没有鲜花种植形成的产业基础,就不可能有芳香四溢的生态,就不可能有新型工业(香水)的导入,至于闻名遐迩的旅游风情更不可能享誉世界。

其次,农业产业特色小镇工业化的定位对于小镇发展影响深远:无论什么工业,讲求生态环境保护是成功的基础;工业定位需要选择新型工业等有发展潜力的方向,不可以把污染严重的传统工业引进来。

最后,农业产业和工业产品都是大众日常消费品,而鲜花、香水等产品是中高端消费者钟爱的,这样的产品组合共振形成的影响力更大,也是特色小镇定位的精髓所在。格拉斯的发展历程有两次重要的转型:第一次是工匠们抓住市场机遇,从手工皮手套生产转向了香精、香水的生产;第二次是随着本地原材料成本的提高,转向国际化采购原材料的模式,而本地则更多地转向旅游业等第三产业,以获得更高的附加值。格拉斯小镇的持续转型过程说明特色小镇市场化的特点,运营者需要不断根据市场的变化进行转型调整,才能保证小镇持续的活力,绝对不是建成后一成不变。

二、案例2:全产品体系打造——美国太阳河度假区

(一)项目概况

太阳河度假区(见图7-3)位于美国太平洋西北区俄勒冈州德斯特郡本德市南面25千米处的沙漠高地上,在德斯特河东侧,北、东、西三面被德斯特国家森林环绕,占地面积13.4平方千米,是不同年龄的度假游客爱好者、户外运动爱好者的休闲度假天堂。度假区整合开发,混合游憩区与度假居住区,提供完善的社会生活服务、运动教育服务、亲子教育服务和教育培训服务。创新、便利的配套服务,深度体验运动的空间养生场所,使得太阳河度假区成为美国著名的度假旅游目的地。

图7-3 太阳河度假区

(图片来源:《康养旅游经典案例:美国太阳河度假区》。)

(二)经营策略

1. 精准定位市场

太阳河度假区针对核心客户——家庭游客,开发了有针对性的游憩场所、运动设施和商业休闲设施。度假区相当一部分游客为周末游客,并且多数是家庭出行,客户散布各州,主要集中在太平洋地区与加州地区;每年都吸引很多来自美国西北沿海多雨都市及加州市中心的家庭和退休夫妇前来度假。因此,太阳河度假区进行了精准定位,建设了一系列适合家庭度假的配套服务与设施,吸引了源源不断的家庭度假旅游者。

2. 强化整合营销

太阳河度假区拥有多种类型的节庆活动、社区活动、假日狂欢与专题活动,如高尔夫精英赛、葡萄酒节等,大大提高了度假区的知名度,构建了太阳河度假区的特色文化标志,塑造了区域特色。太阳河度假区在开发自然资源的同时深入挖掘文化资源,每个季节均有节庆活动,超越了季节的限制,减少了季节性造成的负面影响,扩展适游周

期,强化整体营销。

3. 可持续理念引领

太阳河度假区非常注重可持续发展,制订了可持续的综合开发计划,保证区域开发目标的最终实现。在前期,度假区为营建高品质的综合环境,集中建造设施,使第一阶段的设施更易于经营与管理,综合考虑了社区社团管理和区域安全问题。同时,太阳河度假区重视区域生态环境保护,制定了一系列生态保护政策。太阳河度假区是在保护区域生态环境的基础上,建造了一个度假区和居住区完美结合的社区。

(三)产品体系

太阳河度假区最大的亮点在于其打造了完整的产品体系,涵盖面向不同客群的游玩项目、完善的居住设施、丰富的业态体系、具有特色的专题活动等。

1."旅"体系

(1)太阳河度假区旅游度假环境。

独特的自然环境。太阳河度假区沙漠地带和喀斯特熔岩形成了独特的地理环境,拥有优越的地理景观;规划时要求区域内所有建筑物和人工景观与周边的自然环境和谐统一,让所有人都能得到视觉上的享受。同时,度假区无条件地保护自然环境。由此可见,自身优越的自然环境加上开发商强烈的保护理念,使得太阳河度假区得到可持续发展。

完善的度假设施。度假区交通便利,区内开发了步行和自行车的交通体系,以减少使用汽车和其他会产生污染的交通工具;度假区拥有丰富并且多样的主题度假设施,如运动类设施、康体疗养设施和休闲观光设施等,以及自行车道、婚礼小教堂等,丰富活动类型。

(2)面向不同客群的旅游项目。

面向家庭的旅游项目。太阳河度假区提供超过1300万平方米的全年家庭娱乐区,包括特殊纪念日、生日、婚礼或越野集会,被贴切地命名为美国"西北第一家庭度假胜地"。

会议及团体旅游项目。在硬件方面,太阳河度假区拥有超过4200平方米的功能灵活的会议和宴会空间、服务完善的商务中心以及先进的专业视听设备。在软件方面,太阳河拥有丰富多彩的团队拓展项目,冬季有各色的雪地娱乐项目,春夏秋季也有独具特色的创新项目体验,度假区内还提供专业的团队竞赛项目服务。太阳河度假区拥有美国西北部最大的会议接待设施,且设有以会议为主的度假活动,从春季一直延续到秋季,不断有大小会议在此展开。

创新体验类旅游项目。太阳河度假区拥有熔岩床、高耸的雪山、广阔的林地和湍急的河流,提供给旅游者各式各样的选择。德斯特国家森林公园和周围的荒野地区提供骑山地自行车服务,更是远足、骑马的好去处;冬季旅游项目中,这里有世界一流的滑雪场地;同时,还可进行湖面泛舟、划船、山体攀岩等活动。

2. "居"体系

太阳河度假区提供不同档次和规模的优质度假居住物业,划分出一定比例的物业由出租管理机构短期出租。度假区大约有4200个住宅和住宿单位,包括单一家庭住宅、公寓、小木屋和农舍,从中挑选出400户作为短期出租住宅,由专业的度假居所出租管理机构负责运营。度假游客可租住私人拥有的单家庭住宅或产权式度假公寓,也可以住宿在度假村旅馆中,这样避免太阳河完全的私有化,固化一定比例的公共接待设施。居住的类型可分为三类:临时性度假居住,例如酒店、公寓;周期性居住,例如度假别墅、二居住宅;永久性居住,例如养老居所等。

3. "业"体系

太阳河度假区内含丰富的业态体系,支撑整个度假区的运营,从业态类型上可分为度假服务类、旅游服务类、居住服务类,服务所有度假者、短期游客、居民。"业"体系是太阳河度假区长盛不衰的保障,也是带动活力、增强消费的重要组成部分。

度假服务类:度假区拥有丰富的度假生活设施,还有各种类型的体育运动设施,有水疗和健身服务。这些设施的使用群体主要是度假者,但同时面向游客和居住群体。

旅游服务类:主要为游客提供服务,这些服务主要针对儿童和青少年游客,因为儿童和青少年是家庭群体的中心,以科普、科考、解说为主要服务内容。

居住服务类:这些服务主要面向长期居住的业主,从生活配套方面完善,使居住区的服务功能满足商业、教育、就医等需求。太阳河度假区在度假、旅游服务物业和居住服务物业空间布局的过程中遵循了动静分离原则,度假、旅游服务布局靠近度假区,或分布于度假区内,而生活配套分布于居住区,实现了两者的分离,但又能共享使用(见图7-4)。

图7-4 运动与居住服务设施

(图片来源:《康养旅游经典案例:美国太阳河度假区》。)

4. "节"体系

太阳河度假区拥有多种类型的节庆活动、社区活动、假日狂欢和专题活动,构建了特色的文化标识,塑造了区域特色(见图7-5)。例如度假区每年都会举办全国知名的夏季和冬季系列的音乐会,打造以音乐为主题的度假节庆娱乐活动场所。此外,高尔夫运动是太阳河度假区的主打运动,通过举办各种锦标赛,如著名的亚太业余高尔夫精英赛,进行名人推广,吸引大量游客,增加曝光度和美誉度。

通过四大体系的打造,太阳河度假区成了功能齐全、极具吸引力的旅游度假区。各个体系的设置都经过了细致的客户群需求划分,满足了客户多样化的需求,拓宽了客户类型。四大体系的结合,使太阳河度假区构建了差异化的城市环境,为客户群提供了可深度体验的空间场所,以及创新变化的配套服务,从而发展成为完善的度假城。

图 7-5 节庆活动

(图片来源:《康养旅游经典案例:美国太阳河度假区》。)

三、案例3:三产融合发展——德国草莓农场

(一)项目概况

在德国北部地区,临近波罗的海沿岸,有这样一个家庭农场:它有设施齐全的乡村游乐场、有丰富多彩的研学体验活动,它让地域美食和历史人文巧妙融合,它将游乐、观赏、研学、生产、加工及体验等多功能融为一体。它就是德国著名的休闲农场:卡尔斯草莓农场(见图7-6)。农场以草莓产业为核心,进行二、三产延伸打造,在果品加工、零售、休闲体验、大自然教育等方面取得了成功,是全球最成功的儿童体验农庄之一,堪称最受欢迎的农业"迪士尼"。

图 7-6 德国卡尔斯草莓农场

（二）经营模式

卡尔斯草莓农场总部整体业态构成含草莓采摘、亲子游乐、体验制作、产品购买、乡村体验、主题住宿、农贸市场等。值得注意的是，包含水上/陆地游乐园、攀岩架、小动物园、水族馆等在内的大型体验乐园的娱乐设施绝大部分是免费的，以此最大程度吸引周边客群，并充分延长其逗留时间，从而进一步通过配套服务实现增收。其中超市和餐饮占地约4万平方米，但餐饮收入占60%，超市40%。

整体经营模式以免费的娱乐体验乐园及草莓主题馆为核心，周边围绕关联衍生品产业及服务配套，全方位多层次提升游客体验，通过多年运营持续完善产业链条，现已形成稳定的经营模式。草莓主题娱乐设施、草莓超市、草莓IP吉祥物如图7-7所示。

图7-7　草莓主题娱乐设施、草莓超市、草莓IP吉祥物

（图片来源：知乎。）

（三）三产融合

卡尔斯草莓农场的成功是典型的一、二、三产业融合的结果。首先，卡尔斯草莓农场拥有扎实的一产基础。草莓种植一直是卡尔斯的重心之一，截至2023年，农场每年在罗斯托克周围410公顷的土地上种植多达8000吨草莓，成为全德国最大的草莓生产商。农场草莓是按照环保且贴近自然的综合生产指导方针种植的，在种植过程中使用益虫来对抗害虫。收获时，草莓会被仔细采摘并小心运输，将草莓的保质期延长，做

到全程都为消费者提供高品质的草莓,因此农场的草莓深受粉丝们的信赖。高品质的草莓在农场成熟的自销模式下,通过自己的农场超市、草莓屋出售,也供应给全德国各个超市贩卖,让最新鲜、最美味的高品质草莓成为卡尔斯农场的第一代言人。

其次,卡尔斯草莓农场构建了丰富且庞大的三产服务体系。卡尔斯草莓农场瞄准亲子家庭,打造了一个草莓"迪士尼"。全年开放,吸引儿童的同时便留住了周边家庭,促进了更多的消费。因此催生了更多的业态发展和更多的就业机会,也让农场不断地扩大。

其中除最基础的草莓采摘外,农场自己研发了一系列亲子游乐设施和项目,这是农场最具特色的地方之一。五个冒险村200多个不同的游乐设施,从休闲、益智、研学、亲子、冒险、体验等不同类型进行拓展。例如,草莓毛毛虫过山车、轮胎滑行、室内游乐场等,将农场主题与休闲设施进行了巧妙融合;还有水管DIY"火车"滑道、地面钢琴的声音游戏、消防车喷水游戏、农场迷宫花园挑战、骑小马游戏等,丰富了农场游乐项目,可满足不同年龄的游乐需求。另外,依据时节,农场不定期举办特色体验活动,如美食活动、烘焙体验、创意工坊、加工体验,等等,既增加农场互动参与性,又为农产品销售打开市场,形成品牌推广(见图7-8)。

卡尔斯农场形成规模以后,于2014年开始研发草莓的延伸产品,并且成立了专门的公司,负责草莓产品的深加工,进一步延长产业链。同时,农场也创立了网上商城,提供24小时线上购买服务,让每一个人可以随时随地买到卡尔斯的产品,享受到卡尔斯的高品质服务。农场真正做到了用自己的产品包围着人们的生活。

图7-8 草莓农场、草莓亲子游乐场、草莓购物中心、特色体验活动

第二节　中国景区运营管理实践案例

一、案例1：超级文创IP——故宫博物院

（一）项目概况

近年来，故宫博物院凭着各种网络热梗和积极融合潮流文化打造的"反差萌"成功带动故宫原创和故宫IP联名产品，销售额由此逆势增长。如今故宫俨然已经是传统文化创新的新标杆，也是最有价值的商业IP之一。

故宫IP爆火并非偶然，从内容来看，北京故宫拥有近600年的厚重历史底蕴，见证了明清两个朝代的兴衰历程，同时故宫博物院中展出藏品1863404件，其藏品数量多，时间跨度广，这为故宫IP的构建奠定了基础，但仅仅讲历史和文化底蕴故宫并不能和同赛道的竞争者拉开太大差距。作为一个大IP，故宫文创产品一年营业额超10亿元，下文将详细阐述故宫文创火爆的原因。

（二）策略转型

在过去，故宫的经营与管理主要是从藏品保护的目的出发，缺乏与年轻消费者的直接联系沟通。现如今由于"核心受众"向30岁以下的年轻群体偏移，过去故宫一直遵循的营销逻辑与商业模式在新时期的环境下显然已经不再适用，商业策略转型已经刻不容缓。

新时代背景下的故宫，提出了"服务观众为中心"的经营理念，强调故宫不仅要围绕观赏需求的本质，还要更新迭代观展的形式，可以适当融入新兴媒体手段，并且要打造故宫自己的文化IP符号来促进故宫文化的深层体验与传播。在此基础上，故宫开始了营销逻辑上的根本转变。故宫依靠浓厚的历史底蕴不断地进行年轻化受众群体的探索，成功占领了文创IP市场的一席之地，重新焕发其内在强大的文化生命力。

（三）IP打造

1. 精准定位

2018年12月天猫新品发布的《博物馆文创市场趋势洞察》显示，博物馆文创产品的消费者多生活在一二线城市，19—30岁的年轻人占比超过一半。这部分用户多为"90后""00后"人群，崇尚个性，对互联网新鲜事物、热门话题、潮流语言非常感兴趣（见图7-9）。

因此,故宫为了拉近与年轻人的距离,决定使用有趣、搞怪的形象,借势热门话题,将故宫沉重庄严的历史和深入人心的人物和故事,转化为极具个性的会"卖萌"的文化产品,来迅速拉近与这些年轻群体的距离。

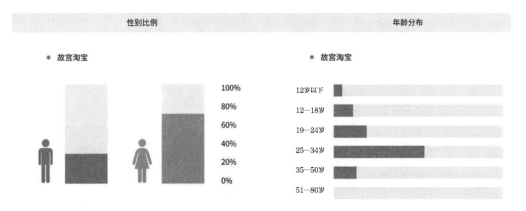

图7-9 故宫文创消费者分布

(图片来源:《玩爆营销的故宫IP为何如此出彩?》。)

2. 品牌亲民

故宫博物院有着沉重、庄严的历史感,但深厚的历史文化曾让故宫与用户之间的连接产生了距离,让人们觉得故宫是威严、遥远的,跟自己并没有直接联系。故宫文创团队从厚重的历史中走出来,为历史人物赋予更多现代化特征,其现代语言与画风甚至还透着狡黠的感觉,这样的反差感立马戳中了很多年轻人的"萌点"。在打造品牌的过程中,故宫一直在尝试着走近用户。内容是超级IP的起点,品牌与IP都需要有一个"人设"。而故宫选择的人设是"反差萌"(见图7-10)。

2014年,故宫淘宝在公众号发布了《雍正:感觉自己萌萌哒》,在这篇推文里,史书中被描绘为性格多疑、心狠手辣的雍正皇帝,摇身一变成了一个可爱的君王。这不仅让人们重新认识了雍正,更让用户看到了故宫接地气的一面,这种营销方式将古代皇帝与现代人的距离拉近,营造了一种自然的亲近感。"反差萌"人设验证成功之后,故宫又接连推出了《朕有个好爸爸》等爆文,将清宫皇帝塑造成了新晋网红,也为故宫IP竖起了一面文化大旗。

故宫里的猫也成了故宫人设的一部分。故宫里的猫是古代的见证。它们常在宫廷中游荡,记载在史书上。自明代起,故宫就设立了一个专门负责管理猫的部门——御猫室。目前故宫里有超过180只猫,它们还有一个特别响亮的名字叫"故宫猫"。故宫文创团队打造故宫猫IP,也推出了一系列的文创衍生品。

图7-10 故宫IP形象

3. 创意产品

人设形象的转变为故宫带来了顶级流量,而产品端的开发则是故宫转型的重心。故宫的文创产品并不新奇,常见的如手机壳、针线盒、折扇、盆栽等,但是在产品包装的创意上,加上了故宫元素,而非一个标识,重要的是皇帝、宫女、大臣等形象已经卡通化,搭配调侃、有趣的文案,原创画再与产品结合,就兼顾了有趣和实用的两个重要属性(见图7-11)。

一个好的产品,加上一个有趣的售卖方式,就很容易获得用户的喜爱。在故宫淘宝推出的产品上,我们会发现文案的作用不仅仅是锦上添花,它已经成为产品重要的一部分。就比如胶带、折扇等产品,同样需要文案来"画龙点睛"。

图 7-11　皇帝狩猎便笺夹盆栽与故宫淘宝宣传语

（图片来源：知乎。）

4. 价值注入

除了产品层面，故宫的文化价值也被其团队进一步挖掘放大。随着前些年《中国诗词大会》《见字如面》等传统文化类节目的热播，文化综艺成为市场主流类型之一，故宫也及时跟进入场，谋求在文化综艺中站稳阵脚。2016年纪录片《我在故宫修文物》的上线将故宫的热度推向了又一个高潮，这部聚焦故宫匠人、还原文物修复故事的纪录片在B站爆红，播放量高达435万次，更被制作成大电影登陆院线，为大红大紫的故宫又添了一把火。

二、案例2：共同缔造典范——陕西袁家村

（一）项目概况

陕西省咸阳市礼泉县烟霞镇袁家村（见图7-12），位于陕西关中平原腹地，地势西北高、东南低，总体上分为北部丘陵沟壑区和南部台塬两个板块。当前，整个村以发展乡村旅游为核心，主要为来自城市的中高端旅游者提供品尝关中美食、体验关中民俗民居、感受关中文化创意魅力以及乡村休闲度假等服务。从之前的村集体产业——袁家农工商联合总公司，到现在的旅游村，袁家村的村资产已达到1亿多元，村里的农民在住房、衣食、收入等方面较周边乡村平均水平有显著的优势。当前，袁家村正在遵循原有的规划，朝着以旅游业为主导的第三产业引领其他产业共同发展的道路继续前进。

图 7-12　陕西袁家村

（图片来源：《乡村发展案例一：袁家村模式》。）

（二）设计理念

袁家村旅游的主题定位"关中印象体验地"，以展现关中风情为主，全方位完善创意产业，大力发展乡村旅游，将关中民俗文化和餐饮美食产品做到极致。袁家村旅游业的发展是一个把"生存"变成"生活"的故事，整个发展之路可以用三部曲来概括。

第一部：乡村旅游、留住乡愁。以关中传统老建筑、老作坊、老物件等文化遗产代表的关中民俗文化为内涵，以乡村生活、农家乐、关中小吃和当地农民参与经营为特征，建设关中印象体验地村景一体的旅游景区，初步满足了都市居民周末一日游的需求，也解决了村民就业和收入问题。

第二部：创意文化、休闲度假。以艺术长廊、书屋客栈、咖啡酒吧、创意工坊等新业态和文创青年、时尚达人参与投资经营为特征，增加和丰富了景区的经营项目和服务功能，进一步满足都市居民休闲度假和文化消费的需求，并吸纳周边更多农民就业和参与，逐步实现了"阳光下的袁家村"向"月光下的袁家村"的转变。

第三部：特色小镇、美丽乡村。因为有了前期的基础，袁家村之外的许多社会资本以及创业者开始逐渐进入，随之而来的是丰富的资源，袁家村因此而更加发展壮大。基础设施更加完备、服务功能更加齐全，各类人才更加聚集，第三产业更加发达，形成"田园风光＋时尚生活""现代气息＋乡愁民俗""宜业宜居＋开放多元"的美丽乡村，充分满足人们对高品质生活的向往和追求。

袁家村三部曲的发展，坚持做大了两大产业和一个原则。

（1）以民俗文化和创意文化为核心的个性化、高端化和系列化旅游文化产品产业链，逐步覆盖全国中心城市的袁家村品牌地域民俗景区。

（2）以食品安全和健康餐饮为核心的农副产品的种植养殖、加工包装和营销产业链，逐步覆盖全国市场的袁家村品牌农副产品和特色餐饮，袁家村市场价值不断被放大和提升。

（3）坚持"农旅融合"的原则，在坚守和尊重当地农业产业功能的基础上，创新合理开发旅游资源，将当地农业农村发展与旅游产业的发展和推广相结合，形成"以农促旅，以旅兴农"的发展模式。

（三）共同缔造

袁家村党支部书记、袁家村关中印象体验地创始人和设计者将袁家村的成功归结于"村干部带领村民共同致富的典型"，其模式可以归结为"以村集体领导为核心，村集体平台为载体，构建产业共融、产权共有、村民共治、发展共享的村庄集体经济"发展模式。

1. 集体运营，实现共同富裕

袁家村从一开始所坚定的便是共同富裕的路线，以村集体领导为核心，以村民为主体。为了充分调动农民参与的积极性，袁家村提出了"全民皆兵"的概念，强化农民的共同体意识，通过机制创新从根本上"盘活"农民。也就是说，袁家村做了一个全体农民的创业平台,把所有人的利益绑到一个产业链上,共同创业。

袁家村在实行土地承包责任制后,村领导及村民们将村集体财产进行了最大限度的利用。整个村走的是发展集体经济、以集体经济的壮大带动村民共同致富的道路,然后尽可能带动所有村民参与村庄及村庄集体经济的发展。

袁家村在关键的招商运营管理模式上,不向商铺收取地租,而是采用从商户的收入中分成的方式。为了解决贫富差距问题,袁家村探索出全民股份制的模式,积极推动酸奶作坊、醋坊、油坊、豆腐坊、辣椒坊等作坊改制股份合作社,这些均由村委会下属公司进行经营。村民私人参股,形成"你中有我、我中有你、人人努力、互相监督"的机制,不管谁家生意做得好,都等于自己在赚钱。通过利益捆绑,袁家村有效解决了各种利益冲突,打造了袁家村的"命运共同体"。袁家村醋合作社社员名单如图7-13所示。

同时,村民的入股参与,极大地降低了袁家村的维护运营成本,不仅不需要固定地支出大量人工成本,还使村民变得更加自律。大家的事大家做,所有商户自觉自愿地把维护环境卫生、维持游客关系、维护品牌形象当作责任。商户之间形成了新村民与原来的老村民共同运营、自我管理的关系。

图7-13 袁家村醋合作社社员名单
(图片来源:《乡村旅游驱动乡村振兴——解锁陕西袁家村的振兴密码》。)

2. 尊重传统村庄布局,"小街巷"聚"大人气"

如今的袁家村,社区关系融洽,成为本地居民和外地游客共享的文化空间。袁家村为关中传统村庄,其建筑更多的是关中民居,整体的建筑布局为聚集模式,遵循一定的"风水"原理。在此基础上,袁家村收紧了街巷的宽度和长度,较窄的街道,让整个小吃街的气氛显得更为熙攘热闹,"曲径通幽"的街巷,打造了小巧宜人的精致街区,包括袁家村社区、农家乐北街、南街、康庄老街、作坊街、关中小吃街、回民街、祠堂街、书院街以及停车场等项目(见图7-14)。建筑的装饰也讲究乡土情结和精神内涵,如门前拴马桩、抱鼓石、窗上的雕花等。所有的项目均精确瞄准乡村旅游市场,在特色美食、特色建筑、民俗氛围营造上无一不彰显关中特色、关中印象。

图7-14 袁家村街道

三、案例3：旅游演艺标准化输出——宋城千古情

（一）项目概况

宋城演艺发展股份有限公司(以下简称宋城演艺)主要从事文化演艺和泛娱乐业务，经过多年发展，形成了现场演艺、互联网演艺和旅游休闲三大板块。其中，现场演艺业务主要为"千古情"系列演出和主题公园集群，包括《宋城千古情》《三亚千古情》《丽江千古情》《九寨千古情》等，其收入来源于演出门票收入；旅游休闲服务业务主要是指宋城演艺旗下子公司杭州宋城旅游发展有限公司(以下简称宋城旅游)承载的管理输出、品牌输出、创意输出的轻资产运营模式以及网络销售平台。

宋城景区是宋城演艺的核心产品，而宋城景区的"镇园之宝"——《宋城千古情》，更是因国内单台演出年场次最多、观众接待量最大、效益最好等指标而成为剧场类演出的新标杆。截至2014年11月，《宋城千古情》演出运营18年，共计演出16000场，接待观众5000余万人次，宋城演艺单场收入每年4亿元，净利润2亿元。《宋城千古情》从一台草台班子的露天演出，晋升为与法国红磨坊、美国拉斯维加斯"O"秀并肩的"世界三大名秀"。杭州宋城景区如图7-15所示。

图7-15 杭州宋城景区
（图片来源：杭州宋城旅游区官网。）

(二)发展历程

在分析宋城异地复制问题之前先来看下宋城演艺的发展历程。

第一阶段(1996—2012年):宋城演艺成立于1994年,1996年位于杭州的首个宋城景区启动运营,起初以乐园形式经营,1997年正式推出了大型歌舞《宋城千古情》,2012年宋城演艺已经在本部杭州形成了"主题公园+文旅演艺"的稳固盈利模式,这种模式解决了一般演艺企业没有自有载体、演出成本高、引流成本高等难题,克服了主题公园过度依赖大型游乐设备、旅游产品单一、赢利能力较弱等缺点,为异地复制项目打下坚实基础。

第二阶段(2013—2017年):2013年宋城演艺走出杭州,以"重资产+轻资产"相结合的方式实现异地扩张,三亚、丽江、九寨宋城景区相继落地。其中有优质旅游资源的主要城市,采取重资产运营,而其他具有一定旅游资源且有意向合作的,采用轻资产运营。这些异地复制的项目盈利能力非常强,一般半年内即可实现收支平衡,并实现正向现金流。从营收来看,一般经营到第4年即可保证每年2—3亿元的年收入,3—4年即可收回投资成本。从毛利率及净利润率看,平均项目毛利率超过70%,净利润率超过50%。

第三阶段(2017年—2020年):宋城演艺持续推进异地扩张,桂林、张家界、西安及上海景区正式营业,与此同时,在品牌影响力不断提升之下开始进行品牌输出,拓展了《炭河千古情》及《江西宜春明月千古情》两个轻资产项目。

在2020年之前,宋城演艺"主题公园+文旅演艺"的毛利率在70%—75%,远高于同行业,对比"丽江千古情"和丽江股份"印象丽江",前者的营业收入约是后者的两倍,毛利率更是具有显著的优势,由此可以见得宋城演艺的品牌实力。图7-16展现的是三亚、丽江和九寨宋城景区营收状况。

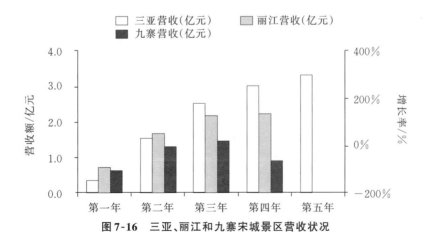

图7-16 三亚、丽江和九寨宋城景区营收状况

(三)异地复制

宋城景区开园至今,已成为杭州旅游业及相关产业血液循环的大动脉。以"主题

公园＋旅游演艺"这一建筑为形、文化为魂的商业模式堪称"宋城模式"。而如今,成形并成功于杭州的宋城演艺开始了复制转型之路,以期实现中国文化航母、世界演艺第一的目标。

"宋城模式"取得成功之后,资本市场的助力使得宋城演艺这一"中国演艺第一股"兼具实力与财富,开始启动"千古情"全国文化连锁经营,走上飞速复制之路。"千古情"走出杭州,蔓延至全国各地并迅速占领市场。在经历了杭州本地发展与两轮异地扩张发展后,业务版图已经分布于全国多个重点旅游城市,包括三亚、丽江、九寨沟、桂林、张家界、佛山、西塘等,而且项目扩张成效显著。

公司采用重资产与轻资产相结合的复制扩张方式。重资产模式指项目建设资金主要由公司自己投入,轻资产模式指项目建设资金由合作方提供,公司主要输出品牌、节目、管理。目前公司正在运营的重资产项目有8个,分别为杭州宋城景区、三亚千古情景区、丽江千古情景区、九寨千古情景区、桂林漓江千古情、张家界千古情景区、西安中华千古情、上海千古情;储备的重资产项目有3个,分别为佛山千古情、西塘演艺小镇和珠海演艺谷(股权转让给宋城集团,宋城演艺提供委托管理和品牌授权服务);轻资产项目有4个,分别为正在运营的湖南宁乡炭河千古情、江西宜春明月千古情、河南郑州黄帝千古情及陕西延安千古情。"千古情"产品见表7-1。

表7-1 "千古情"产品一览

分产品	大众点评得分/评价数	网购成人票价/元
杭州宋城景区	4.86/15705	300
三亚千古情景区	4.97/5358	280
丽江千古情景区	4.92/2993	280
九寨千古情景区	4.85/406	260
桂林漓江千古情景区	5/1445	280
张家界千古情景区	4.88/377	158
西安中华千古情景区	5/1109	279
上海千古情景区	3.93/588	318
宁乡炭河千古情景区	5/677	160
宜春明月千古情景区	4.89/277	140
郑州黄帝千古情景区	4.94/588	168

注:数据统计截至2024年3月。

旅游演艺行业经过早期粗放式发展,目前已形成以千古情为首的"1＋3＋N"格局。宋城以主题公园演艺模式,率先跑出稳定盈利、便于复制的景区模型,在千古情异地扩张过程中强化编创营销、管理运营等竞争优势,不断巩固其市场龙头地位。突如其来的疫情加剧旅游行业的马太效应,而宋城核心竞争力突出,成长逻辑不改,在疫情冲击淡化后收入复苏增长确定性较高,期待着宋城演艺为行业带来新的特色和体验。

四、案例4：打造主标签——木兰草原

（一）项目概况

木兰草原（见图7-17）位于湖北省武汉市黄陂区聂家岗，现为国家AAAAA级景区木兰文化生态旅游区四大核心景区之一，华中唯一的草原风情景区。景区集旅游观光、休闲度假、会务培训、野外拓展等于一体，适合于老年、儿童、中青年等各种不同年龄层次人群，是黄陂"木兰景区群"龙头景区，也是目前武汉市旅游接待规模最大、最具特色的景区。2015年，木兰草原所在的张家榨村被农业农村部评为"中国最美休闲乡村"。2016年，木兰草原开发运营企业成功实现挂牌上市，成为黄陂唯一上市旅游企业。木兰草原景区发展各项指标稳居"木兰景区群"第一方阵，对区域旅游发展起到重要的引领作用。木兰草原转型发展模式是对黄陂乡村旅游转型的"景区升级模式"的重要实践，是企业主导、以景带村的典型案例。

图7-17 木兰草原

（图片来源：《武汉木兰草原：华中地区唯一的5A草原风景区》。）

（二）设计理念

木兰草原风景区定位"家门口的草原"，作为华中地区唯一草原风情景区和国家5A级风景区，能让游客领略到武汉的草原文化、塞北风情。景区生态环境优美，人文特色鲜明，有浓厚草原风情。游客可在白云和蓝天下信马由缰，亦可闲庭漫步。该项目定位在华中地区具有唯一性。

2018年至今，景区迈入跨越式发展阶段，转型速度明显加快。最新规划的木兰草原三期以"草原人家"为主题，重点打造七大片区，分别是木兰草原三期综合服务区、草原人家主题观光游览区、祥云文化休闲度假区、山水乐园游乐区、生态农业休闲区、乡村民俗体验区和王家河绿色生态小镇。三期建成后，木兰草原将形成六大旅游产品体

系:观光休闲旅游产品、乡村民俗旅游产品、文化体验旅游产品、科普研学旅游产品、祈福祝愿旅游产品、康养度假旅游产品。木兰草原露营地如图7-18所示,实景演出"云中战歌"如图7-19所示。

图7-18　木兰草原露营地

图7-19　实景演出"云中战歌"

(图片来源:《武汉木兰草原:华中地区唯一的5A草原风景区》。)

（三）运营理念

1. 运营思维前置

"流量时代,运营为王",运营在旅游目的地发展中尤为重要,如果没有运营前置思维,一切旅游项目都将是空谈。运营思维前置是指,从运营角度反过来打造产品,从商业逻辑反推打造产品。运用运营思维,景区首先要明确自身的定位,确立发展目标,找准发展的方向。然后依据目标体系,制定科学有力的实施战略,以确保目标实现。这也就是我们常说的顶层设计。一个科学有力,具有操作性、可行性的顶层设计的基础就是扎扎实实的基础研究,例如景区的区位、交通怎样;当地资源、交通、环境、产业、生态、文化等等具有哪些基础或优势;目标客群是谁;如何盈利。木兰景区在顶层设计之前,就已经摸清楚、研究透这些基础问题,从消费行为学,即消费者角度打造产品。

2. 创意策划主题

提起草原旅游,人们会想到内蒙古、新疆的大草原,而不是"千湖之城"武汉。但正是武汉这个不该出现草原的地方,发展起来了华中地区唯一的草原风景区。木兰草原的策划创意在于:草原"无中生有",为景观的异地打造提供了一种可能。

木兰草原景区将目标瞄准距离内蒙古草原较为遥远的武汉人民,利用人们对草原的向往,打造"家门口的草原",产品具有异质性、唯一性和差异性。且景区致力于培育原生态草原自然景观,植入草原核心人文风情,打造浓厚草原氛围,极具竞争力。

3. 景区空间优化

木兰景区的成功运营离不开空间的优化布局。首先是内部空间优化。从产品结构转型规律来看,以2—3年为一个短周期,景区内部均会有一次空间优化的过程,主要表现为游线的调整与优化、游步道景观设计与材质的升级、开辟新的游乐空间场域等。核心游览项目和文化体验类项目日益增多,景观、环卫、休闲座椅、餐饮等配套设施的逐步完善。

然后是积极拓展外部空间。伴随着景区游客量的快速增长,停车空间、景区游乐空间不足,旅游餐饮、住宿接待能力不足等问题逐渐显现。为提高旅游接待能力,景区在对景区游客服务中心进行升级扩建之外,逐步扩展停车场规模,新建汽车营地、度假酒店。在二期、三期改扩建过程中,景区加大了对周边土地的流转租赁,景区规模由一期的5000亩,逐步扩展至现有的1万余亩,加上三期规划面积,景区规模突破2万亩,极大地扩展了景区容量。

4. 企业文化

木兰草原转型发展离不开内部主观能动作用,投资企业十余年来不断奋斗、勇于争先的企业文化,造就了现在良好的发展局面。在张家榨村无任何山水、文化资源特色,旅游发展条件不佳的情况下,投资者以一种回报家乡的情怀,独辟蹊径,在一片荒坡丘陵地带建成木兰草原景区,可以说是一个"无中生有"的创举。在景区开园的前几年,景区处于不断建设完善的过程,景区效益不佳给投资者的投资信念带来了极大动摇。此外,在景区建设过程中,面临的困难同样数不胜数。投资企业坚持不懈地投入,不断更新产品和丰富业态,扩大景区规模,升级基础设施,提高景区管理和运营水平,最终为景区赢得了市场和口碑,也为景区的多次转型发展提供了实现可能。

章节小结

本章节详细介绍了中外景区运营管理实践案例。整体来看,上述案例在文旅融合、产品开发、品牌营销和运营管理方法等方面具有重要启示意义。实践是检验真理的唯一标准,经过前文的理论和案例积累,小白想要让经验知识发挥作用就必须立足于实践,积极投入到景区管理的工作之中去。

项目训练

国内案例研究——福建武夷山景区

武夷山是世界文化和自然双遗产地景区,至今已经发展成为世界著名的旅游目的地。其成功之处在于:

一是深度挖掘遗产地景区品质。发挥山水人文集聚优势,与武夷山国家重点自然保护区珠联璧合后,景区面积达到570多平方公里,成为真山水、纯文化的自然生态优秀的景区,吸引了众多游客。由于把山、水、景、文,融为一体,加上《印象大红袍》节目,游客、收入均不断增长,武夷山成为遗产地景区发展的成功典范。

二是管理体制逐步规范,成为率先探索发展混合经济的景区。2000年实行政企分开,成立景区旅游集团公司,后成立拟上市的景区股份公司(集团公司占51%、新华都占35%、职工持股会占14%),公司成为一个多元股份的混合经济组织,其中还有职工持股会,为景区企业提供了股权多元化的借鉴。

三是景区产品联动性好,形成了景区景点、旅游交通、竹筏漂流、文艺演出、餐饮住宿、旅游商品配套体系。《印象武夷山》演出项目的投资成功,不仅解决了游客夜晚没有娱乐节目的问题,还在增加收入的同时宣传了景区景点,同时营销了"大红袍"茶叶,带动了景区的各项收入,形成良性循环。

(案例来源:搜狐网。)

思考:

结合案例内容,思考武夷山景区的运营管理给了你什么启示,请谈谈感想。

第四部分

趋势与展望

第八章
景区运营管理发展的趋势与展望

 职场情景

通过以上全面、系统的学习,小白对景区运营管理的知识有了清晰的了解,因此对正式入职后的景区运营管理实践信心十足。但高经理告诉他,现有的景区运营管理知识还不足以让景区发展得很长远,景区运营管理要具有前瞻性,要顺应最新的发展趋势。高经理的这番话可让小白犯了难,于是小白向高经理请教景区运营管理的最新发展趋势是什么,高经理结合自己的工作经验为小白展开了详细的讲解。

 章节描述

本章节详细介绍了景区运营管理发展的新趋势,包括产品主题化、体验人性化、设施标准化、服务精细化、管理数字化等。

 学习目标

知识目标:

1. 了解旅游景区的最新的发展趋势;
2. 了解具体发展趋势中所包含的运营管理实践。

能力目标:

1. 能够对旅游景区发展趋势有清晰的认知;
2. 能够对标最新发展趋势,分析景区发展存在的问题。

素养目标:

1. 了解旅游景区发展中存在的问题,有针对性采取措施;
2. 根据国家最新的方针政策来制定景区的发展策略。

第八章 景区运营管理发展的趋势与展望

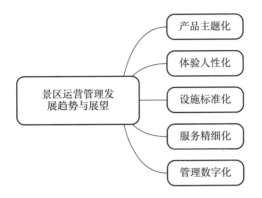

故宫博物院的"智慧开放"项目

一、案例简介

故宫博物院的"智慧开放"项目,通过实地调研及游客行为分析,将游客的参观体验路径提升到了吸引—攻略—参观—关注—记忆全方位提升。观众在到达故宫前,可通过查询购买门票,了解故宫建筑和宫廷历史故事,启发旅行灵感,感兴趣的建筑可提前收藏至地图的收藏夹,便于实地游览查找,合理安排路线。观众到达故宫后,可利用位置服务引擎,对最近的古建筑、展览、餐饮、商店、卫生间、出入口等常用设施位置快速查询。全景游、精华游、观花游、宫廷历史游提供个性化的路线选择。5分钟更新一次的地图的舒适度功能实时展示故宫客流,既能提供路线参考,又有效疏导人群,避免拥堵造成的安全隐患。对于不能进入游览的大殿和容易忽略的建筑细节,则可以通过AR实景导航,查看宫殿内景、瑞兽3D模型,屋檐细部等。祥瑞打卡和明信片功能,通过游玩与互动,将旅程向社交化裂变(见图8-1)。

全程陪伴的AI专属导游通过12万条故宫知识、观众问题的学习养成可与观众进行文字、语音等多种形式交互,不仅为观众提供建筑讲解、导览服务,还有故宫知识百科、语音闲聊等多种功能。"传给故宫""故宫书店"等功能,提供了更流畅的导游和购物体验,通过线上线下的场景结合,为观众减轻参观负担,提供更多消费选择。游客回到家中,数字故宫小程序仍可持续提供花样赏文物、慢直播等服务,带领观众以另一种形式了解故宫、走近故宫。

图 8-1　建筑及服务设施列表、AI 智能导游服务与客流热力展示疏导观众

——实施效果——

"智慧开放"项目是故宫加速智慧文旅产业数字化进程的重要成绩,让故宫的开放服务向智慧化迈进。

游客参观体验智慧化:依托云计算、大数据、人工智能等方面的技术积累,"玩转故宫"为观众参观游览故宫提供旅行前、中、后期全环节的数字服务,在不同场景提供建筑、展览、卫生间、餐饮、商店等地点搜寻服务,AI 可为观众提供私人专属的智能讲解、语音问答、知识百科语音互动,满足多样化个性化的旅游需求。

开放管理智慧化:通过大数据,开放管理部门识别差别化、个性化的服务需求,能更有效地从运营管理、服务质量、游客需求、开放安全、古建安全保护等多个维度抓取核心问题,提升公共服务效率,为监管提供了技术支撑。比如基于位置(LBS)的大数据可进行开放信息的及时更新及路线指引;游客行为形成的大数据,可以为游客提供更好的疏导,缓解运营压力。

文化创新发展的智慧化:文化资源借助 VR、5G 等数字技术"活起来",实现馆内管理与保护、文物价值创新、优化参观体验。从而改变文旅产业发展的商业模式,提升文旅产业有效供给水平,开拓文旅产业发展新空间。

二、案例创新点

1. AR、全景技术应用场景的创新

全景技术,突破了传统博物馆参观时间和空间的限制,让游客可随时浏览全景故宫,即使不在故宫或是在闭馆日,也可以独享"空无一人"的紫禁城。通过 AR 技术深度挖掘和释放传统文化内涵,并以虚实融合一镜到底的直观体验进一步满足游客对于学习传统文化、了解故宫故事、提升游玩便利性和互动趣味性的需求,为游客提供沉浸式导览体验。"AR 故宫"集成了基础地图、微信和地图 AR 的关键数据和能力,提供沉浸的、连续低延时的空间交互体验。

2.智慧地图服务创新

GPRS导航技术、LBS定位技术为游览提供了精确位置服务,运用数字化手段结合故宫实体,观众可以通过位置查找服务快速到达目的地,也可以根据基础设施信息就近获取服务,解决院内导航需求。大数据分析为观众提供故宫游览所需的位置查找、了解客流舒适指数、路线规划等精准的地图服务。

3.AI专属导游

全新升级的数智人让原本只有语音、文本、图片的人机交互模式升级为最接近人与人之间自然交互的方式。AI交互技术提供了拟人化导游助手,结合强大的地图导航能力和故宫知识图谱数据,实现精准互动能力,让观众的问题能够直接返回指定答案,使得获取信息更直接,阅读成本更低。通过12万条故宫知识语料的学习及来自一线的游客常见问题收集,AI数智人可预测观众大部分关于开放信息的提问,主动推荐相关信息。

4.无障碍服务创新

AI Lab的"图像描述生成"技术,优化完善无障碍体验,增加图像语音即时描述功能。解决了地图上建筑无障碍形态下的播报问题,以实现地图元素在无障碍场景下的焦点顺序语音播报以及点击语音播报等。帮助视障人群实现了可通过声音读取地点、道路、推荐路线、景点讲解等内容,使视障人群能够与普通用户一样,无障碍地享受地图服务。故宫结合轮椅外借服务与无障碍通道查询,为不方便步行的人群智能规划路线。

5.传播模式创新

"智慧开放"项目加强了游览的社交属性,通过线上线下联动,让观众更有参与感,祥瑞动物打卡、明信片送祝福、季节性特色路线推荐等多项服务,以趣味化的形式释放故宫深厚的文化底蕴,用公众喜闻乐见的数字化形式让中国传统文化"活"起来。

思考:故宫"智慧开放"项目的成功给你带来了哪些思考?

一、产品主题化

旅游产品是景区的核心吸引物和运营管理的关键依托。在过去几年里,景区产品打造同质化现象层出不穷,例如众多景区盲目跟风建设玻璃桥。因此未来景区经营竞争的重点就是打造特色鲜明、竞争力强、吸引力大的IP主题化的旅游产品,特色IP就是旅游产品产生竞争力和吸引力的前提。

旅游产品的主题化包括核心旅游产品的主题化和组合旅游产品的特色化两个方面。一个景区的旅游产品要想有吸引力,必须要在主题上有独特性和不可替代性,游客才能趋之若鹜。所以在进行产品设计时，一定要突出自身原生态、本土化、静态与动态兼备、时尚与怀旧相济的独立特色主题。景区只有打造与景观特色景观文化紧密联系的特色文化旅游产品，树立自己的品牌，创造文化旅游精品，最终才能获得高起点、高品位、健康、有序的发展。同时，大力扩展旅游产品结构，给旅客更多的旅游项目选择。在继续保持观光度假型旅游产品的发展的同时，深入挖掘文化内涵，挖掘出更多的文化旅游产品，突出主题，不断创新，大力开发专项旅游产品。景区需要增强旅游项目的参与性、趣味性、互动性、情境化、体验化，纵向发展当地旅游，发起观光型景区向休闲度假的升级，拉长当地旅游产业的产业链，促进产业的优化升级。例如河南老君山景区结合老君山历史文化，推出了国风舞蹈、古琴舞剑、说唱曲艺、茶艺等实景表演，增加了天宫奶茶、天宫咖啡、鸡汤泡面等深受年轻游客青睐的二次消费产品，满足游客多元化消费体验；根据山上山下五大区域不同的文化特征，打造金顶"峰峦＋道家文化"、中天门"山水＋摄影艺术"、追梦谷"山水＋研学"、寨沟"山水＋度假康养"等民宿区，形成主题突出、个性鲜明的文化产业集群；加速居民家庭宾馆改造，打造具有豫西地方特色，宿住与环境协调的民俗民宿，形成了"景中有宿、宿中有景、景宿一体"旅居宾馆。

二、体验人性化

无论旅游的目的地在哪儿，旅游的主体始终是人，使人感到愉悦和舒适是旅游目的地各种设施存在的最终目的。游客要求体验式的旅游也就是更多的娱乐体验，这就要求了解游客到旅游目的地的娱乐诉求是什么，再围绕此主题做好文章。因此关注游客体验的旅游人本化也是景区运营管理的重要趋势。

旅游的人本化包括自然景观的人性化、景点设计的人本化和旅游交流的以人为本三个方面。不同游客的需求侧重点不同，但他们都有一个共同的需求，就是人性本原的满足。根据现代行为科学的理论，人的行为取决于动机，旅游者对于景观的青睐行为，正是出于要求得到景观对于人性本原满足的这种动机；景点的人本观是景点如何让旅游者通过观光感受到对人性的关注，或通过对景点的观光使游客感受到对人性的爱护，旅游对于服务提供者来说是一种经济行为，但对于消费者来说是一种文化意义、交流意义、联谊意义的人本行为。一个旅游者到一个陌生的地方，他是带着自己熟悉的生活方式，来了解一种未知的，至少是陌生的东西。旅游者希望得到的，除了观光上的满足和文化上的收获之外，还有一种感情上的寄托，希望得到旅游地人民的理解，建立与他们的友谊，这就是旅游的人本观念。例如杭州宋城景区新增了大型互动体验项目《上甘岭》《库克船长》《太虚幻境》《My All》等多个新项目和网红打卡点，全方位满足游客的体验需求。《上甘岭》项目，游客可以跟随连长的指挥，深入坑道战，体验真实战争的惨烈与残酷，感受炮火轰炸、硝烟四起的战争场景，来一场身临其境的红色教育之旅。

三、设施标准化

基础设施建设是景区为游客提供优质旅游体验的重要保障。以往景区运营管理只注重软实力,而忽略了硬件的建设。因此把旅游基础设施建设作为投资的重要方面,有计划地加强景区的基础设施建设,是景区运营管理的先决条件和重要发展趋势。而设施标准化,是指杜绝以往的粗放式经营管理,实现标准化管理,设施建设中既充分考虑到旅游客的需求,也考虑到整体景观的和谐度。比如景区内的公厕、垃圾箱等除要做到数目、位置、卫生环境达标外,还要做到标识美观化、造型景观化,独特美观,与环境相协调。既要从景观质量、环境质量层面加强景观设施、旅游基础设施的完善和提升,包括加快景区游客服务中心、景区内外旅游道路、导览系统、卫生设施、安全设施等方面的建设,同时也需要从景区消费体系和盈利体系的角度完善相关配套设施,包括餐饮、游乐、住宿接待、购物消费等。此外,应提高标准要求,从打造精品景区角度逐步完善景区游憩体系、景观体系、消费体系、安全体系、环保体系、营销传播体系、服务体系、旅游保障体系等,从而使得景区朝着旅游精品方向健康发展。同时,旅游景区基础设施建设、游憩设施建设、配套设施建设等是A级景区验收评估的重点,结合景观质量、环境质量标准,全面完善和提升旅游景区各项基本建设,可为A级景区的创建提供分量极重的"砝码"。例如峨眉山景区在多个点位设置了分类垃圾桶,以及游客中心、停车场、游客集散中等区域。垃圾分类、推动绿色发展、设置四分法(可回收物、有害垃圾、其他垃圾、厨余垃圾)醒目垃圾桶,使得垃圾桶也成为一道别致的风景。

四、服务精细化

未来旅游景区的竞争除了产品差异化的竞争,更多的是服务方式的竞争、服务质量的竞争和服务水平的竞争,只有规范化、标准化、精细化的服务,才能赢得游客的认可,才会提升景区的知名度和美誉度。景区精细化管理体现在多个方面:一是提供个性化服务。针对不同游客的需求和特点,提供个性化的服务,如提供特色餐饮、定制化的景点解说、个性化路线推荐等,增加游客的满意度和忠诚度。二是提升服务人员素质。加强对景区服务人员的培训和素质提升,使其具备良好的沟通能力、服务意识和专业知识,能够满足游客多样化的需求。三是细化管理和运营。加强景区管理和运营工作,合理规划游客流量,控制人流量,避免拥堵和安全隐患,提供更好的游览体验。例如山海关景区实行了"首问"责任制,即游客找到景区的任何一位员工提出帮助需求,员工都要负责到底,实现管理闭环;开展"门前六包"责任制,将商户的文明旅游纳入管理序列,设立了"无理由退货中心",与商户签订"诚信经营八不"承诺书,恪守"不让一位游客在山海关景区受委屈"的承诺。

景区服务精细化发展是一个多方面的系统工程,需要景区管理者和相关部门共同努力,不断提升服务水平,为广大游客提供更好的旅游体验。

五、管理数字化

长期以来,我国旅游景区的发展取得了显著成就,涌现出以5A级旅游景区为代表的高品质景区品牌。然而,面对市场竞争的加剧和游客对高质量旅游产品的不断追求,旅游景区也面临着一些挑战,如经营模式单一、产品体验性不足、品牌同质化严重等问题,这些都不利于满足数字化时代市场对旅游景区多元化产品的需求。近年来,伴随着互联网和数字经济的迅猛发展,旅游景区行业的线上预约能力和在线化水平得到了显著提升。特别是以票务预约为起点,这一变革不仅倒逼旅游景区加快整体数字化转型,而且有效促进了旅游景区在运营管理上的降本增效。数字化转型为旅游景区在现代旅游市场和新消费格局中扮演基础性和引领性角色提供了强有力的支撑,确保了旅游景区能够更好地适应和引领市场发展趋势,满足游客日益丰富的旅游需求。

例如苏州黎里古镇推出了"一部手机游黎里"和"一部手机管黎里"。"智游黎里"手机端服务接入"黎里古镇旅游"微信公众号,推出门票预订、酒店预订、VR全景、3D地图、语音导览、厕所查找、停车查询、在线投诉等板块内容,让游客获得一站式线上服务。"一部手机管黎"将游客客流实时监控、景区销售综合分析、智能安防、配套设施管理、景区办公及考勤系统适配管理后台人员手机端,景区管理人员可登录手机管理端掌控景区各类数据。

教学互动
Jiaoxue Hudong

景区运营管理的发展趋势有哪些?请简要回答。

章节小结

本章详细介绍了景区运营管理的趋势。通过对本章的学习,小白对景区运营管理的新动态有了深入的了解。

项目训练

思考:

1.结合本章所学内容,选取一个较为熟悉的景区,分析其发展存在的问题。

2.对标目前景区发展的新趋势,提出创新性的解决措施。

参 考 文 献

[1] Jim Kalbach[美].用户体验可视化指南[M].北京:人民邮电出版社,2015.

[2] P PEARCE, P BENCKENDORFF, S JOHNSTONE. Tourist Attractions:Evolution, Analysis and Prospects, in Tourism in the 21st Century: Lessons from Experience[M].London: Continnum,2000.

[3] 蔡克信,郭凌.旅游社区治理研究[M].成都:西南财经大学出版社,2022.

[4] 陈建明.特色小镇全程操盘及案例解析[M].北京:新华出版社,2018.

[5] 陈少峰,张立波,王建平.中国文化企业品牌案例[M].北京:清华大学出版社,2015.

[6] 陈文汉,陈彦章.旅游人力资源管理[M].北京:中国人民大学出版社,2015.

[7] 董观志.景区运营管理[M].武汉:华中科技大学出版社,2016.

[8] 付业勤,纪小美,郑向敏等.旅游危机事件网络舆情的演化机理研究[J].江西科技师范大学学报,2014(04):80-87.

[9] 郭亚军,曹卓.旅游景区运营管理[M].北京:清华大学出版社,2017.

[10] 何国萍.浅析我国景区旅游安全风险防范体系的建立[J].兰州文理学院学报(社会科学版),2014(04):19-23.

[11] 贺清君.绩效考核与薪酬激励整体解决方案[M].北京:中国法制出版社,2022.

[12] 侯丽新.关于旅游景区财务风险防范及财务管理的探讨[J].产业创新研究,2022(24):69-71.

[13] 黄芳.基于大数据的旅游投诉及质量监管新机制研究[D].重庆:重庆大学,2017.

[14] 孔邦杰.旅游安全管理[M].上海:上海人民出版社,2011.

[15] 李雪.基于服务蓝图的旅游景区游客满意度测评研究——以颐和园为例[J].旅游纵览(下半月),2017(06):86-88.

[16] 李志飞,汪绘琴.旅游景区管理——案例、理论与方法[M].武汉:武汉大学出版社,2013.

[17] 林洁.演艺企业商业模式研究:理论和个案[M].杭州:浙江大学出版社,2018.

[18] 刘锋,董四化.旅游景区营销[M].北京:中国旅游出版社,2006.

[19] 刘国伦.论服务经济到体验经济的演进及营销模式变革[J].商业时代,2010(34):26-28.

[20] 刘志明.舆情大数据指数[M].北京:社会科学文献出版社,2016.

[21] 马涛,杨光,程丽.旅游公共关系学[M].成都:西南财经大学出版社,2019.

[22] 马同华.老HRD手把手教你做绩效考核[M].北京:中国法制出版社,2015.

[23] 牟红.景区开发与管理[M].北京:中国财富出版社,2007.

[24] 潘美秀,杨敏.老字号品牌如何借IP化营销赋能[J].全国流通经济,2022(01):29-33.

[25] 彭淑清.景区服务与管理[M].北京:电子工业出版社,2010.

[26] 全国景区职业经理人资质评价与认定统编教材编写组.景区职业经理人职业能力[M].北京:中国旅游出版社,2021.

[27] 时准.内部控制下旅游景区企业的财务风险防范[J].环渤海经济瞭望,2023(08):53-56.

[28] 舒伯阳,张乐婷,喻春艳.文旅时代的IP智造[M].北京:旅游教育出版社,2021.

[29] 舒伯阳.旅游体验设计[M].北京:中国旅游出版社,2021.

[30] 舒伯阳.旅游景区开发与管理[M].武汉:华东师范大学出版社,2015.

[31] 宋祥辉.基于旅游者风险认知的赤峰旅游安全管理[D].舟山:浙江海洋大学,2022.

[32] 万跃龙,万方方,刘义隆.旅行的思想[M].武汉:湖北科学技术出版社,2012.

[33] 王经纬.基于微服务的景区商户服务平台的研究与优化[D].西安电子科技大学,2021.

[34] 王敏.景区营销过程中如何用好OTA[J].智能建筑,2022(05):44-48.

[35] 魏超.大城市边缘区乡村旅游转型发展研究[D].华中师范大学,2019.

[36] 魏巍.景区维修工程质量安全管理的问题及措施[J].石材,2023(09):103-105.

[37] 翁婷.渠道策略优化研究[D].浙江工商大学,2021.

[38] 吴文智,庄志民.体验经济时代下旅游产品的设计与创新——以古村落旅游产品体验化开发为例[J].旅游学刊,2003(06):66-70.

[39] 邢伟,熊国铭.旅游公关礼仪[M].北京:电子工业出版社,2008.

[40] 熊礼明.旅游目的地主客和谐关系构建研究[M].成都:四川大学出版社,2014.

[41] 许萍.旅游景区的客流管理技术分析[J].太原城市职业技术学院学报,2013(03):163-164.

[42] 严荣.旅游企业运营与管理[M].成都:西南财经大学出版社,2021.

[43] 杨敏,段九利.旅游财务管理理论与实务[M].北京:清华大学出版社,2006.

[44] 杨素.基于社区参与的旅游景区管理[J].旅游纵览(下半月),2015(10):61.

[45] 张丽美.旅游投诉原因及对策分析[J].旅游纵览(下半月),2013(08):48-49.

[46] 张凌云.旅游标准化导论[M].北京:北京旅游教育出版社,2014.

[47] 张文秀,钟小欢,李翠林.基于服务蓝图新疆旅游公共服务体系优化研究[J].顺德职业技术学院学报,2016,14(01):13-19.

[48] 张晓宏.旅游景区工程项目建设风险控制研究[D].合肥:安徽大学,2023.

[49] 张新生.试论旅游景区的财务管理[J].企业家天地,2009(02):66-67.
[50] 赵川.文化旅游融合创新典型案例研究[M].成都:西南财经大学出版社,2019.
[51] 赵蕾.互联网＋旅游营销[M].北京:电子工业出版社,2022.
[52] 赵璐茵.市场复苏时期旅游企业财务风险管理探究[J].投资与创业,2023(12):109-111.
[53] 郑锐洪.服务营销:理论、方法与案例[M].3版.北京:机械工业出版社,2023.
[54] 郑忠阳,张春华.旅游市场营销[M].成都:西南财经大学出版社,2021.
[55] 周丽君.山地景区旅游安全风险评价与管理研究——以长白山景区为例[D].长春:东北师范大学,2012.
[56] 庄贵军.营销渠道管理[M].北京:北京大学出版社,2018.
[57] 邹统钎.旅游景区开发与管理[M].(4版).北京:清华大学出版社,2017.

推荐阅读

[1] 周芳.天下奇山,与谁共赏？——黄山风景区旅游大数据分析报告.
[2] 阿邹.景区安全、医疗救护服务.
[3] 笨鸟文化旅游.公共环境设施垃圾桶创意设计与功能性一体化—笨鸟垃圾桶设计案例.
[4] 财是.宋城演艺研究报告:否极泰来,演艺龙头再启航.
[5] 蔡彪.骨灰存放架地宫福位,如何学习故宫打造超级IP?
[6] 常德高新技术产业开发区.奇山秀水间 胜境长如画|在张家界,休闲度假、乡村旅游、红色旅游等旅游产品文化内涵不断提升.
[7] 大地风景.长白山旅游文创商品综合开发.
[8] 大云旅游度假区.十里水乡|融合"农文旅",特色旅游产品走进游客中心.
[9] 巅峰智业.万物皆可联名|品牌跨界传统文化,惊艳了千年时光!
[10] 点锦石规划设计.关于旅游规划中的"动线"设计与思考.
[11] 独好传播.景区成功案例分析:这三个景区是如何一步步做大做强的?
[12] 非常道创意评论.峡谷旅游中观景点、休憩点的设计.
[13] 风景文创.实施品牌战略:如何打造一个全域旅游品牌?
[14] 冯仑风马牛.北京环球影城的票价,与星巴克的中杯大杯超大杯.
[15] 高彩霞,刘家明,张新.创新业态 讲好故事 促进景区高质量发展.
[16] 国家广电智库.黎里古镇智慧旅游管理平台:在江南打造"数字水乡".
[17] 河南智锐尚合规划服务有限公司1.山海关景区,精细化管理铸文明品牌.
[18] 黑龙江省旅游景区协会.旅游景区营销(三).
[19] 花溪旅游发布.花溪十里河滩旅游度假区:以精彩纷呈的活动掀起休闲度假"新潮流".

[20] 华汉旅业.景区的旅游交通如何优化提升?
[21] 华强方特.深耕"原创IP+主题乐园"方特构建多层次亲子游产品体系[EB/OL].
[22] 黄山风景区管理委员会.黄山概况.
[23] 黄山旅游官方平台.黄山风景区最新冬游价格政策发布.
[24] 教席秘书.程教学|第五章 旅游目的地政府管理.
[25] 景界营销智库.NFT数字藏品赋能景区,解锁景区新玩法.
[26] 镜子记录生活来啦.国漫IP+旅游开发模式探索⑥主题活动类案例借鉴——一人之下、江南百景图.
[27] 橘文茶暖.盘点中国最美的十大自然景区.
[28] 巨量本地推.宁夏漫葡小镇借力巨量本地推,狂揽千万GMV实现破局增长.
[29] 巨有科技.景区多业态商家,如何实现移动端统一管理,推动数字化管理水平再迈新台阶?
[30] 君之卿佐.迪士尼乐园门票价格一涨再涨的底气.
[31] 科盈规划设计.数字经济如何赋能旅游业转型发展.
[32] 李德春,张宝婧.百家争鸣系列(二):商旅文景区的商业运营策略原则.
[33] 李广友.制度范文集锦——景区内部商店管理制度.
[34] 凉语.旅游景区的特征.
[35] 临夏市旅游局.【行业建言】大力提升旅游景区安全管理能力 切实保障广大旅游者生命财产安全.
[36] 领易房地产观察家.眉山·七里坪——一个不可复制的国际化山地避暑养生度假区.
[37] 龙江森工.【产业富企】雪乡景区:文创产品赋能冰雪旅游.
[38] 旅游景区运营交流平台.景区投诉处理技巧及注意问题.
[39] 旅游营销先行者.盘点5A景区广告语.
[40] 绿道文旅.旅游景区规划设计需注重的几个方面.
[41] 绿维文旅.绿维文旅:基于旅游六要素的业态创新路径.
[42] 美丽鹅城.景区如何打造旅游文创产品?农经司.袁家村"村集体组织带动模式".
[43] 澎湃新闻.产业|"影视+旅游"热门影视IP下的文旅融合如何探路.
[44] 澎湃新闻.首批12个国家级滑雪旅游度假地出炉,有哪些看点?奇幻森林.国内首个魔术主题温泉综合体——鲅鱼湾魔法温泉公园.
[45] 青岛大学文化旅游高等研究院.沉浸式文旅示范案例之《长安十二时辰》.
[46] 人民日报海外版.三江源国家公园迎来生态体验访客.
[47] 人民日报海外版.商养学闲情奇 新六大要素构成旅游新业态.
[48] 深大张振鹏.【案例+解读】智慧旅游沉浸式体验新空间.
[49] 深圳市南山区文化科技促进会.IP|创新IP如何赋能主题乐园:5个代表性的主题IP乐园打造案例.
[50] 石基信息.景区数字化建设和营销10大关键问题白皮书.

[51] 图图.故宫IP活化之路.
[52] 汪聪聪.康养旅游经典案例:美国太阳河度假区.
[53] 王高超.采用合作经营模式 助力旅游景区高质量发展.
[54] 文旅产业链服务商.三年沉浮,宋城演艺能否重回巅峰?
[55] 文旅观察手.[特色农场]德国卡尔斯草莓农庄——一二三产完美融合,综合型多功能休闲农场.
[56] 文旅规划设计联盟."文旅＋数字化"打造智慧景区新体验.
[57] 武宇翔.乡村旅游驱动乡村振兴——解锁陕西袁家村的振兴密码.
[58] 西湖文旅发布.杭州宋城景区打造360°人性化景区.
[59] 乡镇振兴战略家.乡村振兴案例,德国卡尔斯草莓农场:欧洲经营最成功的亲子农场之一.
[60] 新京报.残障人士的旅游:无障碍服务进展看得见.
[61] 新京报.景区里的农耕体验园:打造11个科普集群办成孩子们喜欢的打卡地.
[62] 鑫宇龙悦传媒科技.分析｜旅游景区的发展趋势及运营现状.
[63] 一粒渺小的沙粒.游客投诉处理程序.
[64] 一诺农旅规划.文旅景区发展的六大趋势.
[65] 壹度创意.乡村游乐场？研学农场？体验工坊？德国著名卡尔斯草莓农场的经营秘籍？游乐界.快乐,从动线规划开始——主题乐园动线规划经验谈.
[66] 游侠客.安徽旅游必打卡之历史文化名村——宏村,恍如隔世的"画里乡村".
[67] 悦的读书.全名单｜中国36处国家考古遗址公园,你去过几处?
[68] 云庭数字.数字导游迎来黄金时代.
[69] 智育未来.智慧旅游系统.
[70] 中传湖北.文旅部发布的20个沉浸式文旅新业态示范案例.
[71] 中国旅游报.武汉文旅产业创新先锋 城市精神新地标 领潮武汉 大江"知音".
[72] 中国旅游协会.河南老君山景区:观念一变天地宽,满目新景入画来.
[73] 中国社会科学院旅游研究中心.景区文化创意与二次消费产业的新实践与新思考.
[74] 中国网.文旅跨界 数字赋能 欢乐谷品牌跨界圈粉,创新电音节新玩法.
[75] 中欧经济研究院.体验式度假①｜裸心谷:心向自然 返璞归真.
[76] 周建明等.旅游景区标准化的思路与策略.
[77] 专门学问.玩爆营销的故宫IP为何如此出彩? 佐雍.商业地产2—商圈和分类.
[78] 北京第二外国语学院数字文旅研究中心.全国智慧景区建设与发展调研报告.
[79] 中国旅游研究院.中国旅游景区度假区发展报告(2023—2024).

教学支持说明

为了改善教学效果,提高教材的使用效率,满足高校授课教师的教学需求,本套教材备有与纸质教材配套的教学课件和拓展资源(案例库、习题库等)。

为保证本教学课件及相关教学资料仅为教材使用者所得,我们将向使用本套教材的高校授课教师赠送教学课件或者相关教学资料,烦请授课教师通过加入旅游专家俱乐部QQ群或公众号等方式与我们联系,获取"电子资源申请表"文档并认真准确填写后发给我们,我们的联系方式如下:

地址:湖北省武汉市东湖新技术开发区华工科技园华工园六路

邮编:430223

旅游专家俱乐部QQ群号:758712998

旅游专家俱乐部QQ群二维码:

群名称:旅游专家俱乐部5群
群　号:758712998

扫码关注
柚书公众号

电子资源申请表

填表时间：_____年___月___日

1. 以下内容请教师按实际情况写，★为必填项。
2. 根据个人情况如实填写，相关内容可以酌情调整提交。

★姓名		★性别	□男 □女	出生年月		★职务	
						★职称	□教授 □副教授 □讲师 □助教

★学校		★院/系	
★教研室		★专业	
★办公电话		家庭电话		★移动电话	
★E-mail（请填写清晰）				★QQ号/微信号	
★联系地址				★邮编	

★现在主授课程情况	学生人数	教材所属出版社	教材满意度
课程一			□满意 □一般 □不满意
课程二			□满意 □一般 □不满意
课程三			□满意 □一般 □不满意
其 他			□满意 □一般 □不满意

教材出版信息					
方向一	□准备写	□写作中	□已成稿	□已出版待修订	□有讲义
方向二	□准备写	□写作中	□已成稿	□已出版待修订	□有讲义
方向三	□准备写	□写作中	□已成稿	□已出版待修订	□有讲义

请教师认真填写表格下列内容，提供索取课件配套教材的相关信息，我社根据每位教师填表信息的完整性、授课情况与索取课件的相关性，以及教材使用的情况赠送教材的配套课件及相关教学资源。

ISBN（书号）	书名	作者	索取课件简要说明	学生人数（如选作教材）
			□教学 □参考	
			□教学 □参考	

★您对与课件配套的纸质教材的意见和建议，希望提供哪些配套教学资源：